30秒看穿人心

30MIAO
KANCHUAN
RENXIN

30秒打动人心

30MIAO
DADONG
RENXIN

赵 娟 编著

中国纺织出版社

内 容 提 要

人与人的交往就是心与心的较量，人际关系错综复杂，想要在职场获得成功，想要人生幸福圆满，赢得人心很关键。古语云："用兵之道，攻心为上。"只有看穿人心，打动人心，你才有资本让自己始终占据有利局面，获得人生的成功。

本书以"看穿人心"为基础，通过对一个人的外表、衣着、言谈、举止、爱好、习惯等方面的分析，让你在言谈中了解对方内心世界隐藏着的点点滴滴，巧妙应用心理策略，轻松打动人心、攻占人心。本书中讲述的赢得人心的方法和技巧，将会让你在短短的 30 秒内读懂对方的想法，看穿对方的内心，掌控人际交往的主动权，成为左右逢源的交际达人。

图书在版编目（CIP）数据

30 秒看穿人心　30 秒打动人心 / 赵娟编著 . —北京：中国纺织出版社，2012.4（2024.3 重印）
ISBN 978-7-5064-8279-0
Ⅰ.①3… Ⅱ.①赵… Ⅲ.①人际关系—通俗读物
Ⅳ.① C912.1-49
中国版本图书馆 CIP 数据核字（2012）第 014083 号

策划编辑：曲小月 闫 星　　责任编辑：闫 星　　责任印制：陈 涛

中国纺织出版社出版发行
地址：北京市东直门南大街6号　邮政编码：100027
邮购电话：010—64168110　传真：010—64168231
http://www.c-textilep.com
E-mail：faxing@c-textilep.com
德富泰（唐山）印务有限公司印刷　各地新华书店经销
2012 年 4 月第 1 版　2024 年 3 月第 2 次印刷
开本：710×1000　1/16　印张：19.5
字数：250 千字　定价：35.00 元

凡购本书，如有缺页、倒页、脱页，由本社图书营销中心调换

在现实生活中,每一个人都不是单独的个体,而是生活在一定社会关系网中的一员,这就免不了要与各种各样的人打交道。我们要结实新的朋友;要与上司打交道;要与同事相处;要与朋友相知。但是在交往的过程中,没有一个人的内心世界与另一个人的内心世界是完全相同的,也几乎没有一个人对另外一个人是完全敞开心扉的。这时候,就需要我们读懂人心,然后再打动人心,如此才能牢牢地掌握交际的主动权。

读懂人心,需要我们在瞬息之间看透身边的人和事,辨清一个人的真伪,洞察其内心深处隐藏的玄机,以不变应万变之势,成功地探察出对方的情绪变化。这样,我们在人际交往中才能如鱼得水,应付自如。可是,"识人难,难于上青天",难道我们真的不能在见面的一瞬间读懂对方的心理吗?弗洛伊德说:"任何人都无法保守他内心的秘密,即使他的嘴巴保持沉默,但他的指尖喋喋不休,甚至他的每一个毛孔都会背叛他!"其实,每个人的心理都是可勘探的,即使他掩盖得很严实,也会从各个细节中不经意流露出来。

有人说:"处事的核心就是要通过事情打动人心。"的确,对于办事来说,需要我们打动人心,才能达到成功办事的目的。谙熟克心之道,方可处处赢得人心;洞悉人心之密,才能时时打动人心。在生活中,我们常常会有这样的烦恼:得不到领导的赏识,得不到下属的尊重,朋友之间交流很少,恋人之间问题很多。或许,在疑惑之后,我们会问自己:"到底是哪里出了问题?"其实，究其根源，在于我们无法打动对方那颗冰冷的心，生活和工作中的抱怨和指责只会阻碍了我们的事业，扰乱了我们的生活，其结果就是一事无成。这时候，我们需要换一种沟通策略，从细微处打动对方，赢得他人的好感。

在人际交往中，如果不懂得识别人心，打动人心，不懂得与人交往的原则，没有把握好与人交往的分寸，就会在交际中处于下风的位置，就会受制于人，随时使自己处于被动局面，进而出现人际关系危机、事业危机，甚至稍有不慎就会掉进别人的陷阱和圈套，使自己的人生遭到重创。我们在与人交往时，要善于通过对方的言行举止、生活习惯、兴趣爱好等各方面来读懂其心理，这样才能迅速地洞悉其内心的真实想法，打动人心，取得人际交往中的主导权。

本书全面介绍了读懂人心、打动人心的各种技巧与方法，可以有效地帮助你通过对方的外表特征和不经意流露出来的内在特征洞悉对方内心的真实想法，从而达到打动人心的目的。全书分为上下两篇，上篇是教你如何读懂人心，所谓"知人知面更知心"，包括了从言辞举止、吃喝态度、生活习惯、兴趣偏好、行为特点、职场表现以及交往细节等来读懂对方的真实心理。下篇是教你如何打动人心，主要是通过分析了解人的不同行为特征，来打动人心。诸如同事、朋友、上司、下属、恋人，由于他们的身份不同，与我们的关系亲疏程度不同，所以，我们在与他们相处的时候，更需要对症下药，这样才能达到打动人心的目的，才能在交往中如鱼得水、游刃有余。本书的特点是理论研究与经验总结统一，行文简洁明了，通俗易懂，通过读懂人心和打动人心两方面的详细介绍，使读者在人际交往中能够应对自如，从而建立起良好的人际关系。

编著者

目 录

上篇 30秒看穿人心

第一章 察人于无形,决胜于千里 …………………………… 3

第一节 识人言观人貌,让你轻松看透他人真伪 ………… 4

第二节 察人心通人性,让你在交际场上左右逢源 ………… 6

第三节 洞悉人心等于知己知彼,可谋定而动 ………… 9

第四节 洞察力是窥探人心的基础能力 ………… 11

第五节 分析能力是识别人心的关键能力 ………… 14

第六节 知人知面更知心,牢牢掌握交际主动权 ………… 16

第二章 从外形容貌了解他人性格 ………… 21

第一节 不同脸型显示不同性格 ………… 22

第二节 从眼睛可以看出一个人的个性 ………… 24

第三节 不同体型显示不同习性 ………… 26

第四节 双手显示出一个人的生活态度 ………… 29

第五节 衣服颜色透露一个人的心理状况 ………… 32

第六节 配饰风格显露一个人的行事作风 ………… 35

第三章 从言行举止了解他人品行 ………… 39

第一节 一言一行都是主人内心的影射 ………… 40

1

第二节　说话方式显露出心理倾向性 ┄┄┄┄┄┄ 42

第三节　语言风格透露对方个性 ┄┄┄┄┄┄┄┄ 45

第四节　谈话主题透露对方兴趣点 ┄┄┄┄┄┄┄ 47

第五节　日常用语暴露对方真实品性 ┄┄┄┄┄┄ 50

第六节　坐立行走透露对方的秘密 ┄┄┄┄┄┄┄ 53

第七节　通过握手感知对方个性 ┄┄┄┄┄┄┄┄ 56

第四章　30秒看穿同事心理 ┄┄┄┄┄┄┄┄┄ 59

第一节　打电话方式看出同事性格 ┄┄┄┄┄┄┄ 60

第二节　从办公桌看出同事的条理性 ┄┄┄┄┄┄ 63

第三节　几种简单方法识别离间术 ┄┄┄┄┄┄┄ 66

第四节　谨慎应对同事夸张的赞美和恭维 ┄┄┄┄ 68

第五节　小动作透露同事内心 ┄┄┄┄┄┄┄┄┄ 71

第六节　从送礼洞悉同事性情 ┄┄┄┄┄┄┄┄┄ 74

第五章　30秒看穿上司心理 ┄┄┄┄┄┄┄┄┄ 77

第一节　签名方式体现上司性格 ┄┄┄┄┄┄┄┄ 78

第二节　讲话时的手势体现领导个性 ┄┄┄┄┄┄ 81

第三节　常说"没错"的上司需要下属的认可 ┄┄┄ 83

第四节　说"怎么都行"、"随便"的人其实有着强烈的愿望 ┄┄┄ 86

第五节　语速平缓的上司不容易与下属亲近 ┄┄┄ 88

第六节　说话夹杂外语,是上司优越感的显示 ┄┄┄ 91

第六章　30秒看穿下属心理 ┄┄┄┄┄┄┄┄┄ 95

第一节　如何识别将要离职的下属 ┄┄┄┄┄┄┄ 96

第二节　信件处理方式透露下属的工作态度 ┄┄┄ 98

第三节　精神面貌隐藏下属的潜在实力 ┄┄┄┄┄ 101

第四节　从兴趣爱好挖掘下属的优势 ┄┄┄┄┄┄ 103

第五节　通过消费状况了解下属的价值观 ……………… 106

第六节　对待工作差错,体现下属的品格 ……………… 108

第七章　30秒看穿对手心理 ……………………………… 111

第一节　从面部表情读出对手的心 …………………… 112

第二节　打好心理战识破对手的真实意图 …………… 114

第三节　如何看穿对手的谎言 ………………………… 116

第四节　识别不同气质特征的生意对手 ……………… 118

第五节　喜欢指手画脚的对手有着较强的好胜心 …… 121

第六节　视线里隐藏着对手的微妙心理 ……………… 124

第八章　30秒看穿朋友心理 ……………………………… 127

第一节　分清朋友的类型 ……………………………… 128

第二节　不同喜好可看出朋友的品位 ………………… 130

第三节　娱乐方式可透露朋友的心理 ………………… 132

第四节　酒后喜欢打电话的朋友比较孤独 …………… 135

第五节　经常请客的朋友自我满足感强烈 …………… 137

第六节　客套说辞体现对方的在意之处 ……………… 140

第九章　30秒看穿恋人心理 ……………………………… 143

第一节　领带结泄露男人的心理信息 ………………… 144

第二节　从喝酒的喜好了解男人 ……………………… 146

第三节　如何识别"骗子"男人 ……………………… 148

第四节　从香水读女人的"女人味" ………………… 151

第五节　从妆容观察女人的个性 ……………………… 153

第六节　从细节察觉女人的心思 ……………………… 155

下篇　30秒打动人心

第十章　发挥形象魅力，瞬间赢得对方的好感 ················ 161

第一节　给对方留下良好的第一印象 ················ 162

第二节　微笑是最简单最有效的示好手段 ················ 164

第三节　用自信征服对方 ················ 167

第四节　坐立行走皆显优雅风范 ················ 169

第五节　一个招呼可以增加你的被认可度 ················ 171

第六节　独特的气质是吸引他人的重要方式 ················ 173

第十一章　谦虚诚恳，快速获得对方的认同 ················ 177

第一节　学会"以退为进"，让对方主动认同自己 ················ 178

第二节　营造良好的谈话氛围很重要 ················ 180

第三节　承认自己的劣势有助于对方获得优越感 ················ 183

第四节　失言后谨慎面对 ················ 185

第五节　急于称赞，迟于寻错 ················ 188

第六节　诚恳地致歉，赢得他人好感 ················ 190

第十二章　巧观察妙迎合，及时拉近双方关系 ················ 193

第一节　用热忱软化他的冷面孔 ················ 194

第二节　满足对方的猎奇心理 ················ 196

第三节　学会在合适的场合"制造"幽默 ················ 198

第四节　围绕对方展开话题 ················ 200

第五节　学会察言观色，适时沉默 ················ 202

第六节　适时说好场面话，拉近彼此的距离 ················ 204

第十三章　真情实意,用人格魅力征服对方 ······ 207
　　第一节　不做落井下石之人 ······ 208
　　第二节　宽容对方的错误,让他心存感激 ······ 210
　　第三节　了解对方的难处,适时给予帮助 ······ 212
　　第四节　信任是人与人心灵之间的桥梁 ······ 214
　　第五节　与人相交有气度有风度 ······ 217
　　第六节　鲜明的个性是一种无形的人格魅力 ······ 219

第十四章　打开天窗说亮话,用沟通消除隔阂 ······ 221
　　第一节　言语委婉更要通俗易懂 ······ 222
　　第二节　见好就收,别不留情面 ······ 225
　　第三节　话不在多,在理就行 ······ 227
　　第四节　言语要有逻辑性和针对性 ······ 230
　　第五节　让自己的语言具有强大的感染力 ······ 232
　　第六节　要懂得含蓄地回避矛盾 ······ 234

第十五章　多肯定勤赞美,人人都爱听好话 ······ 237
　　第一节　赞美要有针对性 ······ 238
　　第二节　要善于寻找赞美的话题 ······ 240
　　第三节　要善于发现他人值得赞美的地方 ······ 242
　　第四节　夸张的赞美方式不是所有时候都适用 ······ 245
　　第五节　赞美他人要讲究方法 ······ 248
　　第六节　请教式的赞美能获得他人的好感 ······ 250

第十六章　30 秒打动同事心 ······ 253
　　第一节　言行举止得体,不讨人厌烦 ······ 254
　　第二节　保持心态平和,不抱怨不抢功 ······ 257
　　第三节　适当暴露缺点消除同事的心理戒备 ······ 260

第四节　多向老同事请教,赢得对方的好感 ………… 262

第五节　认可同事的能力,赞美同事的优点 ………… 264

第六节　给同事一个能够拉近关系的称呼 ………… 266

第十七章　30秒打动顾客心 ………………………… 269

第一节　提高自我素养,处处以礼待人 ……………… 270

第二节　穿衣打扮合适得体赢得他人好感 …………… 272

第三节　为顾客提供使之感动的售后服务 …………… 275

第四节　诚信永远是打动顾客的最佳手段 …………… 277

第五节　完善细节,让顾客在一点一滴中被打动 …… 280

第六节　真诚地帮助顾客 ……………………………… 282

第十八章　30秒打动朋友心 ………………………… 285

第一节　与朋友相交贵在交心 ………………………… 286

第二节　包容对方所犯的小过错 ……………………… 288

第三节　认真倾听朋友的倾诉 ………………………… 290

第四节　努力记住所有关于朋友的小事 ……………… 293

第五节　朋友遇到难处主动提出帮助 ………………… 295

第六节　要锦上添花更要雪中送炭 …………………… 297

参考文献 ……………………………………………… 300

30 秒看穿人心

○○○ ○○○

　　人就像是一本书，需要我们去读懂、看穿，但在现实生活中，没有多少人能够真正地读懂人、看穿人心。与人相处并不像我们想象中的那么简单，为人处世，更需要多费心思。生活在现代社会，我们需要与各种各样的人打交道，这是不可避免的。这就要求我们具备一双能看穿人心的慧眼，尽量准确地判断人、识别人，从而远离那些奸诈的小人，亲近可交之人，看穿人心，掌握交际中的主动权，使自己成为交际中的大赢家。

○○○ ○○○

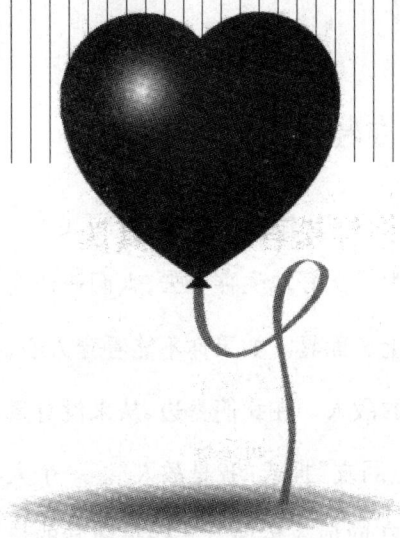

第一章

察人于无形，决胜于千里

//

在日常交际中，每个人都戴着面具，扮演着符合自己的角色。但人们的一言一行不仅仅表现出其性格特点，而且还直接泄露了其心理。面对那些戴着面具的人，唯一的应对之策就是从细枝末节之处读懂他。只有看穿了人心，才能使自己占据主动位置。我们可以通过言谈举止、外形容貌等各方面来揣摩、判断对方的心理，达到看穿人心的目的。所谓"察人于无形，决胜于千里"，只有看穿人心，再运用正确的迎合策略，才能真正地掌握交际中的主动权。

第一节　识人言观人貌,让你轻松看透他人真伪

现代社会是一个充满了竞争的社会,为了更好地生存下去,人们往往会隐藏自己的心理,在他们的脸上就如同戴上了面具。如果你不能看穿人心,就没有办法判断出谁是你的朋友,谁是你的敌人。在我们身边,从来没有真正袒露心迹的人,也没有谁会告诉你"我是朋友"抑或"我是敌人"。一个人的一言一行、一举一动,甚至一个眼神,都在向他人传递着一些很微妙的信息,这些信息直接反映了其真实的心情以及真正的性格。但是,我们都知道,如果想要真正地去了解一个人,了解他心中的真实想法,并不是一件很容易的事情。对方或是出于防卫,或是出于欺骗,常常会把自己隐藏在一张无形的面具后面,不会让他人轻易地知道自己的真实心理和想法。但是,如果我们想要看透对方,就需要了解他真实的心理和想法,而这需要从他的一言一行、一举一动入手,通过细致观察,从那些细枝末节中了解他的内心世界。因此,要想轻轻松松地应对戴着面具的人,你就要学会识人言观人貌,识破他人的真伪,使自己时刻处于主动的位置。

弗洛伊德说:"任何人都无法保守内心的秘密。即使他的嘴巴保持沉默,但他的指尖却喋喋不休,甚至他的每一个毛孔都会背叛他!"虽然,每个人都想保守自己内心的秘密,但其实,每个人的内心所思所想都是有踪迹可寻的、有端倪可察的,哪怕他藏得再隐秘,我们也能从他的语言、外貌中窥探一二。一个人说话眉开眼笑,我们就知道他内心高兴;一个人面相奸诈,我

们就知晓其内心城府极深。总而言之，一个人的外在表现都是内心情感的一种流露，往往一个无意识的举动、一句不经意的话，都能成为我们看破人心的最好突破口。

唐朝的时候，有一个人叫卢杞，他与郭子仪一起在朝做官，两个人之间还有一些交情。那时候，卢杞还只是一个小官，但郭子仪已经成了当朝宰相，很是风光。郭子仪是个老江湖，看人往往能入木三分。他虽为丞相，对其他大臣都比较随便，却唯独对卢杞很有礼貌。如果卢杞来家里拜访，郭子仪会先让家人全部到后面去，而自己穿好了朝服，正式地迎接卢杞。即便是在两人的交谈中，郭子仪也表现得十分谦卑有礼。

对此，郭子仪的家人感到很困惑：卢杞不过是一个芝麻大的小官，为何要如此礼遇？于是，郭子仪的家眷就好奇地问他："你平日接见客人，无论是多么重要的人物，你从来都不避讳我们在场，为什么今天一个后生过来，您却如此慎重？"郭子仪解释道："我一生什么场面没有见过，什么样的人我没见过，因此，我看人看事都有自己的角度。比如刚才那个年轻人，你们不要看他现在很普通，将来这人一定会爬上高位。但是，他最大的毛病就是小鸡肚肠，睚眦必报，稍有不慎，这人就会怀恨在心。他的长相极其吓人，半边脸是青的，如同庙里的恶鬼，你们女人见识不多，我猜想你们看见卢杞的半边青脸，一定会笑。这一笑定会深深地刺伤这个人的自尊心，等到他得了权势，你们和我的儿孙，就会有灭顶之灾了，怎能不防？"

果然，卢杞后来也做了丞相，朝廷中那些凡是曾得罪了他的官员，都被他想方设法地报复了。而因为郭子仪不曾得罪他，最终得以自保。

从历史上的记载可以得知，卢杞是一位相貌丑陋且心术不正的小人，不过，他很聪明，又懂得溜须拍马，最终竟得到权势。对于这样的人，如果现在你得罪了他,他肯定会怀恨在心,日后必伺机报复。在日常生活中,处处都有像卢杞一样心术不正的人,如果稍有不慎,得罪了这类小人,就会为生活平添无数烦恼与困扰。所以,你只有通过练就一双"火眼金睛",看穿他们的内心,认清他们的真伪,才能在生活中游刃有余,进退有据。

在纷繁复杂的人际交往中,有时候,前一刻还如胶似漆,彼此如同手足一般,但下一刻就翻脸不认人,彼此水火不相容了。其实,有这样的情景,就在于我们没能看透对方的真伪,没有掌握识人心的真正本领。君子坦荡荡的理想交际,是每一个人都期盼的,可在现实生活中,我们却很难找到一个吐露心事的人。俗话说"人心隔肚皮。"对方心里在想什么,对自己到底是真情还是假意,我们都无从得知。那么,如何才能分辨出对方的真伪呢?这就需要我们从对方的日常言行、外貌下手,仔细揣摩他的言行,观察其貌相,从中窥探对方的真伪,真正地识破人心,从而牢牢地把握人际交往的主动权。

第二节　察人心通人性,让你在交际场上左右逢源

社会的复杂,在于人心的复杂。在日常交际中,要想与人建立稳固的关系,首先就需要了解他人,识破对方的心思,看清周围的环境,只有这样,即使身处复杂的环境中,我们也能更好地保护自己,游刃有余地应付他人。在这个世界上,并没有独立存在的个体,因而,人与人之间的交际是不可避免的。随着经济的日新月异,人们的物理距离越来越近,甚至,彼此之间只有一堵墙或者一层楼板,但是彼此之间的心理距离却越来越远了,我不知道你

所想，你亦不知道我所思，交往之中总是觉得少了点亲近，多了份阻碍。其实，这种距离感，实际上就是人们彼此互不信任、互不理解造成的。如此所带来的后果，不仅仅使人与人之间的关系变得越来越扑朔迷离，而且还会给我们带来麻烦与困惑，因为彼此戒备，交往势必更困难。那么，如何才能轻轻松松做一个交际达人呢？秘诀只有一个，即察人心通人性，识破他人的心理，再以相应的策略迎合，如此一来，才能使你在交际场上左右逢源。

当然，察人心并不能靠一面之词，还需要用眼睛、用心去辨认，这样，我们才不至于被假象所蒙蔽。如何识破那些隐藏起来的心理呢？有人归纳出来了一个看透人的方法"看一个男人的品位，要看他的袜子；看一个女人是否养尊处优，要看她的手；看一个人的身价，要看他的对手；看一个人的底牌，要看他身边的好友；看一个人是否快乐，不要看他的笑容，要看清晨梦醒时的一刹那表情；看一个人的胸襟，要看他如何面对失败及被人出卖；看两个人的关系，要看发生意外时，另一方的紧张程度。"虽然，这样的总结并不是那么准确，但对我们察人心多少有一些帮助。人心是一本书，一本复杂的书，读起来时的确会感到吃力，但是，唯有读懂了这本书，我们才能游刃有余地应付复杂的人际交往。

齐王后去世的时候，后宫有十位齐王宠爱的嫔妃，其中有一位将继任王后，但是，究竟是哪一位，齐王却不做明确的暗示。宰相田婴开始动脑筋了，他想：如果自己能确定哪一位是齐王最宠爱的妃子，然后加以推荐，肯定能博得齐王的欢心，同时，还能赢得新王后的信任。不过，万一弄错了，事情反而会糟糕。于是，田婴准备想个办法，试探一下齐王的心意。

之后，田婴命工人赶紧打造了十副耳环，而其中一副做得特别精巧华贵。田婴把这十副耳环献给了齐王，齐王则分别赏赐给了十位宠妃。第二天,田婴再拜谒齐王的时候,发现在齐王的爱妃之中,有一位戴着那副特别华贵的耳环。田婴明白了齐王的心意,赶紧向齐王推荐了那位戴着美丽耳环的妃子,果然,齐王大喜。不久之后,新王后继任,确实是那天田婴推荐的那位妃子。

田婴虽处于乱世,但由于他懂得处世之道,懂得识人心,就使得他没有被卷进是非之中,反而能够自我保全。为人处世,与人相处,30 秒看穿人心极为重要,这样,我们才能在片刻之间,看透身边的人与事,看穿一个人的真伪,洞悉对方内心深处所隐藏的秘密;才能以不变应万变,窥探出其心理的微妙变化,让自己在交际场合中左右逢源、轻松自如。

纵观古今中外,凡成大事者,无一不是察人心的高手。不能识风浪,就不能扬帆沧海;不能察鸟兽,就不能纵横山林;不能察人心,就不能左右逢源。也许,你能够在职场驰骋纵横、无往不胜,但是面对纷繁复杂的人际交往,却会一样困惑、迷茫。在我们身边,没有人会完完全全地把自己呈现出来,他们将自己隐藏在面具后面,不过,其眼神、举动、行为、习惯,都会暴露出其心理与性格。而我们只需要找到这些透露出来的细枝末节,就能识破对方的心理了。

一个善于识人心的人,他一定是一个观察力敏锐的人。如果你没有一定的观察能力,就无法察觉对方在表情、动作、语言上的变化,对方心里在想什么,你也根本无从知道。所以,要想看透他人,识破人心,就必须学会察言观色。由于没有一个人会完全地袒露自己,让自己处于人们的视线之下。所以,你必须练就较强的识人能力,拥有敏锐的观察力和缜密的心思。从而看透你身边的人:你可以在众人中不露痕迹地分辨出真朋友还是假朋友;你可以准确无误地判断出上司的意图;你可以在朋友的语调中读出他的隐衷;

你可以在对你微笑的人一转身之间发现他的谎言,进而轻松应付复杂的人际交往。

第三节 洞悉人心等于知己知彼,可谋定而动

在日常交际中,我们不仅要对自己有很好的了解,更要对他人有一个较为详细的了解,所谓"知己知彼",方能谋定而后动,百战不殆。大多数人对自己比较了解,但对他人却是一知半解,于是在实际交往中,往往使自己处于被动,这是什么原因呢? 其实,原因在于他人对你的详细了解,能够通过你的举动、行为、面部表情来洞悉你内心的真实想法,而你又缺乏对对方的了解,那么,你就只能任由对方牵着鼻子走。实际上,洞悉人心就在于知己知彼,这样,我们才能真正地拥有主动权,才会在交往中应付自如、游刃有余。与人交往,就是一场心理战役,如何洞悉对方的心理、调动对方的情绪、引导他人的想法,往往是交际得以成功的关键。所谓知己,那就是对自己的了解。每个人,包括你自己,都无法做到对身边的任何一个人完全坦诚。当然,我们必须在清楚地了解自己的前提下,才能够对别人的真实想法进行猜测。这就需要你在交际的时候,要表露适当,既不要过分地表露自己,也不能把自己的内心封闭起来。另外,你在知己的同时更要知彼,这样才能够"百战不殆"。

而对于活跃于交际场合中的我们来说,识破对方心理是重要的,谁先洞悉了对方心理,谁就占尽了先机,正如孙子所说"谋定而后动,知止而有得",

在与对方正式角逐之前,我们应该知彼,做到三思而后行。

在人际交往中,知己知彼重在知彼,那么,如何才能做到洞悉对方心理,做到知彼呢?

1. 察言观色

在交往过程中,我们可以通过察言观色来洞悉对方的心理,比如观察对方一个细微的动作,有可能是一个眼神,有可能是一个笑容。那些在其脸上、身上所表现出来的表情或动作,时刻在告诉我们他们内心在想什么,在思考什么。再根据对方心中所想,慢慢引导,真正洞悉对方心理,赢得人际交往的成功。

2. 了解对方的心理需求

洞悉了对方的心理,需要进一步了解对方心理的真正需求,如此对症下药,方能达到谋定而后动的目的。有时候,对方只是想结交你这个朋友,有可能他只是想从你这里获取一些有用的东西,有可能他是想通过某种方式来打击你。这时,你可以根据对方的心理需求而灵活选择应对方式,投其所好,或者真诚面对,或者巧妙回旋,或是有力反击。只有了解了对方的真正意图,才能在人际交往中占据主动位置。

3. 慢慢引导其想法

通过察言观色对对方的个性特征有了了解,也对其真实需求有了了解,你就需要顺着对方的想法慢慢引导他的思想。你可以通过巧妙地暗示,让他能够不知不觉地受你的影响,放下戒备心理。实际上,能够成功地引导对方的想法是交际得以成功的关键,也关系着你是否拥有主动权。

第四节　洞察力是窥探人心的基础能力

一个人要想识破人心，其所具备的诸多能力是不容忽视的，其中，洞察力是基础。何谓洞察力？顾名思义，洞察力就是指深入事物或问题的能力，从字面意思理解为对于山洞的观察。我们都知道，在山洞中除了洞口的地方被阳光照射之外，其他的地方是越深越黑暗，在这样的情况下，就需要有敏锐的观察能力了。弗洛伊德说："洞察力就是变无意识为有意识。"实际上，洞察力的实质就是透过现象看本质，在观察一个人的时候，学会用心理学的原理与视角来归纳总结其行为表现。由此可见，洞察力是窥探人心的基础力，换句话说，就是能做到察言观色。在现实社会，人们往往不愿意袒露自己，而是将真实的内心隐藏起来。这时候，就需要我们具备一定的洞察力了，一个人的真实意图往往流露于不经意的举手投足间，外溢于外形容貌中。有了敏锐的洞察力，我们才能够破译对方的真实心理，才能迅速准确地看透对方心理，从而掌握人际交往的主动权，成为人际博弈中的赢家。

有一次，苏联作家高尔基约了两个朋友到一家饭店就餐。点菜之后，饭菜还没端上来，闲来无聊，高尔基建议："我们仔细观察饭店里的人，来进行一次看人比赛。我们随便选定一位顾客，通过短时间的观察，然后说出自己的见解，看谁说得最准、最细，谁就是今天的大赢家。"朋友听了，都觉得此建议不错，纷纷答应了下来。

不一会儿，他们就选定了一位正走进来的顾客。高尔基仔细观察了一番,说道:"他脸色苍白,身穿灰色衣服,双手细长,且微微发红,这就是他的大致特征了。"坐在旁边的同是作家的朋友安德烈却说:"我补充一点,似乎他衣服的颜色应该是白色,由于长时间没清洗,所以才变成了灰色。"另一位作家朋友布宁最后补充道:"他身穿灰色衣服,搭配了一条带着小花的领带;那双手细而长,不过,那指甲却有些不正常。我觉得,他举止猥琐,处处小心翼翼,我猜他可能是个骗子。"听到这话,高尔基来了兴趣,忍不住向饭店老板打听此人的情况,没想到,饭店老板当即说道:"他啊,就是一个到处骗吃骗喝的骗子,你们可要小心了,不要被他给骗了。"

布宁通过对那位顾客的服装、举止、神色多角度的仔细观察,猜测他有可能是个骗子。结果通过饭店老板证实了他的猜测。在这个案例中,布宁识人成功的原因在于他拥有较强的洞察力,如此,便看出了那位顾客的真面目。

人都是善于伪装的动物,每个人都生活在一个伪装的世界里。无论你接受与否,这一点都是客观存在的。在现实生活中,每个人都扮演着不同的角色,随着对象的不同,其角色与言行也是不同的。如何才能识别对方的真面目呢? 这就需要你必须具有一定的洞察力,看透对方表面的掩盖物,洞悉对方的真实意图。通过其不经意表露出来的言行、神态,窥探其真面目。识人心,最关键的一点就是你能够看出对方是如何掩饰自己的,所谓透过现象看本质,只要你具备一定的洞察力,你就能够从对方的言行中窥出端倪、看出破绽了。

苏轼就是一个识人的高手,从其平生的一二事,就可以看出他识人的本领以及过人的洞察力。

苏轼有一个名叫谢景温的朋友,闲来无事,两个人常在一起论古诵今。有一次,苏轼邀请谢景温一起去郊外游玩,在路边的草丛里,他们发现了一只受伤的小鸟,好像是刚从树上跌落下来的。苏轼伸出手,想把那只受伤的小鸟拾起来。但是，身边的谢景温却用脚一踢，就将那只小鸟踢下了山。苏轼看着谢景温那漫不经心的动作，脸上陪着笑，心中却凉了，想："这谢景温如此轻贱生命，日后肯定会是一个损人利己之人。"后来，苏轼渐渐疏远了谢景温。果然，不久之后，谢景温为了讨好王安石，根本不顾之前与苏轼的交情，还企图加害苏轼。

苏轼常常以敏锐的洞察力去观察身边的朋友，一旦发现他们的言行举止不对，就会刻意与之保持距离。在早年的时候，苏轼曾交过一位章姓朋友，两人曾相约去山中游玩。在爬山途中，眼看前面就是悬崖峭壁，中间却只有一座独木桥。苏轼看见这场景，顿时望而生畏，不敢过去。可那位姓章的朋友却很轻松地就走了过去，然后将身子系挂在树上，在那陡峭的山壁上留下了墨迹。苏轼知道，这位朋友想必是不达目的不罢休之人。后来，那位姓章的朋友当上了宰相，手中有了权势，对人更是绝不手软，因苏轼与之有了政见分歧，他也对苏轼痛下杀手，并将苏轼贬到了惠州。

从上面两个故事中可看出，苏轼的洞察力过人：只凭一个踢小鸟的动作，就可以看出朋友是一个轻贱生命、损人利己的人；凭着朋友脸色平静地过独木桥，只为留下几个大字，可以看出朋友是一位为了求得目的不惜铤而走险的人。苏轼对这两个朋友的判断，事实证明，都是极其准确的。而苏轼能够有如此过人的识人本领，就在于其高超的洞察力。

在现实生活中，我们常常会碰到这样的事情：明明是曾经的铁哥们儿，但在自己需要帮助的时候，却在背后捅自己一刀；明明是可以信任的朋友，却会在自己将重要事情托付给他以后，来个釜底抽薪。为什么会这样呢？诚然，其中有对方的问题，但很大一部分原因在于自己不会识人。能够识人，就需要敏锐的洞察力，如此，你才能知道什么样的人能当朋友，什么样的人需要小心提防。在与人交往的过程中,需要用心观察,仔细思考,这就是洞察力,如此,才能不被蒙蔽,才能够透过现象,看出一个人的本质来。

第五节　分析能力是识别人心的关键能力

如果看出了对方言行中的端倪,却不加以分析,就无疑是要白忙活一场了。任何一件事情,都需要分析,通过仔细分析,我们才能得出一个中肯的结论,而这个结论就是隐藏在其表面的真实意图。在识人心的过程中,分析能力是看破人心的关键能力,容不得我们半点小觑。分析能力,顾名思义,就是指将一件事情、一种想象、一种概念分成较为简单的组成部分,找出这些部分的本质属性和彼此之间的关系,并单独进行剖析、分辨、观察和研究事物的一种能力。比如,同样是一个人身上显露出来的特点,一个人看了也不知其意,而另外一个人看了却加以分析,从而明白了对方心中的真实意图,这就是分析能力带来的不同结果。在生活中,那些分析能力较强的人,往往学术有专攻,在识人中,常有自己独到的见解,并能进入常人难以达到的境界。一个善于观察的人,能够窥探出细微的特点,但是,如果他不对此加以分析,那么,他与大多数人一样,是很难接触到事物的本质的。所以,我们在识人的过程中,不仅要善于观察,更要善于分析,这样,我们才能看破人心,占据交际的主动位置。

一般而言,一个看似复杂的问题,经过理性思维的梳理后,会变得简单化、规律化,从而轻松、顺畅地被解答出来,这就是分析能力的魅力。比如,一个人在交谈的时候,总是左顾右盼,时而摆弄手指,时而望望天花板。当我们观察到这样的特点之后,就要仔细分析,为什么他会出现这样的举动?可能他心中正在想着别的事情,或许他正在着急该如何应对我们的问题,等等。经过如此多方的分析,我们才会看穿对方的心理。而在这样一个过程中所体现出来的,就是分析能力,分析能力是先天的,不过在很多时候,却取决于后天的训练。在生活中,我们常常会遇到一些事情、难题,若是分析能力较差的人,往往会想来想去不得其解,束手无策;相反,若是一个分析能力较强的人,则往往能够轻松自如地应对这一切难题。

有一次,曾国藩收到了学生李鸿章的一封书信,在信中,李鸿章向恩师推荐了三位年轻人,希望他们能在恩师的帐前效力。没过几天,家人来报:"李大人推荐来的人在庭院等候。"曾国藩心生一计,他悄悄地在离他们不远处的地方停了下来,暗暗观察这几个人。只见其中一个人不停地用眼睛观察着屋内的摆设,似乎在思考着什么;另外一个年轻人则低着头规规矩矩地站在庭院里;剩下的那个年轻人相貌平庸,却气宇轩昂,背着双手,仰头看着天上的浮云。

观察了一会儿,曾国藩便回到了房间里。很快,他就召见了这三位年轻人,和他们攀谈了起来。慢慢地,曾国藩发现,不停打量自己客厅摆设的那个年轻人和自己谈得最投机,自己的喜好习惯,似乎他都早已经熟悉;相比较之下,另外两个人的口才就差一点了,不过,那个抬头看云的年轻人虽然口才一般,但对人对事都有自己的看法,不过,说法比较直。最后,出人意料的是,曾国藩并没有对那个与自己谈得最投机的人委以重任,而是让他做了一个有名无权的虚职;派那个很少说话的年轻人去管理钱粮马草;而那个看云的年轻人却被派去军前效力,而且,曾国藩再三叮嘱,要对这个看云的年轻人要重点培养。

众人听了曾国藩这样安排,都十分疑惑,对此,曾国藩道出了原委:"第一个年轻人在庭院里等待的时候,便用心打量大厅的摆设,刚才他与我说话的时候,明显看得出来他对很多东西不甚精通,只是投我所好罢了,由此可见,此人善于钻营,有才无德,不足以托付大事;第二个年轻人遇事唯唯诺诺,沉稳有余,魄力不足,只能做一个刀笔吏;最后一个年轻人不焦不躁,竟然还有心情仰观浮云,就这一份从容淡定,便是少有的大将风度,更难能可贵的是,面对显贵,他能不卑不亢地说出自己的想法而且很有见地,这是少有的人才啊!"曾国藩一席话,说得众人连连点头称是。"不过,他性情耿直,很可能会招来口舌是非。"说完,曾国藩不由得一声叹息。

原来,那位观云的年轻人就是刘铭传,他没有辜负曾国藩的厚望,在后来的征战中脱颖而出,并因为赫赫战功被册封了爵位。然而,也正如曾国藩所预料到的一样,性情耿直的刘铭传被小人中伤,黯然离开了台湾。

在等待的时候,三位年轻人神态各异,曾国藩不仅观察出了其中的端倪,还进行了深入的分析,从而看出了三位年轻人真正的才学,并据此合理地给他们安排职务。如此看来,分析能力的确是看破人心的关键能力。

第六节　知人知面更知心,牢牢掌握交际主动权

俗话说:"知人知面不知心。"识人难,识人心更难。人世间,最深藏不露的莫过于人心,而世上最猜不透、最善变的也是人心。如果你在人际交往中

稍有差错，就有可能错识人心，产生误解。你就有可能为此失去一次难得的机会，或是失去一个重要的客户，或者错交一个不值得结交的朋友，或者把一件很重要的事情办砸了。

与人交往，实在是难，难在不能看穿人心，但只要我们能够看穿人心，并采取相应的策略，就能够赢得人际交往的成功。否则，我们将寸步难行，面临失败，还平添许多烦恼。正所谓"人心难测"，人心是一个人的思想，而思想是无形的，我们既看不见，又摸不着，它潜藏在人的脑海里，另外，思想并不是固定不变的，它们往往随着客观形势的变化而变化。所以，我们才说看穿人心不是一件容易的事。我们常说"知人知面不知心"，其实，也是道出了人心难测的道理。然而，人心也并非难以琢磨，而是很多时候，我们没能掌握洞悉人心的技巧。因此，与人交往，知人知面更要知心，在平日里，我们要学会识透人心，这是现代人应该掌握的处世方法，也是与人交际的必备技巧。

在现实生活中，谁对你真，谁对你假，我们需要辨清真伪，如此才能知心。否则，在"知人知面难知心"的情况下，我们就有可能被一时的假象所蒙蔽，把真正的敌人当朋友，如此错识了人心，只会给我们带来无尽的痛苦与灾难。俗话说"害人之心不可有，防人之心不可无。"虽然，在人际交往时，需要以诚相待，但是，也不能因此而让自己的诚信成了别人利用的对象。在生活中，我们经常会碰到这样的人：平日里对自己很关心，实际上却是别有用心，而我们却常常被他们的外表所蒙骗，等到醒悟的时候，已经为时已晚。所以，我们要学会识人心，知人知面更知心，洞悉对方心中的真实意图，使得自己能够及时掌握交际的主动权。

有两位知名的画家，他们是形影不离的好朋友。有一天，其中一位画家很沮丧,他的一幅画因为颜色搭配不协调画坏了,他害怕人们会对那一幅画有不好的评价,就一个人自言自语道:"真想把这幅画毁掉。""别,别毁了它。"另一位画家眯着眼睛,在那幅画前走来走去,嘴里还不停地赞美:"这幅画真是太棒了!"那位画家开始有点半信半疑:"真的吗?"因为第二位画家是自己最好的朋友,又是艺术界里的行家,第二位画家的话让第一位画家相信了。"当然,你把它送给我,我拿我的另外一幅画与你的交换,怎么样?"第二位画家很肯定地说。最后,他们交换了画。

几天后,一些朋友去第一位画家的画室,他们看到了第二位画家的那幅画挂在一个比较显眼的位置,而第一位画家非常激动地说,这是×××画家的作品,真是棒极了。这些朋友同时也去了×××画家的画室,他们惊奇地发现第一位画家的那幅画,而第二位画家语带不屑地把第一位画家的画介绍给那些朋友,说那就是×××画家画的东西。

其实,第二位画家的言外之意就是:×××的画算什么东西,怎么能跟我的画相提并论。我们再仔细比较一下,第二位画家前后态度的变化,就可以发现,他眯着眼睛在第一位画家那幅失败作品前踱来踱去、大加赞赏的行为太过做作了。从中也可以发现第一位画家对第二位画家是"知人知面不知心",使得自己失去了交际中的主动权,而处处陷于被动。

其实,在现实生活中,这样的人不在少数:有的人会利用甜言蜜语与你套近乎,却是为了窃取你的劳动成果;有的人会在你面前装得可怜兮兮,却只是为了你主动让出晋升的职位;有的人将你赞得飘飘然,你在激动之下把什么都告诉他,他却在背后拿你不经意透露的信息去跟老板告密;有的人表面对你赞赏有加,却在背后用讽刺的话来奚落你;有的人假装很热情地邀请你跟他一起负责某项任务,却只是为了在出问题时可以让你背黑锅;有的人经常给你小恩小惠,却在关键的时候勒索你一大把。这些人往往笑里藏刀,将自己的真实意图隐藏得很深,让你不可能一下子就发现他。而且,他们伪装起来的外表,很容易获得我们的信任与好感,让我们在不知不觉中,就进入了他们设计好的陷阱。所以,我们一定要学会知人知面更知心,从而牢牢地把握住交际过程中的主动权。

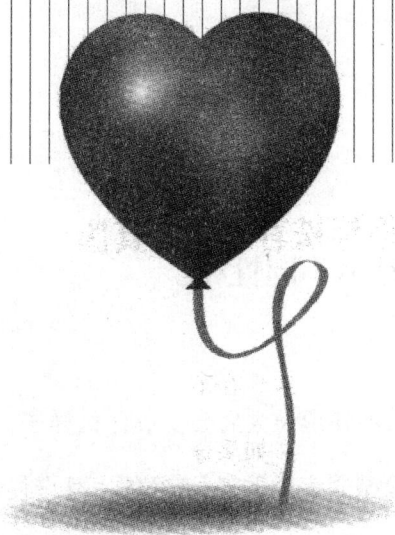

第二章

从外形容貌了解他人性格

//

古人曰:"人心之不同,各如其面。"人也许可以控制自己的言谈举止,但是,他却绝对控制不了自己的外形容貌。而且,一个人的外形容貌则是内心世界的显示屏,从它所流露出来的是比言行举止更真实的信息。了解一个人,首先是从其外形容貌开始,这也是最直接的方式。在生活中,我们常说"以貌取人",其实,这恰恰是识人心的关键。下面,我们就从一个人的外形容貌来窥其性格。

第一节　不同脸型显示不同性格

在婴儿时期,我们的脸没有经过雕琢,不知道长大后会变成什么样子。在走过了青春,步入了成年之后,我们的脸型固定了下来,流经的岁月慢慢地在我们的脸上留下了印记。脸型,不仅记载了我们的过去,而且,也似乎代表着我们美好的未来。在这个世界上,并没有两张完全相同的面孔,即使是常人不能分辨出来的双胞胎,在经过了精密的肌肉测定后,也可以找出其中的差别来。虽然如此,我们还是归纳出了一个分类的标准,有的人脸方,有的人脸圆,有的人脸呈倒三角形,等等,这就是脸型。脸型取决于颊骨、颚骨与肌肉的纹理以及结构,因此,自古以来,脸的形状就被用来当做判断命运、性格的重要依据。在这个世界上,许多民族都有自己观相的一套方法,连研究脸型的人类学家也相信,不同的脸型通常显示不同的性格。

下面,我们就列举几种常见的脸型,并通过不同脸型来窥探人的不同性格。

1. 圆形

拥有圆形脸的人,性格温和,这样的人,其体形多半也是圆圆的。平日里待人温和,与任何人都能相处融洽,有着较强的亲和力。他们喜欢遵守规范,思想与行为都比较保守,多喜欢休闲、有规律的生活;在性格方面,偶尔也会任性,不过,面对他人的请求,很难拒绝,是少见的老好人。

2. 四角型

这类人脸型方正,脸颊骨发达,嘴唇薄,口大。拥有这类脸型的人大多是运动员,个性积极,有着较强的意志力,哪怕遇到了挫折也绝不放弃;本身有着强烈的正义感,不喜欢迁就别人,不懂得通融,只要是自己认定了的事情就一定坚持到底,经常会与人发生冲突。

3. 倒三角型

这类人额头比较宽,脸型往下巴方向开始变窄,形成了倒三角形的脸。他们做事喜欢一丝不苟,如果事情不能按照自己所想的去做,常常会感到很焦躁。不过,在作决定的时候,他们往往不能果断,常常是游离不定,优柔寡断。

4. 混合脸型

这类人要么脸型有棱有角,要么就是额头小颧骨宽大。他们的个性比较顽固,从来不认输,有些神经质,爱慕虚荣,似乎没有什么优点。不过,在做事情的时候,他们会表现得异常积极。他们在遇到与自己志同道合的人就很高兴,与之相处也十分融洽。但是,只要对方身上有一点是自己不满意的,他们就会全盘否定对方。

5. 细长型

这类人的脸型比较长,口鼻显得比较小巧。他们对细微的事情也能考虑到,待人热情,比较擅长交际。从表面上看,他们比较通情达理,但是有时候,却很难表达自己的心意,在与人交流的时候,容易发生冲突。

6. 方形脸

这类人脸型方而大,有棱有型,做事情胆大过人,喜欢冒险,不过总是草率鲁莽,缺乏周密的思考。在交际中,这类人很容易得罪人。他们在思考问题的时候,常停留在表面,看不到隐藏的忧患;平日里,他们爱憎分明,对喜欢的人就是一张笑脸;对自己讨厌的人,则会显得严肃冷漠。

另外,还有轮廓明显、五官端正的方形脸,与上一类人的区别在于下颚。这类人的下颚比较柔顺,又有一定的弹性,他们崇尚中庸,既遵守规则,眼光也长远,是典型的领导型人才。这种人举止大方稳重,富于机智,待人诚恳,在朋友们中往往间比较有威望。

第二节　从眼睛可以看出一个人的个性

孔子说:"存乎人者,莫良于眸子。"意思是说,想要观察一个人,就要从观察他的眼睛开始。因为眼睛是心灵的窗户,在每个人的眼睛里都隐藏着许多内心的秘密,要想在最短的时间内看穿对方的内心,不妨先从对方的眼睛来解读对方。那些胸怀坦荡的人,眼睛明澈、坦诚;心胸狭窄之人,眼神狡黠、隐晦;目光执著的人,为人正直;目光浮动的人,为人轻浮;目光暴露,表明此人贪婪;目光内敛,表明此人自私。在生活中,那些自信的人,目光坚毅、深邃;内心自卑的人,目光迷离、阴暗。总而言之,从一个人的眼睛可以看出其个性。古人曰:"胸中不正,则眸子眊焉。"眼睛不明亮的人,其心也难测。自古以来,文学家都会通过对眼睛的描写来刻画一个人内心的个性,所遵循的也就是这个道理。

眼睛是人身上最重要的器官之一,从眼睛可以看出一个人的气质、个性等方面的特质。因此,拥有一双顾盼生辉的眼睛,对每个人来说都是一笔宝贵的财富。我们常说"眼睛是心灵的窗户",殊不知,眼神则是观察一个人心理活动的窗口。观察一个人的眼睛,从而来了解一个人,这是人际交往的基本功之一。从眼睛可以看出一个人的喜怒哀乐:兴奋的时候,眼睛会放射出炽热的光芒;沮丧的时候,眼睛会显得暗淡无神;愤怒的时候,眼睛会喷出怒火;快乐的时候,就连眼睛也是愉悦的;悲伤的时候,眼睛半开半闭,无精打采。不仅如此,从眼睛还可以看出一个人的个性来,一个人是温和还是易怒,是冷淡还是热情,这都可以从眼睛中体现出来。一个人若是拥有好的个性,他的眼睛会显露出这样一些特点来:眼睛修长,充满着慈爱的光芒;适度清澈;两眼水平排列,眼球不凸出,也不深陷;黑白分明,瞳孔大而亮丽,黑眼珠在上下睑中间。

于连是小说《红与黑》中的男主角,在小说中,有一段对于连的肖像描写,其中,对于于连的眼睛是这样描写的"两眼又大又黑,在宁静的时候,会射出火一般的光辉,又好像熟思和探寻的样子,但是在一瞬间,他的眼睛又流露出可怕的仇恨的表情。"短短几句话的描写,可从中窥探于连是一个亦正亦邪的人物,将其内心的矛盾,展现得淋漓尽致。

看眼睛知个性。那么,我们该如何通过眼睛看人识人呢?首先,可以看其目光是否柔和:目光柔和的人,感情深浓;目光凶狠的人,意志力强,但为人狠毒。还可以看眼珠转动的快慢:眼珠转得比较快的人,有人情味,但是,很容易受到别人的影响;眼珠转动较慢的人,总是以自我为中心。

下面,我们就以具体眼型的眼睛来窥探一个人的个性。

1. 虎眼

这类人的眼睛经常会呈现出一种淡黄色,为此又被称为"金眼"。虎眼的瞳孔变化比较快,其个性比较稳重,对任何事情都能以平常心来面对。不过,对身边的人缺乏关心,因此,在管理家庭方面比较欠缺。

2. 象眼

这类人的眼睛虽然不大,但看起来却炯炯有神,眼光里似乎荡漾着波纹。他们个性温和,容易相处,待人和善;观察事物比较敏锐,能够抓住稍纵即逝的机会,善于思考,属于理智型的人。因此,此类人在事业上很容易获得成功。

3. 凤眼

这类人的眼睛明丽清秀,目光炯炯有神而不失儒雅的柔美,使人感到神清气爽。这类人的心理承受能力比较强,面对困难与挫折,常常能冷静面对,善于以他人的长处来弥足自己的短处,善于灵活处事。

4. 鱼眼

这类人的眼睛比较死板,如果你不注意观察,会发现他们的眼珠似乎并没有转动。如果他的眼睛朝着远处看,其眼神则会呈现出一片迷茫。这类人智力比较低下,生活物质上的匮乏会使得他们萎靡不振,而他们在面对这一切的时候,会表现得安于天命,因此,也很难取得成功。

5. 三角眼

这类人的眼睛像三角形,常常给人留下不好的印象。通过研究发现,这样的人诡计多端,喜欢欺骗他人,常干些损人利己的事情。另外,即使自己家财万贯,却会给人一副守财奴的印象。

第三节　不同体型显示不同习性

古人曰:"人需要接近看看,马需要骑着看看。"在日常生活中,虽然,我们能根据一个人的言谈举止看出一个人内心大致的活动,但是,通过对其体型的观察,更可以看出对方的某种特殊的潜质,诸如对方的生活习惯。体型的特征是一个人的轮廓,它是一个人的门户,究其形态,便可以察其习性。人有不同的体型,比如,我们常见的肥胖型、枯瘦型、筋肉型,等等。一个人的体型受多种因素的影响,但是,却可以直接表现其生活习惯。生活习惯是一个人在日常生活中慢慢养成的,它与一个人体形的关系是密不可分的,可以由此判断一个人的性情。另外,从一个人的体型来窥探其生活习惯,会使我们在与其沟通时多出一些愉快的话题,从而增加与对方的亲密度,达到交际成功的目的。

以前,一般认为体型是基因型,完全是由遗传决定的。虽然,一个人的体格在不同的年龄和不同的状况下可能有所变化,但他的体型却被认为是永远不变的。但是,再后来,随着科学的发展,越来越多的人认为体型是表现型,是会变的。不同的生活习惯将导致不同的体型,比如,成年男子由于经常在外应酬,喝酒自然是常事,为此,他的体型会发生变化,小腹会突出,俗称"啤酒肚"。又比如,许多习惯于熬夜的人,体型总是瘦骨嶙峋,看上去没什么精神,一副没营养的样子。通常情况下,可以认为一个人的体型是由其生活习惯决定的,因此也可以认为,良好的生活习惯可以塑造一个好的体型,反之,不良的生活习惯则会形成不太美观的体型。

张先生在一家银行工作,标准的男士体型,1.75米的个子,体重70千克,筋骨强壮,身体结实,在西装革履的打扮下,显得斯文而儒雅。虽然,他已经年近40岁了,但浑身上下的肌肉十分匀称,没有什么赘肉。

现在,张先生在银行担任副经理的职位,本来,坐在这样的位置上,应酬是必不可少的,但是,张先生的原则就是"能推则推,尽量少应酬,每天按时回家吃饭"。说到自己的生活习惯,张先生显得很认真:早上7点准时起床,吃早餐,8点,开车去银行,不堵车的情况下,会在8:15到达银行,即使堵车,也会在8:30之前到达,到了银行,整理文件,在这一过程中,清理杂乱的抽屉,将需要发出的文件清理出来。之后,就开始一天的工作,下午5点回家,吃饭,看看电视,查看邮件,在11点之前睡觉。自从大学毕业后,这样的生活习惯就伴随着他了。他的生活习惯就像是银行的验钞机,严谨而来不得半点马虎,日复一日,年复一年。

张先生工作的环境,决定了其有条不紊的生活习惯,而如此良好的生活习惯,塑造了其健壮的体型。这些看似没有关系的东西,原来都是如此紧密地联系在一起的。当然,面对初次相见的陌生人,我们并不能猜出对方是从事什么样的工作的。不过,如果你能观察其体型,窥见其生活习惯,再慢慢分析,或许你能猜到对方是从事何种工作的。

下面,我们就生活中常见的几种体型,来逐一分析一下人们的生活习惯。

1. 肥胖型或脂肪型

这类人的体型特征表现为,胸部、腹部和臀部都十分宽厚。由于腹部上附着的脂肪,使得整个人看上去多肉。一般情况下,如果生活习惯不是很良好,这样的体型大多会出现在中年人的身上。

这类人的生活习惯没有规律,由于他们天性比较乐观,总是想到哪里就吃到哪里,全然不顾自己已经严重变形的体型。虽然,在偶尔的时候,他们也会感叹一定要戒掉不好的生活习惯,但终究没有成效。他们喜欢烹饪,对于美食有浓厚的兴趣。

2. 瘦瘦细长的体型

这类人的外观表现为脸色发青、细长的身体,看起来有点神经质。这类人的生活习惯很糟糕,时常变化,由于他们情绪时常处于不稳定的状态,有可能暴饮暴食,随着情绪的变化而改变生活习惯。另外,他们可能喜欢熬夜,常常通宵上网或玩耍,喜欢抽烟喝酒。

3. 强壮而结实的体型

这类人的体型表现为,筋肉和骨骼发达,肩膀宽大,脖子粗。这类人的生活习惯比较良好,按时吃饭,对任何事情都很认真,生活中有点小洁癖,经常将抽屉里的东西整理得干干净净,喜欢把字写得工工整整;他们不喜欢应酬,喜欢安静的生活,会有一些有品位的兴趣与爱好。

4. 娇小而显得不成熟的体型

这类人的体型表现为,脸孔如小孩一般,一张娃娃脸,体型娇小匀称。这类人的生活习惯就如其体型一般,有点像小孩子,时而规矩,时而疯癫。情绪好的时候,也会想着过正常人一样有规律的生活,但是,遇到情绪糟糕的时候,就会将生活搞得一团糟,经常一天只吃一顿饭,一两天都可以做到不出门,邋邋懒惰,不过等几天之后,他们就又恢复平常的状态了。

第四节　双手显示出一个人的生活态度

手是人身体上活动幅度最大、运用操作最自如的部分,也是人表达情感的极其重要的部位。一个人在紧张的时候,会手足无措;在高兴的时候,会手舞足蹈;在庆幸的时候,会拍手惊喜;在畏惧的时候,会敛手屏足。双手是人体最重要的一部分,一个人若是缺少了手,定会给他的生活带来诸多不便。在一定程度上,手已经成了我们做事的工具,其实,手也是有"表情"的,可以说,它是人的第二张面孔。实际上,手所能表示出来的东西远不止这些,我们还可以通过观察一个人的手来了解其生活态度。虽然手的作用是差不多的,但是具体到每一个人的手,却可以发现它们是很有差异的。

众所周知,手是人体最有特色的器官之一。科学家认为,手是使人能够具有高度智慧的三大重要器官之一,其余两个器官是可以感受到三维空间的眼睛和能够处理手眼传来的信息的大脑。一个人的手与其大脑是紧密相连的,一旦大脑传出了什么指令,都会通过手去完成。在日常生活中,几乎所有的事情都是通过手完成的,吃饭端茶需要手,洗衣做饭需要手,可以说,我们的生活离不开这双手。于是,无可避免的,生活的印记也会逐渐烙在那双手上,有可能是疤痕,有可能是肤色,有可能是老茧。那些手上所能表现出的东西,通通都是生活的印记,我们可以从那些疤痕、肤色、老茧来看出一个人的生活态度。一个人是否养尊处优,也可以从一双手上看出来。一般情况下,一个养尊处优的人,他的手是干净而白皙的,没有老茧、没有伤痕。同样的道理,我们可以通过一双手来窥见它的主人的生活态度。

虽然,每个人的手都是有所差别的,但是,我们还是可以按照较为普遍的特征将手分为以下几种:

1. 肥胖型

看上去胖乎乎的手,给人以踏实、可爱的感觉,值得人信赖。不过,拥有这样一双手的人可能比较自卑,很少在人前露出那双胖乎乎的手,尤其是碰到手比自己的手漂亮的人时,他会自卑地把手缩回到身后。在他们身上,有着稳重而成熟的性格以及严谨的生活态度,凡事认真对待,绝不马虎了事;喜欢传统的东西,比如古典音乐,拒绝接受流行的东西。他们有着很高的志向,因为在他看来,自己是能成大器的人,不过有时候,他们却会忽视了自己保守的一面,因而他们很难获得成功。

2. 修长、柔软型

这双手看上去就是天生的,没有被生活的辛苦而蹂躏,几乎没有留下一点伤痕。拥有这样一双手的人,有着与生俱来的优雅气质,过着养尊处优的生活,其家里不是有钱有势,就是小康之家。在生活中,他们天性散漫,不温不火。他们喜欢比较典雅的东西,诸如古典音乐、建筑、绘画,因为这双手看上去就是一双艺术家之手。不过,他们对待自己的工作时,会显得热情有余,但缺乏毅力。对待生活也是得过且过,一旦失败了,他的那股对艺术的热情就土崩瓦解,于是乎,转而去感叹世界的无情。

3. 毫无瑕疵型

有人的手如玉器般,毫无瑕疵,看上去就很高贵、华丽,这样的一双手,哪怕不佩戴任何手饰,看上去都是漂亮的。拥有这样一双手的人,可能会对生活百般挑剔,只注重自己的形象。他们在选择伴侣的时候,会考虑外貌和内涵,彼此相合才会考虑感情。他们会选择与自己有着同样兴趣和气质的朋友,对其他人则十分挑剔。当然,这样一双美丽的手,是不会轻易干活的。

第五节　衣服颜色透露一个人的心理状况

　　心理学家认为,从一个人对服饰颜色的偏好上,往往可以推测其心理。在日常生活中,人们选择的服饰色彩,总与自己的个性、心理脱不了关系。因为,一个人选购衣服的时候,总是和其当时的心理活动有关系。因此,我们可以通过对方衣服的颜色,来判断对方具有什么样的心理特征。对此,德国心理学家鲁末艾尔提出了"以颜色喜好来进行心理判断"的方法,当时,这种研究曾风靡于世界。其实,颜色在服装的外观上有着难以言喻的魅力,服饰的颜色不仅仅能体现服装的质感,更能体现一个人的心理状况,是一个人整体形象中最具情感特征的一部分。一个人选择什么颜色的衣服与其心理状况有关,所以,从其喜爱的衣服颜色上多少能看出他具有什么样心理。

　　当然,不同职业年龄和心理的人,他们对衣服颜色的选择也是不一样的。年轻人喜欢活泼、热烈的颜色,而老年人则中意那些沉稳、深厚的颜色。一般而言,医生会选择干净、浅淡的颜色,艺术家则喜欢浪漫怀旧的颜色。那么,衣服的颜色主要分为哪些呢? 衣服的色调基本分为三类:冷色、暖色和中性色。其中,不同的颜色能体现不同的效果。比如,黑色、深咖啡色、深蓝色等一系列冷色调,能营造严肃的气氛,给人冷淡、神秘的感觉;咖啡色、米色、浅灰色等一系列中性颜色,可以缓和紧张的气氛,达到平衡的效果;红色、橙色、黄色等一系列暖色,给人热情、自信、友爱、爽朗的感觉,有增强自信心的效果。

具体说来,我们可以从对衣服颜色的喜好上来看透着装人的心理状况。

1. 喜欢白色服装的人

这类人是一个典型的现实主义者,在服装颜色搭配中,白色能与任何颜色搭配,这样会给人一种亲切感。不过,正是因为白色这样的特点,这类人其实比较以自我为中心,对于自己喜欢的事情,他会奋而向前。他们以工作为支点,为了维持自己良好的形象,总是在为工作努力,由此,他们可以成为上司眼中的精英。他们追求完美,有时又有实际的一面。这类人内心比较寂寞,渴望引起别人的注意。在别人的眼里,他们可能会显得既做作又喜欢钻牛角尖。

2. 喜欢黑色衣服的人

这类人会给人留下神秘、高贵的印象。他们不太善于交际,但是如果你接近他以后,却又会发现他是一个很有意思的人。性格善良温柔,老实,而且容易原谅别人。不过,他们的依赖心理很严重。对待任何事情,他们都想要弄个明白,看上去很乐观,但其内心却隐藏着不安和恐惧。

3. 喜欢蓝色、蓝紫色衣服的人

这类人性格温和,有较强的自尊心。平日缺乏决断力、执行力,说话比较啰嗦,缺乏责任感,不善于表达自己的情感。如果想接近他们,应该投其所好,另外,在他们面前不要说别人的坏话。这类人喜欢自己独立做事,不喜欢接受别人的批评和建议。

4. 喜欢绿色衣服的人

这类人性格活泼,谦和恭顺,懂得克制自己,不喜欢与人争执,心绪平静。他们最大的特色是和善、可亲,对自己不喜欢的人,不会刻意地排斥或疏远。他们性格率直,有着强烈的道德感,值得信赖的人。

5.喜欢黄色衣服的人

这类人很有自己的观点和想法,有着极强的好奇心。对自己很有信心,精力充沛,做事情潇洒自如。性格外向,活泼开朗,个性幽默,乐于结交朋友。说话无所畏惧,不会考虑到别人。他们喜欢冒险、追求刺激,面对一成不变的生活,他们没有办法忍受。

6.喜欢棕色衣服的人

这类人个性拘谨,有着强烈的自我价值观,担心因外界的因素而改变自己。不过,他们在处理事情的过程中,却会给人以极强的信赖感。他们对人际交往很淡漠,对于与他人之间的利害关系分得很清楚,很容易给人冷漠的感觉,不过,其耿直的个性很值得人们信赖。

7.喜欢紫色衣服的人

这类人有着较强的观察力和领悟力,性格内向,多愁善感,为此常常感到焦虑不安。不过,他们能够抑制内心的情感,排解内心的忧虑和苦恼。通常情况下,他们具有良好的文化修养和涵养,大多从事与艺术有关的工作。不过,正是由于如此,他们显得比较清高,对不是与自己有同一欣赏水平的人有些不屑。

8.喜欢粉色衣服的人

这类人个性单纯、天真,是典型的幻想家。他们心地善良,喜欢做白日梦,整天生活在自己编织出来的世界里;比较感性,待人温和,给人以朝气蓬勃的感觉。在他们身上,会散发出一种令人舒服的感觉。不过,在遇到事情的时候,他们有着强烈逃避现实的倾向。

9.喜欢咖啡色衣服的人

咖啡色给人一种稳定和安全的感觉,虽然看上去有些老气。这类人外表冷静,内心炽热。在生活中,他们会认真地去做每一件事,即使遇到了挫折,也阻碍不了他们前进的步伐。在脆弱的时候,喜欢掩饰自己,个性好强。不过,他们不是很善于表达情感。

第六节　配饰风格显露一个人的行事作风

　　每个人在不同的场合都会为自己挑选合适的衣服,对于饰品自然也会有不同的选择,只有整体形象搭配才能将最完美的自己呈现出来。一个有品位的人,不仅要懂得如何穿衣打扮,更需要学会点缀自己。为自己华丽的服饰再增添一些时尚、浪漫、雅致的小饰品,无疑是锦上添花。毕竟,在生活中,一个人不可能每次都以同样的装扮出现,而这,就需要在一些细节上花些心思了。千万不要小看那些不起眼的配饰,也许只是一条华丽的丝巾,一对夺目的耳环,一只纤巧的手镯,一只名贵的手表,等等,都可以为一个人带来神奇的效果。它们就如同有魔力一般,为一个人增添耀眼的光彩,耳环会坠出女性的女人味,手包会显示出一个人的真性情,丝巾的柔软可以为女性增添别样的味道,精致的手表立显一个人的高品位,绽放的胸针会给一个人带来不一样的风情。当然,在搭配中,每个人都有自己的配饰风格,而其中还隐藏着一个人的行事作风。

　　和大多数女人一样,杨女士喜欢配饰,不过,与大多数女人不一样,她只喜欢佩戴手表。作为配饰风格来说,杨女士只能说喜欢简约一点的。

　　杨女士对于手表,有两个最基本的要求。"手表对于我,一是实用的功能,我希望它是一块走得准的手表;二是工艺精湛,我喜欢一切注重细节的东西,不一定花哨,但是细节要很完美。"因为工作的关系,杨女士会经常出入不同的场合,或是到乡村访问,或是参加时尚界的酒会,或是参加财经界方面的主持和采访。她认为,在不同的场合,应该佩戴不同的手表。

或许,是因为佩戴手表的关系,杨女士在处理事情上,颇有些男士的风格。对任何事情,她都严格按照原则办事,不留情面。对于自己计划要做的事情,绝对可以说是雷厉风行,说干就干,不犹豫、不迟疑。

杨女士喜欢简约的配饰风格,可以看出其行事的作风,如手表一般,不花哨,讲究实实在在。在生活中,不同的人喜欢不同的配饰,因此,每个人几乎都有自己的配饰风格。有的人喜欢夸张的配饰,将所有漂亮、夸张的饰品都佩戴在自己身上;有的人喜欢简约的风格,只是简单地佩戴一只手表,或一对耳环;有的人甚至不喜欢饰品,浑身上下,几乎看不到配饰的痕迹;有的人喜欢时尚的风格,他所佩戴的饰品来自于潮流的最前线;有的人喜欢怀旧的风格,有可能他所佩戴的戒指还是妈妈的结婚戒指,项链也是多年以前购买的。不同的人喜欢不同的配饰风格,而不同的配饰风格则彰显出不同的行事风格。

1. 简约的配饰风格

有的人只喜欢简单的配饰,或许是一条丝巾,或许是一只手表,或许是一只戒指,或许是一对耳环。在他的身上,除了简单还是简单。这样的人大多注重实在,不喜欢做表面工作。做事有条不紊,有原则、有规矩,一件事情完成了再做另外一件,不喜欢将所有的事情都堆起来。

2. 夸张的配饰风格

有的人喜欢夸张的配饰,比如一个镶了宝石的钻戒,一对大耳环,一个大的包包,颜色亮丽的头巾,等等。一般的简单配饰根本进不了他的眼,不夸张的东西他们根本就不会佩戴。这样的人做事毛毛躁躁,不够细心,经常会因为粗心大意而出错。在办事风格上,则不太注重规则,喜欢创新。

3. 时尚的配饰风格

有的人喜欢时尚的配饰,其身上所佩戴的饰品都是来自潮流的最前线。在工作之余,他们就会穿行在大街小巷,找一些时尚的东西。这类人办事讲究方式的新颖,而不讲究效率。为了实现自己的一个计划,他可以将原定几天的时间拖延到几个星期。不过,或许正是这样精益求精的态度,使得他们完成的事情显得更完美。

4. 怀旧的配饰风格

与喜欢时尚的饰品相比,有的人专喜欢旧的东西,比如奶奶的戒指,多年以前的项链。这类人做事比较慢,常常是身边的人都急死了,他却乐得悠闲。由于他们淡然的心境,有时候反而会使得原本不好的事情,朝着好的方向转化。

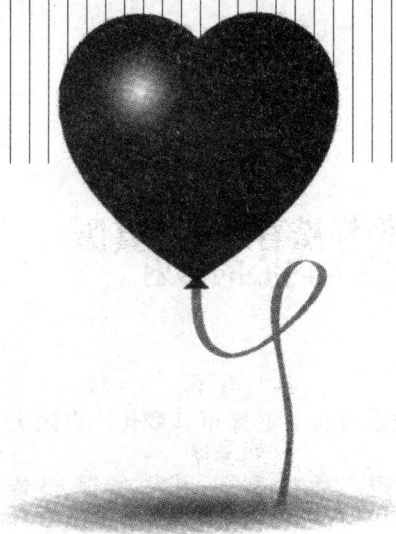

第三章

从言行举止了解他人品行

言行是思想的载体，思想是言行的灵魂。正所谓"言为心声"，一个人的所想及所思都会直接反映在其言行举止上，两者在很大程度上有着密切的关系。一个人的言行举止可以从侧面反映他为人处世的态度和生活理念。因此，我们可以通过一个人的言行举止，大致了解他的性格特征。一般来说，不同的说话方式往往代表着迥异的个性。

第一节　一言一行都是主人内心的影射

《鬼谷子》中说："捭阖者,道之大化,说之变也。必豫审其变化。吉凶大命口焉。口者,心之门户也。心者,神之主也。意志、喜欲、思虑、智谋,此皆由门户出入。故关之矣捭阖,制之以出入。捭之者,开也,言也,阳也。阖之者,闭也,默也,阴也。阴阳其和,终始其义。"在文中,道出了"口乃心之门户"的经典之说,意思是说,人的口是心灵感受的表达渠道。其实,何止是言?所谓"相随心生,境由心造,口乃心之门户",一个人平时的一言一行,都是其内心的一种真实反映。心中如何想,都将通过言行表现出来。在一般情况下,一个人的一言一行都是遵从于内心的影射,当然,在现实生活中,也会出现言行不一的情况,这又该另当别论了。比如,一个人高兴的时候,他的整个语言是充满愉快的,行为举止都是荡漾着快乐的,哪怕他想故意掩盖,但我们还是可以从其言行的细微之处察觉出其内心的真实情况。

我们常说"言为心声",一个人所说的话,实际上就应该是其内心的真实想法。当然,其行为举止也应该是遵从于其内心的真实。一个人说出来的话是需要坦荡地去表露自己心灵的,如果一个人长期地昧着良心去说话、去行动,那就是"心口不一",那么,这个人也就没有办法得到他人的认可。言行就相当于一个放映机,不断地将一个人内心的所思所想影射出来,将心中那些抽象的东西具体化。因此,我们在考量一个人的时候,需要观其行,察其言,如此才能窥探其真实的心理。早在很久以前,孔子就提出了选贤才的标准,即是"观其行,察其言"。

有一次,鲁哀公问孔子道:"应该选取什么样的人才呢?"孔子回答道:"弓与箭协调,然后才能要求它射中;马老实善良驯服,然后再要求它是骏马;人一定要忠实、诚恳、稳重、朴实,这以后才能要求他的智慧和才能。现在有人不忠实、不诚恳、不稳重朴实,却富有智慧、才能,像这样的人犹如豺狼一般,不能让自己靠近他。因为这个缘故,先要看一个人确实是仁厚、诚恳的人,然后才亲近他,如果这个人又有智慧才能,然后再任用他。所以说,亲近仁厚的人再因为他的才能而任用他。选取人才的方法,不仅要听他说,更要观察他的行动。言语是用来抒发一个人胸中的志向和感情的,能干事的人,一定能用语言表达出来。因为这个缘故,先要看他说的,然后考察他的行为。用言语来考察他的言行,即使有为非作歹的人,也无法掩饰他的真情。"哀公说:"说得好。"

其实,不光是在选取人才时,在日常生活中,与人交往,要想了解对方的真实心理,我们依然需要"观其行,察其言",因为对方的言行中的细节是很难掩盖的,抓住这些细节,就能清楚地反映一个人的内心所想。

苏东坡与佛印和尚是好朋友,两人经常在一起参禅、斗嘴、斗智斗勇。

有一次,两人一起参禅,相对而坐,苏东坡问佛印,"你看到了什么?"佛印回说,"看到佛。"接着佛印问苏东坡:"你看到了什么?"苏东坡回答说:"看到了牛粪。"

当他得意洋洋地回到家中,并把这事告诉苏小妹,满心以为这是他与佛印和尚暗中较量的一次辉煌的胜利,没想到苏小妹听了却摇头叹息道:"哥,你输得好惨!"苏东坡不解,苏小妹解释道:"参禅讲究的是内心的修炼,明心悟性,你心中有什么,你就会看到什么。佛印眼中看到的是佛,说明他心中有佛,而你看到的是牛粪,说明你心中有什么?"

明心悟性,你心中有什么,你就会看到什么。换句话说,你心中如何想,你就去说什么,去做什么,一言一行都是你内心的真实影射。相随心生,境由心转,一切皆从心生。正因为言行均是一个人内心的真实反映,因此言行对我们识破人心有很大的帮助。在日常交际中,我们需要随时观察对方的言行,不错过一个动作,不漏掉一句话,并通过对方的言行来窥探其心理,如此,才能掌握交际中的主动权。

第二节　说话方式显露出心理倾向性

有人说:"人类有两种表情,一种是出现在脸上的表情,另一种是出现在说话方式里的表情。"原来,一个人的说话方式也可以显露出其心理倾向性,我们可以通过对方说话的话语、风格、速度以及相应的动作等方面来观察,以此识破对方的真实内心。在日常生活中,每个人的说话方式都不一样。而一个人的说话方式,在一定程度上直接反映了一个人的心理倾向。我们可以通过对方的说话方式,来判断这个人所具有的个性特征。说话是一种方式,是一种学问,更是一种艺术。那么,说话的方式不同,受人们欢迎的程度也就有所不同。说话的方式有许多种,有直接的,有间接的,有委婉的,有动听的。其实,说话方式可以以不同的标准来划分,如果说具体的说话方式有哪几种,这很难区分出来。不过,我们可以明确的一点是,一个人的说话方式带着其心理倾向的印记,这是不能否认的。

潘石屹在说到"说话"的时候,直言说:"有三种,第一种是说真话;第二种是不说话;第三种是说假话。"对此,他在《对说话方式的小结》一文中这样写道"我认为这是一种很好的习惯:少用嘴,多用耳朵,多用脑子。与之相反的,有些人讲话没完没了,一分钟也停不下来,这种人大家都叫他'话痨','痨'就是一种病,这种人的多话其实就是一种病态的反应。最后一种不说话的情况就是用沉默来对抗,来表示自己的不满,此处无声胜有声,是一种无声的反抗。"

潘石屹还讲到一件事情,一位同行要对某个人说一些拍马屁的话。潘石屹则说:"那就别说了吧!何必在压力下说出言不由衷的假话,这也不是你一贯的风格,别人也会看出来的。同时,也会让被你拍马屁的人和旁人小瞧你。"如此看来,说话方式是一个人品性的印记。潘石屹作为活跃于房地产界的大亨,他的说话方式为其迎来了强大的支持,而他的说话方式就是说真话。因此,他在说到自己的说话方式时这样写道:"少说,多听,要说就说真话,而且说真话时要有磋商的精神。"

对人说话,有各种不同的方式,就方式本身而言,无所谓好坏,无所谓优劣。有的人说话比较流利,说话时轻巧灵活,处处表现出亲切之意,说来则是娓娓动听,此类说话方式以技术见长,似乎带着某种外交辞令;有的人说话比较激切,不避讳、不避嫌,可谓是知无不言,言无不尽,此类说话方式以率直见长,颇像忠臣的方式;有的人说话,喜欢讲高深的理论,随手印证,可谓是旁征博引,此类说话方式以博学见长,似乎是饱学之士;有的人说话从小处着眼,就一般的家常小事,也能说上半天,此类说话方式以琐事见长,适合富于经验的人。当然,如此分析而来的说话方式似乎并不全面,也不能代表大多数人的说话方式。

有的人说话声音比较大,而有的人说话声音比较小;有的人说话速度快,有的人说话速度很慢;有的人说话惜字如金,有的人说话滔滔不绝,等等。

1.说话速度快的人

有的人说话速度很快,听起来就像打机关枪一样。这样的人大多思维敏锐,个性活泼,能够较快地领悟到别人的言行话语,有着迅速、敏捷的反应能力。不过,正因为思维比较活跃,他们常常因为说话快而"惹"出不少麻烦的事情。比如,在对方还没有说完整件事情的经过时,他们就凭着听到的一部分而轻易下结论,常常会错误地判断了整件事情;有时候,他自己还没有完全想好,想到哪里就说到哪里,为此得罪了不少人;当对方正在解释的时候,他却图一时口快,而打断了对方的话,使整个矛盾激化。

2.说话速度慢的人

说话速度慢的人,个性较为沉稳。无论遇到了多么大的事情,他都不表露出任何的情绪,而是将那些内心感受隐藏起来。不仅如此,沉稳还表现在其处理事情的时候,在做事之前,他们会详加考虑,尽量使自己做到万无一失。在做事情的过程中,一旦自己决定了某个目标,就不会轻易放弃,虽然有着这样的"倔"劲儿,但是天性做事沉稳的他们却总是碰到好运气。

3.说话声音大的人

一般来说,说话声音大的人常常显得口无遮拦,是一就说一,是二就说二,绝不把话憋着、藏着,如果想让他们把话憋在心里那是比登天还难。而他们大都开朗大方、直爽、但是却有点莽撞。

4.说话声音小的人

说话声音小的人,依据他们的特点各有各的特征。有的人总喜欢跟你说些悄悄话,这样的人大多喜欢打听别人的隐私,他们常常是流言蜚语的制造者;有的人说话感觉很神秘,总是看看四周,似乎在看是否有可疑之人,看其行为,就知道他说的不过是难登大雅之堂的话,这样的人往往是心中想一套,嘴上说一套,而且,内心狭隘,见不得他人好;有的人说话不快不慢,声音很小,不过,听者却能听得很清楚,这样的人内心城府极深,做事稳妥。

5.说话时声音发颤的人

有的人说话时嗓音发颤,甚至会全身上下一起发抖,这并不是与生俱来的或者是唱歌时发出的颤音。他的声音发颤显示出他的内心非常紧张,他的精神也处于一种高度的焦虑状态,他希望能尽早结束自己的发言和谈话,这种人其实是极度不自信。

6.说话惜字如金的人

有的人说话惜字如金,别人跟他说了好多话,他才回答简短的一两句,似乎对你的问话无动于衷。他们常常给人的感觉就是显得很不礼貌、目中无人,其实并不完全是这样,他有可能是真的不太善于讲话,而是习惯默默地做好自己手头的事情。如果非要他开口说话,他只能简单地说几句,虽然语句不多,音调变化不大,语言也很朴素,但是这些话都是他的心里话,细细品味,就一定会让你信服。

第三节　语言风格透露对方个性

语言风格是一个人的语言表达所具备的特性,在语言沟通中占据着重要的位置。在日常交际中,有的人一张嘴就能影响他人的心理,究其根源,就在于其独特而迷人的语言风格。更为关键的是,语言风格可以透露一个人的个性。语言风格是指一个人的生活经历、艺术素养等所造成的不同的语言特色,是其通过语言表达出来的特有格调,其中有着个性的印记。通俗地说,语言风格就是独具特色的语言表达形式。语言是思想的载体,思想是语言的灵魂,即"言者心声",心有所思、口有所言,这两者在一定程度上有着密切的关系。在语言表达中,我们常说"言如其人",也就是说,一个人的言谈将直接体现这个人的个性,法国著名评论家布封甚至认为"语言风格就是本人"。每个人都有自己独特的语言风格,这样的语言表达风格是源自于其独特的个性,也因此,每个人的语言风格都是独一无二的。而且,真正的个性语言风格体现的除了本人的音色特点之外,还包括了发声方法,独到的体验、感受,独特的语言表达方式以及个人的素质、修养、性格、审美情趣等。那么,加上了独特个性的语言,则是鲜活的、生动的、富有生命力和感染力的,是富有魅力的语言。

林肯出身于一个平民家庭,在参加总统竞选时,有一个非常富裕的竞争对手想对他进行人身攻击,对方认为林肯是出生于贫寒家庭的,所以不会有太多的财产,所以当即就提出了"你有多少财产"的问题。然而,林肯却以巧妙的回击争取了主动,赢得了人心。

他在一次演讲中说:"有人问我有多少财产。我告诉大家,我有一位妻子和一个儿子,都是无价之宝。此外,我也租了一个办公室,室内有一张桌子,三把椅子,墙角还有一个大书架,架上的书值得每个人一读。我本人既高又瘦,脸蛋很长,不会发福。我实在没有什么可依靠的,唯一可依靠的就是你们。"

林肯正直、仁慈、坚强的个性使得他的语言体现出朴实、真挚的风格,相应地,其语言风格也较好地显露了其鲜明的个性。而且,出生于贫民家庭的他,在说话时始终带着温和的语调,因为他与所有贫穷的人站在了一起。

语言风格是一个人在语言交际活动中逐步形成的以稳定、鲜明而独特的表达手段和表达方式,它将直接表现出一个人的个性。比如,在春秋战国时期,孔子的深刻精辟,墨子的严谨质朴,庄子的幽默机智,老子的厚重激越,他们的语言风格都各具特色。而且,许多人在进行语言表达的时候,都会将自己的个性融入语言风格中。

第四节　谈话主题透露对方兴趣点

在日常交际中,人与人之间少不了沟通,而沟通中的话题则是必不可少的。通过大量事实表明,一个人喜欢什么就会谈论什么样的话题,反过来,一个人所谈论的话题中定有其感兴趣的东西。卡耐基曾说:"即使你喜欢吃香蕉、三明治,但是你不能用这些东西去钓鱼,因为鱼并不喜欢它们。你想钓鱼,必须下鱼饵才行。"换句话说,每个人都有自己的兴趣点,有的人喜欢旅行,有的人喜欢漂亮的衣服,有的人喜欢绘画,而无一例外的,他们这样的兴趣点都将隐藏在话题里,等待你去发掘。如果你能从细微处发现对方的兴趣点,以对方所感兴趣的话题入手,那么,你就可以明白对方的真实心理了。在生活中,我们都有这样的经历,对于自己感兴趣的、比较擅长的话题,总是愿意去谈论。而这正是每一个人的心理状况,相比较一些生疏而无趣的话题,人们总喜欢谈论自己感兴趣的。那么,在正式沟通中,如果对方总是谈到一件事,那么,证明这件事本身对他很重要,或者,他的兴趣爱好就是此件事。

一位漂亮的女顾客在首饰店的柜台前看了很久,她总是有意无意地触摸自己的上衣,好像对自己的上衣很是满意。见到售货员似乎没注意到自己,她忍不住问道:"小姐,请问,你们商场有像我这样上衣的款式吗?"说完,指了指自己漂亮的上衣。售货员摇了摇头,不过,看到这位女顾客如此中意自己的上衣,机灵的售货员忍不住夸赞:"您这件上衣好漂亮呀!你的眼光真不错。""啊?"女顾客的视线从陈列品上移开了,移到了自己感兴趣的上衣上面。"这种上衣的款式很少见,是在隔壁的百货大楼买的吗?"售货员满脸热情,笑呵呵地继续问道。

"当然不是,这是从国外买来的。"女顾客兴奋地说道,接着,她说:"我有个朋友上个月去法国,在那边看到了这件漂亮的衣服,听说还是限量版的呢,我听说后,毫不犹豫就让他给我带回来了,怎么样? 一眼就看出是外国货吧。""原来是这样,我说在国内从来没有看到这样的上衣呢。说真的,您穿这件上衣,确实很吸引人。""您过奖了。"女顾客有些不好意思了。

这位聪明的售货员是一位识人的高手,当她发现那位漂亮的女顾客有意无意地触摸自己的上衣,而且,一开口所说的话题就是"衣服",从这细微处定然可以发现,这位女顾客很想有人夸赞一下自己的新衣服。果然,在后来的话题中,女顾客总是围绕自己那件从法国买回来的衣服,由此可见,那件衣服就是她的兴趣点。识破了她的心理,聪明的售货员顺势夸奖,便迎合了她的心理,然后,再推销自己的东西,那就容易多了。

有一次,曾国藩饭后与几位幕僚闲聊,评论着当今的英雄,曾国藩说:"彭玉麟、李鸿章都是大才,为我所不及。我可自许者,只是生平不好谀耳。"

另外一个幕僚接着说:"各有所长:彭公威猛,人不敢欺;李公精敏,人刁能欺。"话说到了这里,他不知道该怎么说下去了。曾国藩笑了,向众人问道:"你们以为我怎么样?"众人均低下头,一言不发。

这时,走出来一个管抄写的后生,他说道:"曾帅仁德,人不忍欺。"众人听了拍掌称好,曾国藩十分得意地说:"不敢当,不敢当。"后生离去后,曾国藩问道:"此是何人?"幕僚告诉他:"此人是扬州人,入过学,办事还谨慎。"曾国藩听后说:"此人有大才,不可埋没。"不久,曾国藩升任两江总督,就派这位后生去扬州任盐运使。

仅仅因为一句话,那位年轻的后生就得到了曾国藩的赏识,而且,改变了自己一生的命运。为什么会这样呢? 其实,如果我们仔细观察,就会从话题中察出端倪。在一次闲聊中,曾国藩别的不聊,却聊到了"当今英雄",所选择的话题目的不言而喻,曾国藩本人统率几十万湘军,在当世也可堪称"英雄",这样想来,他此举就是想有人夸赞自己一番。虽说,曾国藩是中兴名臣,但不过也是常人,他也想听赞美的话,这是其兴趣之一。后生识破了曾国藩的心理,说"曾帅仁德,人不忍欺",一语说到了曾国藩的兴趣点,同时,也让后生赢得了曾国藩的信任与好感。

在沟通过程中,彼此所谈论的主题可以透露对方的兴趣点。毕竟,一个人喜欢什么,他就愿意谈论什么,对自己不是很感兴趣的,他是不会侃侃而谈的。如果对方谈论到小说,那么,他所喜欢的肯定不是历史;如果对方谈论的是自行车,那么,他所喜欢的肯定不是火车。所以,仔细揣摩对方所谈论的主题,从话题中窥探对方的兴趣点,即可以达到识破人心的目的。

第五节　日常用语暴露对方真实品性

在日常生活中,每个人都有那么几句日常用语,这些语言是一个人在日常生活当中由于习惯而逐渐形成的,具有鲜明的个人特色。一般情况下,日常用语简洁明快,所以,几乎所有的人都有那么几句口头语。所谓"窥一斑可知全貌",在看似那些不经意间脱口而出的日常用语中,经常隐藏着一个人最真实的品性。现代心理学研究发现:日常用语看似是随便说出口的,其实跟说话者的性格、生活遭遇或是精神状态密切相关,日常用语也影响着其他人对说话者的感觉。从这个意义上来说:日常用语其实也不完全是无心之言,它其实是一种内心真实想法的表达,反应着说话者的心理状态和性格特点。从不同的日常用语里,我们也可以洞察对方的品性特点。

老李的日常用语就是"是"、"好",同事经常开玩笑:"对你的工作还满意吧?"他总是笑呵呵地回答:"是的。"似乎,他从来就没有反对的意见。在与同事相处的过程中,遇到不同的意见,老李对这位说:"是,你说得对。"回过头,对那位也说:"对,你说得没错。"这样没有立场的说话态度,总是让同事感到很扫兴。

刚开始同事接触到他,以为他这样说话是由于陌生的关系,不想得罪人。时间长了,与同事都熟络了起来,他还是这样说话,同事就觉得很讨厌了,而且,总觉得他这个人比较"虚伪",不愿意与之交往。上司也觉得老李没有自己的想法，只会一味地顺从，认为他这样的人对公司将不会有很大的帮助，于是就一直没有重用他。

在公司，没有谁能与老李谈得来，因为大家觉得他这种模糊的表态方式让人非常不舒服。所以，最后老李既没有得到领导的赏识，也没有获得同事的好感，而且还非常令人讨厌。

实际上，老李那"是"、"好"的日常用语是源于其唯唯诺诺的个性，并不是虚伪的表现。面对一些事情，他不愿意表态，其实也是惧怕表态，害怕因为自己真实的意见而与他人发生不快。于是，他甘愿只当个老好人，无论别人怎么样，他都不发表任何意见。不成想，这样一来，使得人们觉得他态度不够鲜明，好像很虚伪。由此可见，一个人所使用的日常用语，在一定程度上，能反映其真实的品性，从而帮助我们深层次地了解他。

下面，我们就一些常用的日常用语所表达的个人品性进行一下分析。

1. 习惯说"听说"、"听别人说"

有的人喜欢说"听说"、"听别人说"之类的语言，他之所以不说"我说"而是说"听说"，是在告诉别人，自己所说的话并不是自己内心所说，而是道听途说，如果这些话不可信，那么，也不会是自己的责任。有时候，即使这些话并不是听来的，而是自己想说的话，但为了推卸责任，他们也会在话题前面加上"听说"，以此来达到"不负责任"的目的。

这样的人每做一件事情总是为自己留条后路，以备不时之需。在做事的过程中，他们办事圆滑，但却缺乏一定的决断力，常常会陷入两难的境地。

2. 习惯说"应该"、"一定"、"一定要"

有的人喜欢说"应该"、"一定"、"一定要"之类的话语，听上去，话语里含有强烈的命令性以及确定性。经常说这类话的人,可能有着较强的自信心,他们做事较有条理,理性大于感性,即使遇到了困难或阻碍,他们也不会慌乱,而是显得异常冷静。

3.习惯说"老实说"、"真的"、"不骗你"、"绝对是真的"

有的人喜欢说"是真的"、"老实说"、"绝对是真的"、"我真的没有骗你"之类的话语,其实,当他们这样反复强调的时候,其内心却是不确定的。反复强调的结果,是希望别人相信自己所说的,同时,也是刻意表明自己确实值得信赖。这类人的心中时常处于忧虑之中,他们总担心自己说出的话被人怀疑。这可能是因为在其以前的经历中,有被误解、怀疑的经历。

另外,这样的人大多性格急躁,对于生活中的许多事情,他们常感到愤愤不平。对自己所说的事情,他们很在意别人的评价;而对于所说的话,他也同样在意他人的评价。因此,在说一些事情的时候,他们会一再强调自己所说内容的真实性,在其内心深处,渴望得到他人的认可。

4.习惯说"但是"、"可是"

有的人喜欢说"但是"、"可是"之类的话,紧接着,所说的话题就开始了转折。喜欢这样说话的人,总喜欢用后面的谈话内容来为自己辩解,或者是寻找理由。当然,当事人后面所说的话其实是为了保护自己,同时,也给自己前面所说的话留下了足够的思考空间。

5.习惯说"也许是吧"、"可能是吧"

有的人喜欢说"也许是吧"、"可能是吧"、"大概"之类的话,给人的感觉很模糊,搞不清楚到底是"是",还是"不是"。经常说这类话的人,他们习惯性地掩饰自己内心真实的想法,以此来保护自己。即使在朋友面前,他们也会下意识地保护自己,不会将自己的想法完全暴露出来。另外,他们善于待人接物,其冷静办事的个性,赢得了不少好人缘。

6.习惯说"啊"、"这个"、"那个"

有的人喜欢说"啊"、"这个"、"呀"、"那个"之类的话语,习惯这样说话的人,他们给人的感觉是反应比较迟钝,其实并不是这样,而是因为他们有着较深的城府。在很多时候,之所以假装没听清楚,是因为需要时间来思考自己到底该如何回答。

第六节　坐立行走透露对方的秘密

坐立行走是一个人最基本的姿态,大量事实表明,一个人的举止、动作都与其习性、生活态度有关,通过其坐立行走的姿势,我们可以窥探一个人隐藏的秘密。姿势是心灵的暗示,从站立的姿势、坐的姿势、行走的姿势,都可以窥出一个人最真实的想法,从而达到了解其心理的目的。在日常交际中,每个人的姿势都各具特色,看似无意的举动、随意的姿势,却可以透露其不同性格和心理状态。虽然,坐立行走是常见的姿态,但是不同的人,其坐姿、站姿、行姿都是不同的,当然,这其中的差别不过是大同小异。毕竟,坐立行走所强调的应有姿势是不会变的,不过,具体到每个人的姿态上,却有着深深的个人印记。或是自己加了些小动作,或者是品性使然,或者是心理关系,使得他们的姿态在细微上有所差别。比如,有的人喜欢正襟危坐,有的人则喜欢侧着身子坐,还有的人喜欢蜷着身子坐,等等,这姿态中的细微差别,都将透露一个人心理、品性方面的秘密。

坐姿,能体现一个人的形态美,又能体现行为美。当然,正确的坐姿要求的是"坐如钟",然而,在现实生活中,人们的坐姿却是姿态各异。

下面将一一来分解其隐藏在坐姿里的秘密:喜欢正襟危坐的人,做事力求完美,他们只做有把握的事情;喜欢侧着身子坐的人,喜欢轻松随意的生活,给人的感觉是不拘小节;喜欢将一只脚别在一条腿后面而坐的人,比较害羞、胆怯,不想在人前表现自己;将身体卷缩而坐的人,有较强的自卑感,缺乏自信,在许多事情上愿意服从于他人;斜躺而坐的人,心理上有优越感,或者地位比对方高;坐着有小动作的人,内心焦躁不安、显得很不耐烦,以此来摆脱紧张感;直腰而坐的人,可能有恭顺之意,有可能是对他人的谈话比较感兴趣,或者是想表达自己心理上的优势。

西装革履的王先生进入电梯后,趁着只有一个人的时候,他放松了身体,靠着墙壁站立着。一直以来,他都是一个严格要求自己的人,如此放松的姿态不太常见。原来,他正处于失意期,一个星期之前所拟定的企划案被客户否定了。老板已经下了最后通牒:"再不将企划案做好,我看你今年的年终奖无望了。"王先生叹了口气,拖着疲惫的身体进入了办公室。

心理学发现,靠着墙壁站立的人,多是失意者,通常比较坦白,容易接纳别人的意见。在失意时期,人从内心就希望得到他人的帮助,王先生正处于这种情形。可见,只要你熟悉姿势的秘密,即使你不认识王先生这个人,你也能够猜出对方发生了什么事情。

俗话说"站有站相"。站姿,不仅可以塑造好的形象,而且对我们的健康也很重要。那么,一个人的站姿到底能透露出什么秘密呢?一般情况下,弯腰曲背的站姿,表现出自我防卫、消沉的倾向;双手叉腰而站,拥有较强的自信心,已经做好了充分的准备;双腿交叉而站,心中尚有保留意见,或者表示轻微拒绝的意思;背着手而站,有较强的自信心,喜欢控制一切,以这样的站姿,表示他是以居高临下的姿势来看问题;将双手插在口袋里而站,表面上不露声色,心中却暗暗筹划,城府颇深。

那么,行姿中又隐藏着怎样的秘密。

1.步伐急促

有的人不管有没有什么事情,总是步履匆匆。这类人做事很有效率,精力充沛,喜欢迎接生活里的各类挑战;性子比较急,因而做事冲动,不过,遇到了事情不会推卸责任,是一个做事负责的人。

2.步伐平稳

通常情况下,这类人比较注重现实,精明而稳健,做事之前仔细考虑,绝不冲动,一般情况下,不轻易相信他人。对待朋友重情重义,是值得信赖的人。

3.八字形步伐

有的人走路双脚向内或向外,形成八字状。这类人在生活中可能不喜欢交际,有着聪明的大脑,会默默做好自己的事情,但是在某些方面,却比较守旧。

4.昂首阔步

有的人走路昂首,大步向前。这类人往往喜欢以自我为中心,凡事自己做主,不喜欢依靠别人。做事有条有理,思维敏捷,有较好的组织能力,适合当领导。不过,他们不太注重人际交往。

第七节 通过握手感知对方个性

握手,这一见面礼,形势虽然简单,但每一个人握手的方式都是不尽相同的,一个人与人握手时所采用的方式,能够反映其个性。握手,是一种礼仪,它是人与人之间的一种交流方式。在握手的一刹那,只要你用心揣摩,就能感受对方通过手掌传递过来的信息,从而感知对方的个性。说到握手,就不得不说一下手,俗话说"十指连心。"从中医学上来看,手掌是一个人全身各处器官的反射区,包括人的心脏。如此看来,握手就相当于一次心灵的交流,当两个人的手紧紧地握在一起,它所传递的不仅仅是问候,更有一种试探。在日常交际中,有的人会通过握手来打探对方的底细,有的人会在握手时向对方施加压力。当然,这其中的信息是很微妙的,如果你不用心感受,是无法感知对方内心的秘密的。所以,在交际中,我们应该熟知一些心理学知识,并将这样一些知识运用到实际生活中,通过握手来感知对方的个性。

阿明是一位业务员,经常与客户沟通交流,洽谈一些商务事宜。在平日里,阿明喜欢一个人琢磨心理学,前不久,他听说能够通过握手来感知对方的个性,对此,他来了兴趣。阅读了相关书籍,又经过了一番实战演练,他觉得自己可以施展一下了。

正巧,由于工作的缘故,这两天他需要与一位客户洽谈合同。刚见面,阿明就伸出了右手,在握手的那一刹那,阿明感到对方手劲比较大,像老虎钳子一样,把自己的手夹得很疼。阿明回想了自己所看的书籍,意识到这位客户的控制欲很强,不喜欢别人反驳,与这样的人打交道最好不要得罪他,否则,肯定有苦头吃。

这样一想,阿明觉得不能与这样的客户硬碰硬。于是,在客户谈话的时候,阿明微笑地看着他,只专注地听着,不打扰,也不插嘴。在轮到自己说话的时候,尽量用温婉的话语,给足了对方面子。客户看阿明态度谦和,很是满意,没怎么犹豫就签下了合同。

阿明凭借一些心理学知识,仅通过握手这样的小举动,就识破了客户的个性特点。于是,在正式谈判的时候,他尽量避开客户的锋芒,以柔克刚,果然很有效。

握手这一礼节中隐藏的秘密,主要取决于握手的动作。在平日的握手中,因动作的不同,可以分为:无力型、大力型、适中型、夸张型、保守型,等等。那么,不同的握手,会表现什么样的个性呢?

1. 领导型

有的人在握手前,会先和你对视片刻,在握手的过程中,故意翻转手腕,企图将自己的手掌压在对方之上。这样的人具有较强的统治欲,他希望通过握手来从心理上压倒对方。

2. 稳健型

有的人在握手时,力度合适,动作稳健,双眼会注视着对方。这样的人个性坦率、坚毅,比较可靠。遇事能负责,思维缜密,常常能提出中肯的意见。在遇到困难的时候,总是能够想到解决的办法,很受人的喜爱。

3. 太过夸张型

有的人在握手时故意做出过于夸张的动作,他们有的握着对方的手不停地摇晃,表现得十分热情。其实,这样行为太夸张的人并不一定是真的热情,而可能是最虚伪的人。可能他们只喜欢做表面工夫,希望给人留下热情的印象,增加彼此之间的亲密度。

4. 大力水手型

有的人在握手时表现出惊人的力量,似乎很想将对方的手捏碎一般。这样的人有着强烈的控制欲,喜欢控制别人,之所以在握手时发出如此巨大的力量,是希望以此给对方施加压力,达到控制对方的目的。他们喜欢按照自己的意愿办事,不仅如此,他们还希望所有的人都能够服从于自己。如果有人提出反对意见,他就会将对方当做敌人一般。

5. 柔弱型

有的人在握手时软弱无力,整个手掌软绵绵的,没有半点力度。这样的人很可能缺乏自信心,比较自卑。对于事先已经决定好的事情,常常显得犹豫不决,而且,临到做事之前,他还会选择退却。个性比较悲观,即使事情做了一半,若遇到了困难,他也会怨天尤人,缺乏一定的积极性。

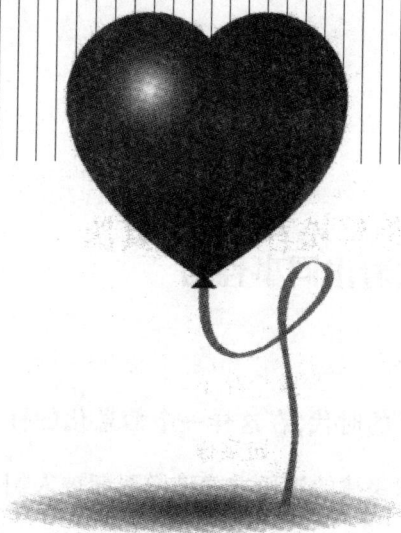

第四章

30秒看穿同事心理

//

在日常工作中,同事是我们在工作时间内互相交往、接触最多的人。要想在工作中与同事能够和睦相处,我们就应该了解同事心理,所谓"知己知彼,百战不殆"。下面,我们就简单地介绍几种方法,通过细微处来识破同事心理,达到30秒看穿同事心理的目的。

第一节 打电话方式看出同事性格

如今,我们正处在一个科技日新月异的时代,在这样一个信息化的社会,为了快速获取一些重要的信息,越来越快捷的沟通方式已经逐渐被人们所认可,而多种多样的现代化通信工具也层出不穷。在这其中,最快捷、使用率最频繁的就是电话。或许,许多人认为打电话不过是最普通的事情,能看出什么端倪呢? 其实,每个人在打电话时的行为、动作都是不一样,其中烙上了深深的个性印记。在公司走廊或者办公室里,经常可以看见同事们打电话,如果能仔细观察,就能从其打电话的方式中看出同事的性格。打电话,看似一件最普通不过的事情,其中却隐藏了一些看不见的秘密。另外,使用电话交流,与面对面的沟通大相径庭,人们逐渐养成了一些特定的行为与习惯。而这些行为或习惯正是一个人性格的反映,在他们不经意流露出来的表现,恰恰能展现其具有什么样的性格。

电话是一个人对外交流最常用的工具,从电话的接听、挂断等小小的动作上,能判断出对方的性格特征。在日常工作中,无论是我们自己,还是身边的同事,所接触比较多的就是电话。比如,利用电话与客户联系,或者将工作情况汇报给上司,或者是同事之间互相联系,或者是偷着在角落里打私人电话,等等。在一天的工作里,可以说电话是不离同事的手的。而且,我们可以观察一下,每个同事都有自己的一些小动作,比如有的人习惯在走动中接电话,有的人在打电话时习惯性地乱写乱画,有的人习惯不将听筒贴住耳朵,有的人习惯以最自在的姿态打电话,等等。在这些习惯性的动作中,我们可以看出其内在的性格特征,以此达到识破人心的目的。

打电话的方式是多种多样,可以说是不胜枚举。下面我们就几种常见的方式,逐一剖析打电话人的性格特征。

1. 打电话时乱写乱画

有的人在打电话时就会信手拿一支笔在纸上乱写乱画,而且,他们画的或写的东西并不是胡乱的,而是包含着一定的东西。虽然,这样的行为看上去很随意,却很可能显露了隐藏在其身上的艺术才华。这样的人可能有着丰富的想象力,有艺术家的潜质,不过,在很多时候,由于他们的很多想法都不切实际,因此,难以成为艺术家。虽然如此,天性乐观的他们能很快走出失败的阴影。

2. 打电话时喜欢四处走动

有的人打电话从来不会站在同一个地方,他们总是在办公室里走来走去,或者绕着电话来回踱步。这样的人往往不喜欢刻板的工作,追求身心的自由和洒脱。如果有两份不一样的工作摆在他面前,他会宁愿放弃高薪工作。在他们看来,在一个相对自由的环境中,才能好好工作,也才能将自己的能力发挥到极致。他们有着强烈的好奇心,无法面对单调枯燥的工作,那些新鲜的东西总能挑起他们浓厚的兴趣。

3. 打电话时喜欢诉苦

有的人平时不怎么打电话,但只要是打电话,就会向他人诉说自己的苦闷。这样的人大多是女性,在工作方面有了压力或者遇到了难题,她们就会躲到一个僻静的地方,打电话向朋友诉苦。她们个性比较乐观、坦率,心中有了事情就说,不喜欢藏着掖着。有时候,由于承受不了压力而向朋友诉苦,在他们看来,这是一种解脱压力的有效办法之一。

4.打电话时喜欢用笔拨号

有的人在打电话时喜欢用身边的笔拨号,显得与众不同。这样的人时刻处于一种紧张状态中,有时候,可能是忙于工作,在忙碌中接听了电话,而还没来得及放下手中的笔,不过,正是这样,才显露出了他身上急躁的个性。

5.打电话时喜欢煲电话粥

有的人一打电话就是几个小时,哪怕在工作的空隙间,他们也能侃上半个小时。这样的人时常感到忧郁和压抑,急切希望找个对象倾诉一下。他们往往争强好胜,在打电话的时候,不管对方喜不喜欢听,总是没完没了,属于那种不达目的不罢休的人。

6.打电话时没有任何习惯

有的人在打电话时没有什么特殊的习惯,一切都是很自然的。其实,这样的人并不是性格不明显或没有性格的人。他们有着较强的自信心,对自己的生活与工作应付自如。如果树立了远大的志向,他们就能够努力去实现自己的梦想;他们生性善良,能够谅解他人,在他人有困难时也能大方地给予帮助,是值得结交的人。

7.打电话时喜欢玩弄电话线

有的人在打电话的时候,双手总是不闲着,玩弄着电话线。这样的人喜欢幻想,对于生活和工作有着美好的憧憬。他们个性倔强,多愁善感,常常令身边的人小心翼翼。不过,有着这样动作的大多是女性,男性很少在打电话时有这种举动。

第二节　从办公桌看出同事的条理性

在日常工作中,我们每天几乎都有八个小时是在办公室里度过的。而无论工作多么繁忙,我们都会花一些小小的心思来整理自己的办公桌。所以,一张办公桌就如同一本书,也可以看出一个人的个性,特别是他的条理性。

推开门进入一间办公室,进入眼帘的是一张张办公桌,它们似乎比主人更显眼,杂乱或整洁,一眼就可以看出来。办公桌整理得怎么样,主人就有什么样的特征,从办公桌的特性,可以看出主人的真实面目。从某种意义上说,办公桌是我们办事条理性最直接的显示屏。对每一个待在办公室的人来说,办公室就像是一个大熔炉,其中复杂的人际关系搞得同事之间无所适从。不过,要想识破同事的心理,有一种最简单的办法,那就是办公桌的摆设方式。

每天的工作都离不开各种各样的物品,从小的方面说,有可能是一支铅笔、一个杯子,从大的方面说,有可能是属于自己的一张办公桌。通常情况下,每个人收纳物品的方式都是不一样的。有的人总是喜欢把一件一件的物品收拾得整整齐齐,有条不紊;而有的人就喜欢做表面工夫,整体上看比较规矩,但有些隐藏的地方就会发现杂乱的物品;还有的人根本不喜欢收纳物品,他们习惯于乱放乱拿,于是常常会翻箱倒柜寻找一份文件。在办公室里,每个人都有属于自己的一张办公桌。那么,在同事们的那一张张办公桌上,如果你能够仔细观察的话,就可以通过办公桌上所呈现出来的种种表象,观察同事做事的条理性。

下面详细介绍几种常见的办公桌摆设特点,从中看出不同人的条理性,达到30秒识破同事心理的目的。

1. 整整齐齐

不管是办公桌上,还是抽屉里,都是整整齐齐的,各种文件都放在该放的位置上,让人看起来有一种相当舒服的感觉,这表明这张办公桌的主人办事是极有效率的,他们的生活也很有规律,该做什么事情,总会在事先拟定一个计划,这样不至于有措手不及的难堪。

他们很懂得珍惜时间,不喜欢做浪费时间的事情,他们总是能够精打细算地用宝贵的时间来做更有意义的事情。他们一般都有很高的理想和追求,并且一直在为此而努力。但是他们习惯了依照计划做事,所以,那些出乎他们意料的事情,常常会令他们感到不知所措。因此,他们的随机应变能力稍微差一些。

2. 在办公桌放一些照片或纪念性的东西

有的人习惯在办公桌上放家人的照片,这类人一般性格比较内向。他们不太善于交际,所以朋友不多,但仅有的几个却是非常要好的。他们很看重和这些朋友的感情,所以会格外珍惜。他们大多都有一些怀旧情绪,总是希望珍藏一些美好的回忆。但他们比较脆弱,容易受到伤害,而且做事也缺少足够的恒心和毅力,常常会在挫折和困难面前不战而退。

3. 乱七八糟

有的人的办公桌看上去乱七八糟的,这样的人条理性比较差。不过,待人亲切、热情,性格也很随和,做事通常只凭自己的喜好和一时的冲动,三分钟热情过后，可能就会自然而然地选择放弃。他们大多缺少深谋远虑的智慧，不会把事情考虑得太周密，也没有什么长远的计划，但是他们拥有比一般人较强的适应能力。他们虽然拥有积极乐观的生活态度，但太过于随便，不拘小节，经常是马马虎虎，得过且过，也往往缺乏足够的责任心。

4. 按一定的规则布置办公桌

在办公桌上，所有的物品都按照一定的次序和规则放好，整齐而又干净。这一类型的人工作很有条理性，有很强的组织能力，所以办事效率比较高。他们具有较强的责任心，凡事都小心谨慎，避免失误的发生，态度相当认真。这样的人虽然可以把自己的本职工作做得很好，但是有一点儿墨守成规，缺乏冒险精神，所以不会有什么开拓和创新。

5. 表面整洁，抽屉却很乱

有的办公桌看上去收拾得很干净、很整洁，但抽屉内却是乱七八糟。这样的人虽然有足够的智慧，但往往不能脚踏实地地做事，他们喜欢耍一些小聪明，做表面文章。在表面上看来，他们有比较不错的人际关系，但实际上，却没有几个人是可以真正交心的，他们也是很孤独的一群人。他们性格大多比较散漫、懒惰，为人处世方面不是十分可靠。

6. 物品摆放很随意

在办公桌上，东西总是这里放一些，那里也放一些，没有一点规则。这样的人大多做起事来虎头蛇尾，总是理不出个头绪来。他们的注意力常常被一些其他的事情分散，从而无法集中在工作或学习上，因此也很难取得优异的成绩。他们也想改变自己目前的这种状况，但是自我约束能力很差，总是向自我妥协，事后又追悔莫及，可紧接着又会找各种理由来安慰自己。

第三节　几种简单方法识别离间术

有人说："职场就是江湖。"那么，既然职场就是江湖，就难免尔虞我诈、斗智斗勇。在办公室里，有着各色各样的同事，有不乏忠心耿耿的正人君子，也有不少口是心非的人，有人合纵有人连横，有人设谋有人中计……有时候稍有不慎，就会中了同事的离间计。作为办公室中的一员，一定要辨别真伪，通过假象识真人，识别同事的离间术。离间术在办公室有多种表现，比如创造条件，使得同事之间、上下级之间产生误会；或将误会加以渲染，扩大他人之间的分歧，或者编造谎言，制造矛盾，破坏同事之间的团结，等等。

虽然，离间术的外在表现多种多样，但是，它的本质只有一个：抑人扬己，损人利己。而那些善于使用离间术的人，大多有着这样的心理：猎奇，他们喜欢言过其实的消息，对什么样的话题都感兴趣；求证，他们对身边发生的事情总是疑神疑鬼，犹豫不定，并希望自己的想法得到证实；趋同，既然别人都相信了，我也应该相信。于是，那些操控离间术的人唯恐天下不乱，一有风吹草动就兴奋异常。

当时，郭开是赵王身边的红人。秦始皇元年，赵国让廉颇代理相国，攻打魏国，初战告捷。但是不久，老国王死了，新任赵王任命武襄君替代廉颇，这下，廉颇在赵国待不下去了。后来，赵国被秦军围困，赵王十分着急，这时他想起了廉颇。于是，赵王派出了特使，到魏国了解廉颇是否还能任用。赵王身边的红人郭开与廉颇有隙，他不希望廉颇回国。为了达到目的，郭开用重金贿赂赵王的使者,并暗中叮嘱一番。

廉颇盛情款待了使者,兴致很高,酒酣耳热之际,他一顿饭吃了一斗米、十斤肉,披甲上马,向使者显示老当益壮,英雄不减当年。使者极尽恭维奉承之能事,直把老廉颇夸得忘乎所以。待使者返回赵国后,赵王询问到廉颇的情形,使者回答说:"廉将军虽然年纪大,但饭量更大,只不过有一点令为臣不解,我与廉将军坐了很短的时间,他就出恭大便三次。"赵王说:"这样看来,廉将军是老了,不可用了!"后来,廉颇无奈地投奔了楚国,郁郁而死。

本来,赵王希望廉颇能够救赵国,而廉颇也是爱国心切,希望回国御敌。可郭开这个使离间术的小人,却唆使使者在赵王面前编造了谎言,而不知真情的赵王也只好感叹:"廉颇老矣!"如此看来,郭开的离间术达到了自己的目的。在工作中,如果有同事像郭开一样使离间术,以此来挑拨上下级关系,而你自己又不细察,定会中了奸计。

其实,与任何奸计一样,离间术也有其特征:目的性,任何离间术都是有其明确的目的,有的是为了获取个人的某种利益,有的表现为满足个人的某种心理,不过,最终是建立在私欲之上的;隐蔽性,离间术本身是极为隐蔽的,因为离间术带来的侵害是巧借被离间者之间的摩擦来进行的,一旦离间成功,被离间者的利益就会受损;欺骗性,离间是一种隐蔽的侵害行为,因此,离间者往往会制造假象来欺骗他人,使其产生错觉,并作出错误的判断,以便使其在不知不觉间落入圈套。

那么,如何才能识别离间术呢?由于离间术是建立在对一个人行为特征的分析之上的,所以,不能盲目猜疑,且不能掉以轻心。

1. 同事间的联系

任何离间者想要达到目的,必然会与被离间者发生这样或那样的联系,或明或暗。简单地说，如果有同事想要离间你，那么，他必然会和你亲近。毕竟，若没有了联系，就没有办法借助被离间者之间的摩擦力量，再高明的离间术也难以实施。因此，哪位同事突然来与你联系，那么，他就有可能想实施离间术。

2. 彼此的利益关系

一般情况下，离间术的进行都是伴随着利益冲突而实施的，在被离间者与他人发生矛盾后，离间者会是直接或间接的利益获得者。因此在工作中，要善于分析冲突制造者的利益关系，这样有利于识破同事的真面目。

3. 同事是否有反常举动

任何一种离间术，无论它怎么高明，只要它正在进行，总会留下一些反常的痕迹。在工作中，我们需要多个心眼，观察同事反常蹊跷的行为，并加以认真分析，通过逆向思维，弄清楚人际冲突的关系，这对于我们识破同事的离间术很有帮助。

第四节　谨慎应对同事夸张的赞美和恭维

在办公室里，许多同事喜欢使用"糖衣炮弹"的伎俩，比如，在平时的工作中时常对你进行异常夸张的赞美与恭维，有什么好处就会分你一羹，还会经常给你一点小恩小惠，让你尝到甜头。从表面上看，你似乎是遇到了一些好心人，但是，如果你仔细琢磨这些嘴里说着甜言蜜语的同事，你就会发现这不过是其隐藏内心秘密的伎俩、手段而已。在那夸张的赞美恭维之词外，其实隐藏着不为人知的秘密，有可能是对你的嫉妒之意，有可能是憎恶之意，有可能是假意表达亲近之意。所以，我们在面对同事夸张的赞美和恭维之词的时候，千万不可疏忽大意，应谨慎面对，否则，一不小心就会掉入同事的陷阱之中，或者，他日被他们的暗箭所伤却不知为何。

通常情况下，那些赞赏、恭维自己的人，大多是认可自己的人。按理来说，这样的人值得深交，但是，凡事都有一定的"度"，对于那些赞赏、恭维之词也是一样的。真正发自内心的赞赏、恭维之词，必定是恰到好处，满含真诚之意的。而那些过于夸张的恭维之语，是那些别有用心的人用来迷惑你的"糖衣炮弹"。一旦你真的遇到了什么困难之事，他则一定会躲得远远的，唯恐殃及于他。而且，这样的同事，大多会当着你的面说好听的，但背地里却可能说你的坏话，或在上司面前说你的缺点，或在同事面前讨论你的是非。而当你意识到对方的真实面目时，已经为时已晚。所以，在与人交往时，要谨慎对待个别同事过于夸张的恭维之语，因为很可能甜头之后就是利刃。

小万和小唐都是即将毕业的大学生，她们一起进入一家公司，一起参加公司的培训，所以当她们成为正式员工的时候，已经是一对形影不离的好朋友了。

进公司第一个月，两人都在同一起跑线上，所以无论是上班下班，两人都一起，遇到工作上的困难，也会一起商量了解决。可是，当工作的第二个月时，小万的工作业绩就直线上升，这主要与她平时的勤奋努力分不开。而小唐虽然天资聪慧，但是她经常在下班之余就外出与男朋友约会，所以即使在上班的时候竭尽全力，也只显得业绩平平。

小唐看着越来越受主管重视的小万，心里就不是滋味，但表面上却不动声色，每当小万得到了上司的夸奖，小唐总是夸张地赞赏："小万，我就知道你是最棒的。想当初咱们一起进入公司，没想，你现在已经是上司面前的红人了，可我还是一名小职员。"小万笑了笑，并没有察觉出话语中的酸味。小唐看着小万那灿烂的笑脸，心中却恨得直咬牙。

这天，上司又一次当着员工的面夸奖了小万，小唐听了心中很不是滋味。会后，小唐就夸张地说道："小万，你可真是我的偶像，以后在工作上，你可得多提携我啊。"小万虽觉得小唐的恭维有些夸张，但却没放在心里。

不料，在中午的时候，小万去卫生间，却无意间听到了小唐与同事之间的对话。只听见小唐酸溜溜地对同事说："哎，某些人靠着和上司的关系上位，真是令人羡慕啊。"同事有些吃惊，回答说："小唐，你说的难道是小万？"小唐回答道："还会是谁呢？我太了解她了，就她那点能力，怎么可能赢得上司的赞赏？""哎，人不可貌相啊，看她平日里文文静静的。"同事颇有些惋惜，小万听不下去了，又想到小唐平日里夸张的恭维之词，心就凉了半截。

小唐正是通过那些夸张的赞赏、恭维之词来迷惑小万，使得小万错当她为好朋友。而当小万在无意之中听到了小唐背地里对自己的议论，想必心中定是冰凉无比。其实，在日常工作中，就在自己身边，不乏这样的人，他们总是在表面上说很好听的话，背地里却做出一些对你不利的事情。对这样别有用心的同事，你应该谨慎小心，灵活应付其夸张的赞美之语。

在工作中，有的同事把自己隐藏得很深，他们表面上看起来像好人，但是实际上心中却是另有所图。那么，如何来谨慎应付他们的夸张赞美、恭维之词呢？

1. 面对夸张的赞美之词，一笑置之

虽然每个人都喜欢听好话，但是，对于那些夸张的赞美之词，我们应该谨慎对待,不要被它迷惑。如果有同事夸张地赞美你,请一笑置之,不要放在心上,也不要觉得对方就一定是真心对你好。当你仅仅因被几句夸张的赞美之词所迷惑,而因此感到满足的时候,那么,你就有可能被其所利用。所以,保持内心的清醒,就不会上当,也就能够不被小人所利用。

2. 谨防随之而来的麻烦

既然,我们没有办法去拒绝那些夸张的赞美之词,但是,我们可以谨慎对待,尤其是隐藏在这些言语之后的麻烦。如果恰逢是你即将晋升的机会,或者是你有了一个很好的工作构思而对方没有,在这种关键时刻,你要千万避免与他进行过于频繁的交往,也不要把自己的情况过多地暴露给对方,并小心地与他保持一定的距离。

第五节　小动作透露同事内心

现代心理学的研究证明:一个人不经意间表现出来的小动作能够反映出一个人的内心,或者对别人所持的态度以及意见。在日常工作中,我们会发现,几乎每个人都有其特别的小动作,而这些不经意表现出来的小动作恰好能直接反映其内心。心理学家认为,每一个人的小动作都隐藏着其内心的真实想法。在很多时候,一个人的肢体语言和他们内心想要说的话并不一样,这就是所谓的小动作了。比如,在公司会议室,身边的同事看起来很认真地在听,但是,在办公桌的下面,他的手指却在不停地反复敲击着。这样的小动作表示这个同事实际上与他的表面是相反的,他一点也没有将心思放在开会上,心不知道飞到哪里去了。因此,在工作中,如果我们能仔细观察身边同事的小动作,那么,我们就可以看出其真实的内心。

小白是一个话很多的人,经常逮着机会就与同事大侃起来,也不管对方愿不愿意听。为此,坐在他旁边的小李可就遭殃了,因为每次小白都会转过身来,兴致勃勃地说些自己碰到的趣事,小李虽说表面上不好拒绝,但他总是不安地用笔杆敲打桌面,以此表达自己的意思。小白却是一个马大哈,他不明白小李为什么喜欢敲桌子,不过,他什么也不想,还是自顾自地说话。

有一次,小白碰到了学心理学的朋友。在聊到小动作的时候,小白突然想到了小李,他问道:"当一个人总是用笔杆敲打桌面的时候,他心里在想些什么呢?"朋友回答说:"这样的小动作,大多表示他对你所讲的话已经感到厌烦了。""啊?"小白恍然大悟,后来,在办公室里,他收敛了自己的个性,不再经常缠着小李说话了。

小白通过向自己学心理学的朋友询问,发现同事的小动作是想告诉自己:"我对你所讲的话并不感兴趣。"在我们身边,每个同事都有那么几个常见的小动作,所以我们可以通过观察对方的一些小动作来发现他们对自己的意见。另外,通过一些心理学实验表明,如果一个人与自己很讨厌的人在一起,只会出现两种相对的反应:一是太随便,根本不在乎对方的想法;二是太拘谨,看起来无所适从,甚至不知道该把手放在哪里。而这些表现出来的不同反应,正好可以反映出这个人的真实内心。

每个人都有心情不好的时候,特别是因为由别人造成的情况时,他会表现得更为突出,从而表现出烦躁不安。这些情绪除了通过面部表情及口头语言表现出来以外,还会通过一些小动作显现出来。下面就介绍几种常见的小动作。

1. 喜欢用嘴咬住一些物品的人

在办公室,我们经常会发现有的人喜欢用嘴咬眼镜腿、铅笔或者其他一些物品。这一类型的人喜欢我行我素,不喜欢受人管制。他们做出这样的动作,是想掩饰自己恶劣的情绪,不想让别人知道。在这种情况下,你千万不要上前搭话,以免加重其不良的情绪。但在有时候,这样的小动作也无法克制他那种内心的不满情绪,他们的情绪有可能会进一步恶化,有可能在突然之间爆发出来。

2. 习惯用手拢头发的人

有的同事喜欢用指尖拢头发、轻搔面部,或是把食指放在嘴唇上。这一类人的性格比较开朗、乐观,虽然在面对生活或工作中的困难时也会出现失望、沮丧的心情,但是他们能在最短的时间内调整好自己的心态,坦然面对这一切,并致力于寻找解决问题的办法。

如果你的同事在你面前作出这样的小动作,那就表明他对你的谈话没有多大的兴趣,显得有点左顾右盼,漫不经心。他们或许正在思考自己的问题,并且认为你是在打扰他,但他们会碍于情面而不表露出来。

3. 喜欢两手互相摩擦的人

有的人习惯两手不停地摩擦。这一类型的人对自己充满了信心,喜欢挑战自我,并且在成功的路上敢于承担一定的风险。一旦他们决定去做某件事情的时候,就会一直坚持下去,而不会轻易改变主意和行动方向,所以他们在某些时候显得比较固执。而当他们做出这种动作的时候,通常就是烦躁不安、心情郁闷的时候。

4. 习惯用手抚摸下巴的人

有的人习惯于用手抚摸下巴或者抓着下巴。做出这样小动作的人大多比较世故圆滑,有较深的城府。他们这样不断地抚摸下巴只是想使自己镇静下来,克制自己内心的不满情绪,以免在自己冲动时做出什么举动来,同时,他也在思考下一步的对策。

5. 喜欢咬牙切齿的人

有的人在烦躁不安的时候喜欢咬牙切齿,这一类型的人情绪变化无常,显得很不稳定。他们的心胸不是很宽广,喜欢意气用事,也无法把握好自己的感情。

当你在职场上和同事相处的时候,能够通过对方的一些小动作透析出其心里的真实想法,进而有效地识破对方的心理,那么你在与他相处的时候,就会轻松很多,有效得多。

第六节　从送礼洞悉同事性情

在日常生活中,求人办事总是免不了要送礼,以表示自己的诚意,其实,送礼也是一门学问,值得我们好好地去揣摩。有时候,逢年过节,同事会给我们捎上一份礼物,或者在出差回来的时候,会顺便给我们买件礼物。其实,通过同事送的礼物,可以看出对方的性情。毕竟,每个人的送礼方式都是不一样的,有的人喜欢买贵重的礼物,有的人喜欢挑适合的礼物,有的人喜欢将自己喜欢的礼物送给别人,等等,可以说,在我们身边的那些同事,他们在送礼方面也会有诸多不同的表现。那么,我们应仔细观察其送礼的表现,通过礼物来洞悉同事的性情。

小丽特别喜欢旅游,常常在公司放假的时候,她就会约上几个好朋友一起去旅游。每到一个城市,她都会给办公室的同事稍点礼物,虽说都是小饰品或者纪念品,但每次同事收到她的礼物时都会由衷地感动。毕竟,那意味着在旅游的途中,小丽也想到了那些同事。

在办公室里,晓航特别喜欢研究心理学。这天,他收到了小丽的礼物,晓航打开了话匣子:"昨天晚上,我偶然发现,通过送礼还可以洞悉一个人的真性情呢。你看,小丽的礼物虽说很小,但是,却十分别致,很有纪念价值。由此可以推断说,小丽本身是一个心思缜密的女孩,她很会照顾他人的感受,善解人意,而且,在做任何事情上,宁可自己受委屈,也不会轻易让别人受伤。"几位同事听了,再想想小丽平时的表现,觉得果然是这样。

有的人在逢年过节时经常会收到一些礼物,他每次都是将那些礼物与送礼者的名字记载下来,以此作为回礼的参考。时间长了,他得出了这样的结论:从对方所送的礼物上可以观察此人的性情爱好。比如,如果对方所送的是陈年美酒,那么,表示对方偏好美酒;如果对方所送的是典雅的艺术品,则表明对方对艺术情有独钟。如此看来,一个人对礼品的选择,大多会受到个人因素的影响,经常会无意识地透露自己的喜好。那么,从送礼洞悉对方的性情,那确实是有据可寻。

下面介绍几种简单的以送礼来洞悉同事性情的方法。

1. 喜欢送昂贵的礼物

有的同事并不介意将礼物送给谁,而总是喜欢买昂贵的礼物。这类人大多以许多外在条件来包装自己,希望自己能在人们面前有与众不同的感觉,比如以昂贵的礼物来彰显其财富价值。他们大多花钱如流水,而花钱的最终目的就是为了包装自己的形象。

2.喜欢送廉价的礼物

有的同事则恰恰相反,对于介于朋友与陌生人之间的同事,他们宁可选择廉价的礼物,以此来衡量彼此的亲密度。这样的人喜欢将事情分析得很透彻,并常常以此来作为自己的判断标准。在很多时候,他们或许会给人留下势利的印象,其实,他们本身就是这样的人。

3.喜欢送贴心的小礼物

有的同事喜欢送一些贴心的小礼物,比如,在冬天,他会送一条围巾或手套,很贴心,让收礼物的人感到很温暖。这样的人心中充满温情,平日里,他们喜欢观察身边的人和事,总喜欢给别人制造惊喜或浪漫,有时候,并不是因为对方在心中有多重的位置,而是他本身在制造惊喜或浪漫的过程中也感受到了快乐。

4.喜欢送有品位的礼物

有的同事喜欢送有品位的礼物,诸如字画、书之类。他们本人就如同礼物一样,是一个有品位的人。在挑选礼物的时候,他们大多以是否有品位来衡量礼物的价值。平日里,他们很注重生活品质,细致到不错过每一个细节,因此,常常会给人一种吹毛求疵的印象。

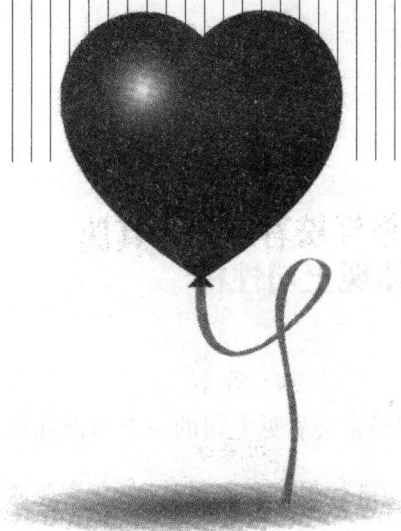

第五章

30秒看穿上司心理

在现实工作中，无论我们身居何职、身处何地，都有有形或无形的上司陪伴左右。可能，在工作时间内所有接触的人中，只有上司的心理最难猜。但是，为了自己的工作，为了能与上司更"融洽"地相处，我们很有必要去了解上司的真实心理。对此，我们可以观察其签名方式，说话时的手势、说话语调以及口头禅，以此识破上司心理。

第一节　签名方式体现上司性格

无论是在公司,还是在谈判场合,我们经常会看见上司的一个习惯性动作,那就是:签名。在公司内部,许多工作的进行都需要上司签字;在商业谈判中,所拟定的合同需要签上上司的名字。于是,签名成了上司繁忙工作中的一个小插曲,在天长日久的锤炼中,上司的签名也逐渐成了一种风格。

作为上司,许多人私底下会苦练自己的签名,致力于使自己的签名看起来别具一格。其实,许多人都不知道,通过上司的签名是可以揣摩其性格的。如果你还在为揣摩上司的心理而发愁,那么,从现在开始,就仔细关注上司的签名方式,并从细枝末节中达到识破上司心理的目的。签名所涉及的是笔迹心理学,这是一门研究人的书写心理以及笔迹特征与个性心理的科学。而通过签名方式来了解上司的性格,所依据的就是笔迹心理学。

美国心理学家艾维·赫尔斯丁说:"每一个人脑的思维被无意识地输送到手指尖上,笔迹是思维的轨迹。"笔迹如何,全凭着一双手的操作,另外,笔迹的风格、轻重、缓急都会受到手和大脑的控制。一个人在签名时的一笔一画,都会向人们展现其内心世界。现代社会,许多领域都会用到笔迹心理学,诸如心理分析、人才招聘、遗产公证、犯罪等领域。上司的签名就代表着他自己,这是很明显的。从法律上来说,每个人的签名方式都是特别的,不过,从具体的细节出发,可以将人们的签名方式归结为几类,比如带着图案式的签名、难以辨认的签名,等等。如果你要想了解上司的性格,不妨从其最擅长的签名方式着手,从心理学的角度,来识破其真正的个性。

下面我们就介绍几种常见的签名方式,以供借鉴。

1. 拥挤的签名

有的上司在签名时小心翼翼,字写得很小,而且名字也可能挤在了一起。在这类上司的心里,很可能是想将小的东西进行最大限度地运用,这样的上司在平时的工作中就是一个精打细算的人,喜欢节约,不喜欢铺张浪费。但是,因为签名显得太小气,反而给人留下了不好的印象。所以,究其在生活中以节约为主,但其实到最后,他并没有为此省下来多少钱。

2. 与平时写字倾斜度不一样的签名

有的上司在签名时会显得与平时写字很不相同,比如,平时写字往右倾斜,签名时却向左倾斜;或者,平时写字往左倾斜,签名时却向右倾斜。前者很想给人留下冷淡的印象,这不过是伪装出来的,其实,这类上司本身相当友好,善于交际,性格外向;后者从表面上看是一位社交高手,热情而幽默,不过,其内心却隐隐含着反叛的心态。

3. 夸张的签名

有的上司在签名时故意签得比较夸张,虽然,这样的签名方式看起来很有艺术感,但却是伪装而成的。这样的上司心中常常感到无奈,于是,他们所做的很多事情都是用来克服心中的无力的,比如,买豪华轿车来达到内心膨胀的目的。

4. 与平时写字大小不一样的签名

有的上司在签名时会显得与平时的写字大小不相同,比如,签名字体比平时所写的字体大,或者,签名字体比平时所写的字体小。前者的内心可能是有强烈的自我膨胀,希望通过签名来让人记住自己,可事实上,很少人能记住他们；后者，内心可能是自卑，常常会避免接受一些荣耀，平时喜欢吹毛求疵。

5.笔迹强劲、笔直

有的上司在签名时会刻意强调笔迹的风格，使整个签名看起来笔直而不夸张。其实，这和他们的性格一样，此类上司有着较强的自信心，对任何事情都能坚持到底。同时，他也是一个不轻易放弃的人，如果事情遇到了一些麻烦，需要重新开始，他也会毫不犹豫地投入到其中。

6.逐字上升的签名

有的上司在签名时会不知不觉地造成逐字上升，即整个签名呈上升的趋势。这样的上司可能是有着强大的野心和必胜的决心，其事业也可能会像他的签名一样，越来越好。这样的上司，在面对已经决定的事情时，他们会毫不犹豫地坚持下去，绝不放弃。

7.逐字下垂的签名

有的上司在签名时会不知不觉地造成逐字下垂，即整个签名呈下降的趋势。这样的上司很容易因工作而疲劳，有时候，繁忙的工作会让他觉得无力应付。在工作中，他可能正在遭遇挫折与困难，随时都有可能倒下去。

8.带图案的签名

有的上司在签名时会增加一些具有艺术感染力的图案，整个签名看上去高雅而有节奏。其性格就像签名一样，独特而有艺术气息，有一定的品位和较强的自信心。这类上司对自己的喜好，从来不掩饰，常常是直言不讳。

9.像学生类的签名

有的上司的签名方式与学生时代的签名一样，字体缺乏形式，不流畅，有时候还大小不一。如此的签名方式，很可能体现了他本人的感情还处于学生时代,或许,就连其智力也还可能停留在那个时代;他可能还没有办法适应公司的成人世界,故在笔迹上显露出内心的诉求。

第二节　讲话时的手势体现领导个性

在日常工作中,领导讲话是必不可少的一项任务,而伴随着领导讲话的还有一系列手势。手势,就是指用手指、手掌、手臂的活动来表达情感,传递信息。通常情况下,领导讲话都会附带一些手势,这一方面可以强调和解释语言所传达的信息,另一方面适当的手势可以使讲话的内容更丰富、形象、生动。对此,有人说:"手势是口语表达的第二语言。"由于手势语是肢体语言的重要组成部分,因此,通过一个人在讲话时所使用的手势,可以窥见其真实的个性,尤其是对于领导者,手势语是其在讲话过程中常用的一种动作语言,一举一动均是其真实个性的自然流露。对此,心理学家认为,不同的手势反映了领导者不同的心理活动,所以,从某种程度上可以读出领导者的真实个性。

某位英国记者在整理多张欧美首脑照片的时候,发现了一个奇怪的现象:从奥巴马、希拉里到卡梅伦、萨科齐,他们在讲话时都会摆出同一个姿势:伸出手臂,并用手指指向天空。尽管在很多时候,天空中什么东西也没有。

原来,美国总统奥巴马在访问英国的时候,在交谈期间,英国首相布朗和保守党领袖卡梅伦都不约而同地伸出了手指;希拉里在多次民主党总统候选人拉票集会期间,在向民众讲话的时候,也伸出了手指;德国女总理默克尔和法国总统萨科齐在欧盟会议上,两人均是伸出手指,眺望远方。

对此,心理学家这样分析:欧美领导之所以在讲话时伸出手指指向天空,是因为在他们的潜意识里,希望令自己看上去更具有领袖的气质,不想被观众认为是一个多余的人。英国心理学家马丁·斯金纳博士这样说道:"首脑和那些即将成为首脑的人,都希望自己看上去像是一位真正的领导者。于是,在讲话的时候,他们在潜意识中试图摆出类似雕像的姿势。很显然,抬起手臂、昂起头的姿势无疑比光站着讲话更有活力,而眼睛向前上望去,使他们看上去更有远见。"

在平日的工作中,领导们讲话时的手势也是各种各样的。有的领导在讲话时,总是不自觉地举起自己的手掌,试图让下面的听众都能看到;有的领导在讲话时,会习惯性地摸自己的嘴巴;有的领导在讲话时,则会不时地触碰自己的头发;有的领导在讲话时,总是时而将两手握在一起,时而分开,时而又握在一起,在讲话过程中一直重复这样的动作……如此不同的手势,直接体现了领导者不同的个性。

下面就几种常见的讲话手势,逐一分析隐藏在手势后的领导者的个性。

1. 不自觉地举起自己的手掌

有的领导在讲话时总会举起自己的手,似乎在强调某个重点。这样的领导者思想开放,热衷于社交。但是,在工作中,经常会犯喋喋不休的毛病,比如下属只不过犯了一个小错误,他就可能会说上半天。这类领导喜欢表现自己,由于其情感善变,因此,很容易与之亲近,但同时,也很容易被他讨厌。对于这样的领导者,需要小心相处,稍有不慎,你就有可能变成那个令他讨厌的人。

2. 习惯性摸嘴巴

有的领导在讲话时习惯性地摸自己的嘴巴，但是，这样的手势很细微，如果你不仔细观察，根本发现不了。这样的领导性格内向，容易害羞，他们常常用语言来表达自己的真心，不过，却很容易被人误会。另外，如果他在讲话时经常出现这样的手势，则表明其最近压力很大。

3. 两手握在一起

有的领导在讲话时会将两只手握在一起，或许是因为他们很少在公众场合讲话，此手势表现出其内心的紧张。这样的领导大多属于容易紧张的人，如果他是认真地与你谈话，那么，下意识里，他就会摆出这样的手势。他们大多个性敏感而多疑，在作决定方面常常陷入犹豫不决的状态，因而错过了许多良好的机会。

4. 用手摸头发

有的领导在讲话时，会不时地用手摸自己的头发，这样的领导喜欢注意身边的人，同时，他们很在意身边的人以及在意身边的人对自己的看法。对于这样的领导，作为下属的要注意自己的言行，以防给他留下不好的印象。另外，对于自己的失败与错误，他常常耿耿于怀，十分介意。

第二节　常说"没错"的上司需要下属的认可

在日常工作中，我们经常听到上司说"绝对没错"、"这事肯定没错"、"当然是这样，错不了"。似乎，上司一次次地在肯定自己的观点与意见，那么,当上司这样说话的时候,我们该如何应对呢? 如果你自以为聪明地辩解:"可是,我觉得这事情似乎还有另外的原因……"这时,你再仔细观察上司的脸色,定会发现上司的脸上出现了不悦的神色。其实,那些嘴里常说"没错"的上司需要下属的认可,因为在其内心深处,他对此事也存在一定的质疑,但是,作为上司,如果不能看清楚一些事情,肯定会被下属看不起,而上司恰恰想隐藏自己内心的这种想法。对此,在"没错"这个词语的背后,隐藏着上司需要他人认可的欲求。因此,在工作中,我们要留意那些嘴里常说"没错"上司,在很多时候,他们是需要得到我们的认同,而不是反驳与辩解。

在公司会议上,王总分析了当前的市场前景:"昨天我看了你们递交上来的销售报告,觉得很有必要给大家说说我们目前的市场前景……"说完后,王总不忘又补充了一句,"我想大概就是这样子,应该错不了,你们觉得呢?"员工小吴举手示意,王总点头允许,小吴拿着自己总结的报告说道:"我觉得关于市场前景,我们还需要考虑更多的因素,否则,所得出的结论就是不全面的……"小吴洋洋洒洒地说了半天,提出了自己的见解,说完后,他心中有些小兴奋,觉得上司肯定会赞赏自己的。没料到,吴总一句话不说,而是喊了小李来谈谈自己的看法。

小李站起来说道:"关于市场前景的报告,我昨晚也总结了一份,大致内容与王总所说的差不多。"说着,他又重申了王总的报告,认同了王总的说法,这时,王总的脸上露出了笑容,赞赏道:"没错,就是这样。"坐在下面的小吴听了,心中若有所思。

一般情况下,大部分领导都会提出自己的一些看法,末了带上一句:"没错,就是这样。"意图是希望自己的见解能够得到他人的认可,如果有下属当面提出不同的意见,领导就会感觉自己的面子受损,心中自然就会心生不悦。因此，面对小吴提出的建议，王总一句话也不说；而小李率先肯定了王总的意见，王总自然是面露笑容，大加赞赏。

那么，对于那些嘴里常说"没错"的上司，其内心到底有什么样的想法呢？

1.有强烈的自我倾向

在工作中，那些经常使用"没错"的上司，多自以为是，强调个人主张，有着强烈的自我倾向。他们喜欢强调自我主张，并极力维护自己的见解，漠视甚至拒绝他人的任何观点。由于固执而倔强的个性，不能听取他人善意的意见，所以经常会吃亏。

2.内心有需要他人认可的欲求

有的上司常说"绝对就是这样的"、"当然是这样"等，经常使用"没错"这样的词语。其实，在其内心深处，有一种需要他人认可的欲求。当其心里一遍遍暗示自己"没错"时，实际上就是想得到别人的认同，或许可以说是哄骗他人的欲求。

3.以上司的威严迫使下属认同

按常理来说，当上司一再强调"绝对没错"的时候，还有哪位不识时务的下属会发出反对的声音呢？因此，当上司一再说"没错"的时候，并不是因为心中有了十足的把握，其真正的用意是希望以上司的威严迫使下属来接受并认同自己的意见。虽然，他们会假意说"你们有什么看法吗"，但是，他们一点都不希望下属能提出真正的想法。

4.嘴里越是说"没错"，其内心越不安

通常情况下，人们总是对自己质疑的东西才会一再肯定，以"没错"这样的字眼来麻痹自己。如果一个人嘴里总是说着"没错"，那么事实上，其内心

并没有十足的把握，说"没错"不过是在暗示自己"真的没错"，换句话说，他们也是在说服自己。实际上，如果一件事情真的没错，真的就是这样，又何须一再强调呢？因此，那些嘴里越是说"没错"的上司，其内心越不安，因为在其心里藏着大量的不确定因素。

第四节　说"怎么都行"、"随便"的人其实有着强烈的愿望

在工作中，我们经常遇到上司很无奈地表示"这事怎么都行"、"你随便怎么办吧"。话语里似乎表示出自己一点都不在意，其实，在他们的内心对这事在意得不得了，他们本身有着强烈的欲望，有可能对于事情本身，他们有很多自己的想法。但是，为了掩饰自己，或许为了敷衍下属，他们会说"怎么都行"、"随便"之类的词语。而对下属来说，听到这样的话无非有两种反映：一是表现得很兴奋，似乎上司将事情的决定权都交予了自己；一是很受伤，大多数敏感的下属会觉得上司说这样的话，表明是很不在意自己的工作，因而内心比较失望。其实，有着这样两种想法的下属都猜错了上司的心理，在上司心里，有着强烈的愿望，他希望事情可以按照自己的想法来办。但如果你忽视了上司这样的心理，没有仔细询问上司，那么，上司就有可能以"怎么都行"、"随便"来敷衍你了。

小华刚刚大学毕业，应聘到一家公司上班。为了能读懂上司的心理，他天天下班回家研究心理学。无意之间，他在一本书上看到"说'怎么都行'、'随便'的人其实有着强烈的愿望"的一篇文章。于是，读后他总算明白了，

原来工作的时候，向上司请示工作有关的事情，上司总是挥一挥大手，说："怎么都行，你自己看着办吧。"小华听了这话，总是乐颠颠地跑了，等到事情真的按自己的想法办成，再报告给上司的时候了，上司却一副毫不在意的样子，既不夸奖，也不批评，如此的表现真让小华难受。现在，小华总算明白这其中的奥秘所在了，原来，每次请示上司的时候，上司心中都有强烈的愿望，但是，自己恰恰忽视了，听信了那句"怎么都行"，总是按自己的想法来办，结果却令上司很不满意。

这天，小华又向上司请示关于客户的问题，上司还是挥挥手："你自己看着办，怎么样都行的。"听了这话，小华并没有离开，而是耐心询问："李总，可是，我对这件事总是搞不明白，还希望你能够给我指点一二。"上司放下了手中的工作，对小华说："你刚到公司不久吧，行，今天我就给你谈谈如何处理与客户之间的问题……"于是，在上司的指导下，小华按照上司的"旨意"，圆满地完成了工作任务。事后，在公司召开的一次大会上，上司还夸奖了小华。

或许，看到这里，有的人会说上司不免有点假惺惺。当面对员工说："怎么都行。"背地里却隐藏着自己的想法，等到事情真的按"怎么都行"这样的标准完成后，上司却不满意了。其实，这并不能说上司是假惺惺的，而是在于上司身份的微妙性。就像生活中的许多人一样，嘴里说着"随便"，但实际上心中却很有想法，当大家都认为他真的很随便的时候，却发现他已经面露不悦之色了。作为一个上司，他希望能得到下属的尊重，这样的尊重包括虚心地向他请教。如果你真的是形式性地请示，上司的自尊心受伤，自然就会敷衍一句"怎么都行，你自己看着办吧"。

下面就来逐一分析这类上司的真实内心。

1. 表现得毫不在意

在生活中,如果一位母亲喋喋不休说了半天以后,孩子还是不为所动,母亲就会说:"随便你怎么样,我都不管了。"其实,母亲说这话的心理状态与上司说怎么都行这类话的心理是一样的,他们都是假装表现得毫不在意。简单地说,他所说的不过是在敷衍下属,但其内心又很希望下属能够向自己询问具体的方法。

2. 希望事情按照自己的想法做

有的时候,上司会在一定的场景中说这样的话。比如,下属一再提出自己的方法与措施,压根不去理会脸色越来越淡漠的上司。这时,上司就会很不耐烦地说:"怎么样都行,你自己衡量着去做吧。"其实,在其内心有着强烈的愿望,希望事情能够按照自己的想法去做。但碍于上司的面子,他又不好拒绝你的提议,所以才会显得很不耐烦。

第五节　语速平缓的上司不容易与下属亲近

语言是我们用来表达思想、交流感情、抒发胸臆的工具,同时,也是心理、感情和态度的自然流露。而语速作为语言表达的一部分,其中却暗藏着一定的玄机,究其根源,在于语速的快慢缓急将直接反映当事人的心理状态。在日常工作中,我们会发现每个人都有自己相对固定的说话方式,但究其上司的说话方式来说,语速却是变化不大的。可能,谁也没见过说话跟唱歌一样的上司,也没有谁见过说话像吵架一样的上司。大部分的上司都会采用平缓的语速,说话慢条斯理,一字一顿,语速里有着领导者的威严,其中夹杂着一些生分。一般而言,语速快慢有致,这样才能有效地传情达意,同时,也会令听者感觉到亲切。不过,令大多数下属感到奇怪的是,自己的上司说话总是保持平缓的速度。同时,这些下属也会感觉到,这样的上司真的很难让人亲近。

已到不惑之年的李师长平易近人,受人尊敬。每每遇到下面的士兵,他总是慢条斯理,娓娓道来,语速总是不温不火。

有一次与朋友闲聊,李师长向大家解释了他为什么语速较慢的原因,李师长说:"我说话之所以语速比较慢,原因有三个:一是性格比较温和;二是由于讲话从来不用稿子,需要思考充分,准确表达出自己的思想感情;至于第三个原因,这主要是源于做上司的秘密,作为一名师长,我不希望下属通过揣摩我的语速快慢来洞悉我的内心。因此,无论遇到多大的事情,我都会保持平缓的语速。毕竟,我要与下属保持一定的距离,如果我失去了作为师长的威严,那又怎么能领导士兵呢?"朋友听了,暗暗称奇——原来说话平缓还隐藏着这么多层意思!

一个人的语速可以反映他的情绪,而他的情绪恰好是其内心的真实反映。对于一般人来说,在激动的时候,他在用语言表达意思或抒发感情时,语速就会不自然地加快,声音也会提高;在遇到危机的时候,他的语言表达显得仓促而混乱。如此的语言表达,才是比较真实的表现。而对于那些语速平缓的上司来说,他们有可能会用读圣经的语速来讲述一次危机,用慢条斯理的语速来讲述自己的激动心情。

那么,那些说话平缓的上司身上有着怎样的特点呢?

1.说话没有抑扬顿挫

说话使用平缓的语速,那就表明根本没有抑扬顿挫的语调。语言学家表示，一个人的语速如果缺乏快慢变化，始终保持一个速度，那就很难准确、恰当地表达自己的想法。事实表明，上司使用平缓的语调说话，其实，他根本就没想要传达自己内心的真实想法。他所陈述的不过是与工作有关的真实想法，如此公式化的语言，自然会让下属感觉不到一丝亲近。

2. 公事性的指示

这样的上司在说话时感觉是在说别人的事情一样，他总是这样面无表情地吩咐："明天之前把这事做好。"除此之外，就再也不说一句多余的话，总是一副应付工作的态度。而且，在其语言表达中，他也似乎没有喜怒哀乐，只有平缓、冷漠的语调。这样的上司，相信许多下属都会唯恐避之而不及，又怎么会想到与之亲近呢？

3. 不想推心置腹地与下属交谈

有着平缓语速的上司总是能将工作与生活分开来，在工作上，他一点都不希望与你聊生活的事情，因为这在他看来是浪费时间。另外，在其内心深处，他根本就不想推心置腹地与下属交谈，除开工作上的诸多事宜，他不想多说一个字。面对这样的上司，如果你想要亲近他，那不妨尝试着与他聊一些工作以外的话题，说不定会有很好的效果。

4. 保持自己神秘的上司形象

试想，如果上司连昨晚吃了什么饭都与下属分享的话，那么这个上司已经失去了神秘感，在员工面前就如同一张白纸。作为一个上司，他所做的不仅仅是管理工作，还要做一切事情的表率。基于其特别的身份，上司有必要保持自己的神秘感，而不宜多说自己的生活细节。对此，有的上司说话平缓，其实就是为了保持自己神秘的形象。

第六节　说话夹杂外语,是上司优越感的显示

在工作中,我们经常接触到这样一些上司,他们不管在什么场合,不管是开会,还是平常的交流,总是在说话时夹杂着大量的外语,似乎是以此来表明自己的外语水平、专业水平和管理能力。不过,我们也经常会遇到这样一些情况,一些上司的外语发音不准或自己的外语听力不济,使得我们听得云里雾里的。如今的职场,经常有人说着大部分汉语夹着小部分英语,时常会来一句:"这件事就这样吧,OK?"而越来越多的上司也挡不住这股潮流,任由浪潮将其卷了进去。其实,那些话中夹杂着外语的上司,其内心是想拥有更多的优越感。毕竟,嘴里说点外语,总会证明其多长了见识,或者本身有着国外留学的背景,等等。当然,我们不可否认,大多数人都会不同程度地拥有优越感,比如职业的优越感,长相的优越感。而对于上司来说,他们更想获得一种特别的优越感,如此,才能在下属面前显露风头。那么,在这时候,话中夹杂外语就成为了某些上司的最佳选择。

公司销售部的张科长曾在国外待过一年,如此经历使得他感到莫大的骄傲。而且,他年纪并不大,只不过三十岁左右,平日里喜欢与下属打成一团。但是,令下属感到厌烦的是,他几乎每说一句话都会带一个英语单词,比如,在中午,招呼大家吃饭的时候,他会这样说:"今天我们一起去外面吃饭吧,Ok?"或者是"Ladies and gentlemen,我们去吃饭吧。"办公室里的人在听了这样的话之后,几乎连胃口都没有了。

对此,他们总是在办公室里议论上司的"外语控":"不就在国外待了一年,用得着这样装吗?真是,还都以为我们是不会英语的土包子?"、"就是,典型的崇洋媚外"、"就是,而且,一句话里面,总是夹杂着一两个英语单词,有本事就不用汉语说话啊"。不过,说归说,那些下属可从来没当面抗议,只是,偶尔跟张科长开玩笑:"张科长,求求你别说英语了,你不知道,我大学四级都没过吗?我怎么听得懂你说的话啊。"对此类的玩笑,张科长却是一笑置之,而英语还是照说不误。

从心理学方面来说,优越感是显示蔑视或自负的性质或状态,这是一种自我意识。而大多数人在人际交往中,都会不自觉地让自己的优越感有所收敛,以便最大限度地寻找到与别人的共性,并以此实现社会交往的目的。而对于上司来说,本身的职务就体现着一定的优越感,但是,有某些上司并不满足,总是以"别样的语言"来显示自己的与众不同,同此来获得一种优越感。不过,凡事过度,所引起的就是相反的后果,那些说话总是夹杂着外语的上司只是赢得了表面上的一种优越感,实际上却是被下属轮番讥笑的对象。

那么,那些嘴里说着外语词汇的上司,其真实心理到底是如何想的呢?

1.虚荣心使然

那些话语中时刻夹杂着外语的上司,很可能是因为他们喜欢装腔作势,认为自己只要说上几句外语就可以提高自己的身份,以此显示出自己的高雅和才华横溢,其实,这一切都是源于其自己的虚荣心。或许,有的上司根本就没有什么才能,他们也十分清楚自己的价值,于是,借用外语来掩饰自己的不足,希望别人不要以蔑视的态度来看待自己。

2.崇洋媚外的心态

当然,并不是所有嘴里夹杂着外语的人都有崇洋媚外的心态,但是,在他们中的一部分人中,的确有一种崇洋媚外的心态。在这些人看来,无论是政治还是经济,外国都远远超过自己的国家,而这样的想法又会反映到言行上,比如在谈到某些工作的时候,他们总是会列举国外的例子,以此凸显其崇外的心理。

3. 优越感作祟

嘴里时常夹杂着外语的上司,他们希望使用那些专业术语和外语来让自己看上去像是一个能干的人。在他们的内心深处,有着极强的愿望,希望受到别人的关注,想保持自己独特的优越感。

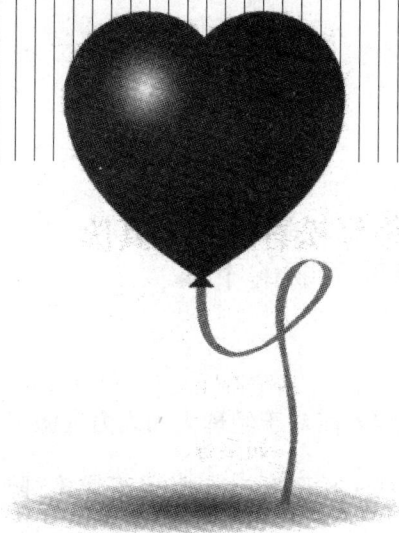

第六章

30秒看穿下属心理

作为上司,需要了解下属、识破下属心理,才能够成功地驾驭下属。本章就教你在短短的 30 秒钟如何看穿下属心理。诸如,如何识别那些即将离职的下属;通过处理信件的方式,洞悉下属的工作态度;通过精神面貌,看出下属的潜在实力;通过兴趣爱好,挖掘出下属的优势;通过金钱消费状况,了解下属的价值观,等等,以此看穿下属心理,达到了解下属的目的。

第一节　如何识别将要离职的下属

现代社会是一个充满了人才竞争的社会,而对于经理人和人力资源工作者来说,如何保留优秀人才便成了他们的工作职责。当然,凡事应该"防患于未然",如果公司部门里很优秀的人将辞职报告摆在了你的办公桌上,你才意识到对方的重要性,那时已经为时太晚了。通常情况下,一个员工做出辞职的决定是要经过长时间的考虑的,一旦提交辞呈,就将意味着他已经与其他公司签订了聘用合同,这时,大多数员工不会因为公司的挽留而动心,毕竟,他们已经签订了新的劳动合同。

不过,一个下属想离职,难道就无半点迹象可寻吗?当然不是,在员工离开公司之前的三个月,或许对方正在考虑离职的事情,而外在的言行举止往往是其内心的真实反映,在这时,员工一定会表现出与之前不同的言语或行为,如果你能仔细观察,还会发现有异常的行为。那么,作为上司,当你识破了下属即将离职的心理后,如果对方足够优秀,你则可以提前采取稳定对方、挽留对方的措施。

这天,王经理叫来了部门里的优秀员工大卫。在办公室里,王经理问道:"大卫,你手头的方案做得怎么样了?"大卫回答说:"正在进行,过些日子就能做好了。"王经理说:"我看,你先把手头的方案放一放,我这里有个大客户,他们要求做一个广告创意的方案,我想交给你去做。"本来,王经理这是一番好意,可大卫似乎面有难色:"我前面那个方案正在关键时刻呢,我怕放下了以后再做就没有灵感了,而且,现在我已经不想接大方案了,只希望把手头的工作做好。"没想到被大卫婉言谢绝了,王经理心里疑惑,大卫的工作积极性一向很强,今天这是怎么了。

过了两天,王经理还正在考虑那个方案交给谁做,大卫敲门走进了办公室,对经理说:"我家那边出了点事情,我想请假一个星期。"经理一愣,想到他平时也没请假,就批准了。一个月之后,大卫将一封辞职信放到了王经理的桌上,王经理看到了辞职信,很想挽留这位优秀的员工,但却意外得知大卫已经与另外一家公司签订了劳动合同,这时,他想到了之前大卫反常的举动,知道自己已经错过了最好的挽留期。

工作积极的大卫婉言谢绝了上司交给自己的工作之后,又以家里有事为理由请了长假,这些与之前不同的举动,其实就是离职的征兆,虽然王经理心中有疑惑,但并没有将这些不寻常的举动放在心上,以至于最后,不得不忍痛放走这么优秀的下属。

那么,对于即将离职的下属来说,在他们身上会出现怎样的举动呢?

1.态度变化

之前,他可能对公司满腹牢骚,有很多的意见。但突然却变得沉默寡言,当同事议论公司时他也不参与。当员工对公司有抱怨、有意见的时候,说明他不会在短时间离开,因为他对公司还抱有希望,希望自己所抱怨的情况会有所改善。但是,当他已经决定离开的时候,他对公司的改善与否也毫无兴趣了。

2.工作积极性下降

之前,他可能是一个积极主动的人,但突然之间变得消极被动,对什么事情都无所谓,这就是很危险的征兆。当员工决定离职的时候,他已经是

"人在曹营心在汉"了,或许,由于职业道德的约束,他会继续做好手头的工作,但却不愿意做新的工作。

3. 工作纪律的变化

之前,他有可能是一个一贯遵守公司纪律的人,却突然之间出现一些迟到、早退、上班聊天、上网等毛病。有的人觉得自己既然要走了,在这个公司的表现也就不那么重要了。不过,并非所有的人都这样,有职业道德的人还是会做到善始善终的。

4. 请假

在公司,由于工作紧张,很少能够有休息一个星期或一个星期以上的假期,不过,这时他会申请休息一两个星期以上的假期。对于决定离职的员工来说,自己想去别的公司考察、参加面试都需要时间。另外,他也担心如果自己离职后,其所有的假期得不到应有的赔偿,因此,会向上司请假。

5. 表现比过去低调

在公司的各种场合,他表现得比过去低调,开会不发言、讨论不讲话,也不主动请缨。对于想离职的员工来说,他想逐渐淡出公司,因此,不会再主动请缨去做新的工作,也不会启动长期的工作项目。

第二节　信件处理方式透露下属的工作态度

当今社会是一个信息社会,在办公室里,员工已经习惯了每天上网浏览新闻,查看自己的电子邮箱,而不同的人有不同的信件处理方式。如果你能在日常工作中,观察到员工处理信件的方式,那么,就可以了解到他们的工作态度。一般来说,下属有这样几种不同的处理信件的方式:有的下属会让信将邮箱塞得满满的,很少删除信件;有的下属很少看信;有的下属会仔细阅读每一封来信,并立即回信;有的下属只看朋友寄来的信件,其他的全部删除。他们处理信件的不同方式,其实就是其工作态度的一种反映,只要我们掌握了,就能够在一定程度上识破下属心理,达到成功驾驭下属的目的。

早上,张经理巡视下属办公室的时候,发现员工小李正在查看邮箱,他想到了昨晚读过的一本书,那里有一篇"信件处理方式,透露下属的工作态度"的文章。想到这里,张经理就故意在附近徘徊,想看看小李是怎样处理信件的。他发现小李将一封封信件打开、阅读,然后一封封地回信。

张经理将这一处理信件的方式与书上所讲的内容一一进行了对照,书上说小李的这种方式,表明他是一个整天喜欢在办公室里聊八卦的员工。为了证实书中的观点,张经理准备一有空就来办公室看看。果然,当他的脚步还没踏进办公室,就听到了小李聊八卦的声音,办公室里的其他人听后都笑了起来,有人说:"小李,如果你将关注娱乐八卦的精神放到工作上来,我看你早就升职了。"话刚说完,张经理就走了进来,他面露不悦,没想,这小李表面上看工作很踏实,却没想到工作态度这么差。

小李处理信件的方式很认真,但是其工作态度却不那么认真。似乎,她所关注的都是些八卦新闻,或是研究办公室上司的行为,在做这些事情的时候,她就像是看电视连续剧一样,兴趣十足。由于她将太多的精力放在了看信件、回信件的事情上,自然也就没有多少精力去工作了。

下面,我们就针对下属几种常见的处理信件的方式,来洞悉下属的工作态度。

1. 让信箱塞得满满的,很少删信

有的下属将信箱塞得满满的,很少删除信件,不过,他的注意力也并未放在处理信件的事情上,而是放在工作上。这样的下属工作态度认真,对于上司交代的工作能够很好地完成,从来都是说一不二。在工作中,这样的下属比较专注,专心到不会关心办公室里的钩心斗角,他一直持着"眼不见为净",自己也不去了解,没看见就等没发生。他一直生活在自己的小世界里,同事之间的争斗完全跟他无关,他只是做好自己分内的工作,算是一个尽职尽责的好员工。

2. 很少看信

有的下属很少看信,似乎并不感兴趣,也丝毫不关心收到的信件中写了什么。由于工作的需要,他有了信箱,却又不去查看信件。这样的下属工作态度比较懈怠,还把大部分时间都用到了打听办公室的人事斗争中。他害怕竞争,同时,又担心自己被淘汰。他之所以放下工作去打听那些钩心斗角的事情,是不想自己无缘无故成为他人的箭靶。而且,他整天的心思都在琢磨谁能胜利、谁会失败,根本不把心思放在工作上。

3. 仔细阅读每一封来信,并立即回信

有的下属会仔细阅读每一封来信,并立即回信,就连信件中的促销广告,笑话或警告信,他都不会放过,每封信件必会认真阅读。这样的下属工作态度很差,他的大部分时间都用来研究信件、八卦新闻,这样的人在办公室很活跃,话很多,办公室里的流言蜚语大多都是他们传出来的。在工作的时候,他会研究办公室斗争,并当成八卦来研究,就像是在看电视剧一样。

4. 只看朋友寄来的信,其他全部删除

有的下属只会看朋友寄来的信件,其他的则全部删除。这样的下属工作态度比较认真，而且很重情义。他会感激上司对自己的照顾，善于欣赏同事的做人做事。遇到工作上不懂的事情，他会虚心向上司或同事请教，致力于把工作认真完成，而这样的下属也是上司赞赏的对象。

第三节　精神面貌隐藏下属的潜在实力

在工作中，下属的精神面貌，其实隐藏着其潜在的实力。一个整天精神饱满的下属，即使他并不是特别优秀，但是，在精神力量的支撑下，他会变得越来越优秀，这就是隐藏在精神面貌下的潜在实力。反之，一个精神颓废的人，即使他再有能力，但缺乏了精神的支持，他也会变得越来越差。我们要明白，要想完成一件工作，下属需要的不仅仅是能力，而是需要一股精神劲儿，因为只有精神才是支撑其走向成功的必然保证。一个精神饱满的下属，或许他会在工作中遇到困难与挫折，但是，由于其百倍的精神，使得他在任何时候都不放弃，直到最后，他能够顺利地完成工作任务。由此可见，下属的精神面貌隐藏着巨大的潜在实力，精神面貌好的下属，会越来越成功；精神面貌差的下属，会越来越失败。通过观察下属的精神面貌，我们可以洞悉下属潜在的实力，以此更好地使用他们，以达到工作的最优化。

小李在公司工作已经三年了，直到现在还在原地踏步，仍然只是一个小职员。其实，小李本是名牌大学毕业，论资质、论学历，不比任何人差，按理说，应该是一位优秀的下属。但是，他却一直这样，虽然他本人对此也感到十分苦恼，但是却毫无办法，主管看见他这个样子，真有种"朽木不可雕也"的感叹。

这次,公司业务部新拉了两个客户过来,主管想给小李一个升职的机会,就把小李喊到办公室:"这次你去吧,客户都是比较好说话的,只要你能随机应变,就一定能完成工作任务。"小李显得有点犹豫:"我……我……我怕我不行。"主管有点生气了,但还是规劝道:"你看你,跟你一起进公司,发展最好的已经晋升到总经理的位置了,你还依旧这样,你也得为自己的工作尽份力量,为公司尽点责任。"看着恨铁不成钢的主管,小李硬下头皮接了下来。

等到第二天,已经准备出发了,小李来到主管办公室,垂头丧气,文支吾吾地说:"主管,看来我真的不行,我怕到时候把这个客户得罪了,把业务丢了就不好办了,你还是另派一个人去吧。"主管气得说不出话来,只是一个劲儿地叹气。

公司同事知道了这件事情,都不禁对小李的情况议论纷纷:"小李真是,面对大好的机会畏畏缩缩,永远干不成大事!""是啊,真是,公司新来的员工办事都比他强!""唉,就别说他了,他那人就那样,都三十好几了,连女朋友都没有谈呢!""啊?……"

在日常工作中,像小李这样的人大有人在,他们对工作,似乎永远提不上劲儿来。在面对一件工作的时候,首先想到的是自己该负担的责任、后果等问题。他们总是担心失败了会怎样,所以经常会表现出犹豫不决的神态。由于他们顾虑的东西实在大多,行动起来就会瞻前顾后、畏首畏尾,最后往往会以失败而告终。

下面就简单地介绍如何通过下属的精神面貌窥其潜在实力。

1. 精神百倍的下属

有的下属看起来总是精神百倍,似乎永远没有懈怠的时候。每天,他们的精神都很充足,甚至,时常在办公室里哼歌。这样的下属有着巨大的潜在实力,他们天性活泼,对生活充满了热情,即使在工作中遇到了困难,也丝毫不影响他们对工作的热情。他们看上去就像是永远不会被打败,即使偶尔倒下了,也会勇敢地站起来。或许,他们并不是最优秀的,但他们的精神面貌却是最好,以这样的精神面对工作,在这样的过程中,他们会变得越来越优秀。

2. 精神颓废的下属

有的下属整天表现得精神颓废,哪怕是大清早的,他也是哈欠连天,对工作更是提不起劲儿,对什么事情都是"这事交给别人去做吧"、"我真的不想动"。其实,他们当中有的人资质很不错,如果能认真工作,肯定会大有作为,但是,就是那种颓废的精神面貌,使得他们的工作越来越差,随时有被炒鱿鱼的可能。

3. 中规中矩的下属

前面所说的两种类型的下属,都是两个极端,太精神或精神太差。其实,还有一种类型的下属就是中规中矩的下属,他们按时上班、按时下班,对工作还算比较认真,但你从来不要企图让他们投入全部的热情去工作。他们只会把自己手头的工作做好,属于那种"当一天和尚撞一天钟"的人,这样的下属潜在实力很小,即便是被激发出来,也干不了什么大事。

第四节 从兴趣爱好挖掘下属的优势

一个人的兴趣爱好,往往隐藏着其优势。通常情况下,人们喜欢的、感兴趣的都是自己非常在行的东西或事情。虽然,不能说精通,但或多或少会懂得一些,因此,我们可以通过下属的兴趣爱好,挖掘出其身上的优势。比如,有的下属喜欢玩益智类游戏,这表示其喜欢思考,思维敏捷,适合分析之类的工作。作为上司,了解了下属的优势在哪里,才能为自己所用,也才能充分利用下属的才干,达到工作安排的最优化。从心理学上来看,兴趣是指一个人力求认识某种事物或爱好某种活动的心理倾向,而由于兴趣的关系,他自然会对那个领域很熟悉,相应地,他会练就一些能力,而我们正是需要将这些拥有不同能力的下属安排到合适的位置上,尽其所用,这样一来,将有效地提高工作效率,达到工作的最优化安排。

小吴是办公室里的一名文员,他平日里最喜欢的就是呼朋唤友、唱歌、喝酒,几乎每天晚上都有饭局。李经理经常看见小吴一到下班了,就有朋友来接他,偶尔外出应酬的时候,他还遇到过小吴几次。没想到,做文员的小吴竟然有这么多朋友,李经理心中一动,有了主意。

这天,李经理把小吴叫到了办公室,对他说:"小吴,你对现在的工作还满意不?"小吴回答说:"还好,挺满意的。"李经理说:"小吴,看你平日里很喜欢交朋友吧,每天都与朋友们出去玩,你朋友很多吧。"小吴有些得意地回答:"是啊,我平时最喜欢结交朋友了,可以说我的朋友遍布三教九流。"李经理笑了,说道:"我觉得你很擅长与人打交道,这样的优势不能浪费了,我想把你调到销售部去,在那里,差不多都是与人打交道,而这正是你的长项,你觉得怎么样?"小吴想了想,回答说:"行,我正好锻炼锻炼。"

于是,小吴从办公室文员变成了一名业务员。事实证明,李经理并没有看错,小吴到了销售部,不到两个月就成为了业绩大王,自然而然地,很快就升为了销售部助理了。

李经理通过对下属小吴的观察,发现其十分擅长与人打交道,而他做的却是文员工作。如此的优势被忽略了，无疑是浪费了人才，于是，李经理向小吴建议，让他去销售部发展。果然，有着较强交际能力的小吴在销售部干得相当好，不到两个月就升职了，他自己的个人价值也得到了体现。而这一切都源于李经理的观察入微，了解下属的兴趣爱好，再量下属的能力安排工作，如此不仅提高了工作效率，也使下属的能力得到了最大限度地发挥。

下面就简单地列举几种兴趣爱好，来分析一下隐藏在下属身上的优势。

1.喜欢结交朋友

有的下属性格外向，喜欢结交朋友，在工作中，与同事、上司都成了朋友；下班后，经常与生活中结交的朋友一起聚会。这样的下属大多有着较强的交际能力，对销售、公共关系、采访、信息传递等这一类的工作感兴趣。那么，在工作中他们，比较适合做推销员、公关人员、记者、咨询人员、教师、导游等。作为上司，如果你了解到下属喜欢结交朋友，那么，你应该明白他身上的优势是较强的交际能力，然后，再充分利用其能力，使其价值得到最大限度地发挥。

2.喜欢钻研项目

有的下属喜欢钻研项目，经常是一个人坐在那里默默无闻，一个人鼓捣一些东西，而且，研究出来的项目大多是被上司认可的。这样的下属擅长分析、推理、测试的工作，优势在于理论分析，他们喜欢独立工作并解决问题，也喜欢通过做试验而得出新的结论。

3.喜欢循规蹈矩的工作

在工作中，有的下属喜欢常规性、重复性、有规则的工作，他们习惯在预先安排好的程序下工作。对于这样的下属，他们不喜欢拼搏，喜欢循规蹈矩的工作，因此他们适合从事图书管理员、文秘、统计员、打字员、邮递员等工作。

第五节　通过消费状况了解下属的价值观

通一个人的金钱消费状况,可以了解到其价值观。作为上司,在平日的工作时间里,可以观察一下下属一般都会将金钱消费在哪些地方,然后,再了解下属的价值观,如此便可以更好地了解下属,更好地驾驭他们。有的下属会把大量的金钱消费在购买衣物上;有的下属则会把大量的金钱寄回老家;有的下属会把大量的金钱花费在吃喝玩乐上;还有的下属会把金钱用在自己的学习及研修上。当然,不同的消费状况,可以体现出不同的价值观,也可以看出,什么东西在他们心中所占的分量比较重。如此,就会更加了解下属,同时,也便于驾驭他们。通常情况下,一个人拥有什么样的价值观,会或多或少地体现在其金钱消费状况上,他是享乐主义还是幸福主义,需要我们去观察他在金钱消费上的情况。

一天,小娜走进了经理的办公室,还没等她说话,经理就知道她来这里想说什么,这种情况不是一次两次了,而且,几乎每个月都是这样:现在离发薪水的日子还有半个月,可她现在就想来预支薪水了。

果然,小娜大大咧咧地说:"经理,我想提前预支这个月的薪水。"经理笑着看着她,回答说:"你每个月都提前预支薪水,我很好奇地问问,我能知道你那些钱都拿去干什么了吗?"小娜回答说:"吃喝玩乐,我这么年轻,能拿钱去干什么呢。"经理说道:"年轻人,日子可不是这样过的,你这可是不到一个月就成了月光族了,以后要是有了家庭,怎么办呢?"小娜不屑地说:"经理,您那都是老思想了,要知道,人生苦短,何必要对钱动感情呢,该怎么享受就怎么享受,以后再说以后呗。"经理有些无奈:"你这样的价值观可不行,你预支薪水可不是一两次了,每个月都这样,你到底怎么想的。"小娜回答说:"我每个月都在工作嘛,我想对于经理您来说,预支薪水这样的小事应该不难吧。"经理摆了摆手,说道:"算了,你先出去吧,一会你到财务部领取薪水吧。"小娜听了高兴地走了,剩下经理坐在那里感叹:"这孩子,典型的享乐主义。"

小娜将大部分的金钱用在吃喝玩乐上,从其金钱消费状况中可以看出,她是一个典型的享乐主义者。这就是通过消费状况窥其价值观的一个案例故事,作为上司来说,不仅仅要注重下属的工作情况,适当的时候,也应该了解下属的金钱消费情况,这样才能详细地了解下属,达到成功驾驭下属的目的。

1. 花费在吃喝玩乐上

有的下属将自己一个月的大部分工资花在吃喝玩乐上,而且常常是月光族,最后,不是提前预支工资就是找同事借钱,这样的下属是典型的享乐主义者,他们将人的生活归结为满足人的生理需要的过程,为了追求所谓的快乐,最大限度地满足物质生活,以此享受人生。

2. 花费在装扮上

有的下属会将大部分的工资花在装扮上,如果你仔细观察会发现,他们不是今天穿了新鞋了就是换了新衣服。这样的下属比较注重自己的个人形象,他们中的大多数痴迷名牌,买东西通常是非牌子不买,似乎自己只要一身好的装扮,就可以证明自己很有能力。

3. 花费在家庭开销上

有的下属省吃俭用,会把自己的工资花在家庭中,或是寄给家里的父母,这样的下属是幸福主义者,他们比较注重家庭,把家庭放在首要位置,在他们看来,钱并不是无所不能的,相比较金钱来说,他们更愿意与家人待在一起。

4.花费在自我提升、学习上

有的下属会将钱花在自我提升、学习上,比如买书或报名学习班,等等。这样的下属喜欢充实自己,在他们看来,人生就是一个不断学习的过程。不管为了什么目的而学习,他们都愿意享受学习过程中的点滴快乐。

第六节　对待工作差错,体现下属的品格

在工作中,下属如何对待工作中的错误,是可以有效地体现出下属的品格。工作的复杂性导致了不可避免的错误,即使一个再优秀的下属,有时候也难免会犯错误。而如何对待工作中的错误,不同的下属却是迥然不同的。有的下属在工作中出了差错,即使上司还没察觉,他都会主动承认错误;有的下属则是等到上司来询问的时候,才会承认自己的过错,虚心接受上司的批评;有的下属总认为自己是正确的,哪怕在工作中出了差错,他也会据理力争,为自己的错误寻找借口。恰恰正是这些不经意中表露出来的行为,能反映出下属的品格,而作为上司来说,通过这些细枝末节则能很好地了解下属,达到驾驭下属的目的。

最近,上司交了一本很急的稿子给小菲,没过多久,上司又打电话叫小菲立即到他办公室去,说是出了问题。当小菲赶到了上司的办公室以后,麻

烦就来了,上司满脸不悦,似乎终于找到挑剔的机会了。

上司当即责备了小菲一顿,面对批评,小菲从容地回答:"上司,如果你的话不错,我的失误一定不可原谅,我为您工作这么多年,应该知道怎么做,我觉得十分惭愧。"小菲继续说,"我应该更小心一点才对,您平时很看重我,照理说我的工作应该使你满意,这件工作我会重新再来的。"上司似乎有点过意不去,站起来说道:"不用,不用!我不想那样麻烦你,你只要稍微修改一下就可以了,不值得为这点小错担心。"

面对上司的挑剔与责备,小菲主动承认了错误"我的失误一定不可原谅,我为您工作这么多年,应该知道怎么做,我觉得很惭愧",后面,还向上司表示,自己将会改正错误"这件工作我会重新再来的",如此地虚心诚恳,必定能赢得上司的喜欢。而上司从小菲的表现中,也可以看出她是一位工作认真负责的好员工。

下面简单地列举几种下属对待工作差错的表现,以此来推断下属的品格。

1. 主动承认错误的下属

有的下属知道自己犯了错误,即使上司还没察觉,他就会主动向上司承认错误。这样的下属做事认真,颇有高尚的品格,对于自己的错误不会隐瞒,更不会辩解,而是虚心接受上司的建议。他们在工作中很少与人发生冲突,懂得尊重他人,很容易赢得上司和同事的喜欢。而且,内心很有正义感,最受不了欺骗,也因为如此,他才会主动向上司坦诚自己的错误。

2. 在上司的询问中承认错误

有的下属不太主动,在他们看来,自己犯的不过是小错误,只要上司还没有察觉,那自己就可以安然度过。当然,如果上司询问起来,他也会很痛快地承认自己的错误。这样的人平日里不喜欢追究,多一事不如少一事,能够瞒过去的就瞒过去,一旦事情败露,自己也只好认栽。

3. 为自己的错误辩解,据理力争

有的下属不仅犯了错误,而且还为自己的错误辩解,据理力争,他们总认为自己是正确的。这样的下属比较自我主义,喜欢以自我为中心,自己认为正确的就是正确的,自己认为错误的就是错误的。哪怕明知自己错了,他也要争上一争。在平日的工作中,他们与身边的同事关系不和谐,说不上品格低下,但是,为人处事方面的能力较差,对自我的认知能力也较差。

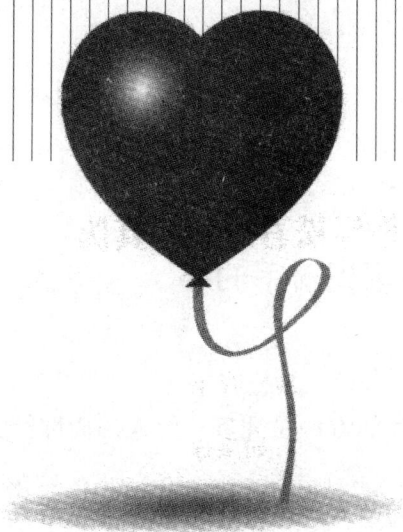

第七章

30秒看穿对手心理

在日常工作中，我们所需要接触比较多的应该算是客户，或者可以称他们为生意对手。很多时候，我们会发现，那些所谓的谈判高手能在看似毫无希望的谈判中扭转乾坤，在百战百胜的同时增添自己的人脉，提高自己的声誉。其实，这些成功的前提条件均是需要识破对手心理的，这样才能够在谈判桌上无往不胜。

第一节　从面部表情读出对手的心

早在古代,就有占卜看相的说法,大致的方法是凭着一个人的面部特征、相貌来预测其命运的看相术,或者只凭一个人眉毛的形状来下定论。其实,从科技日新月异的今天看来,这样所谓的相学都是不科学的,毕竟只凭着一个人的眼、眉、耳、鼻的形状以及位置等脸部特征,是很难判断出一个人的命运的。然而,若是运用现代心理学,通过一个人的面部表情来判断对方的心理,则可以在一定程度上读出他人的心理。这样一种识人心术可以很好地运用到交际场上,比如在商业谈判中,要想紧紧地抓住谈判的主动权,我们就需要了解对手是一个怎样的人,他的心理到底在想些什么。这时,他的面部表情会泄露一些秘密,如果我们能适时地识破那些秘密,那么就已经胜券在握了。

这天,王明接到了通知,下午将要与一个大公司的客户进行商业谈判。当然,王明并不是谈判代表,而仅仅是陪同而已,真正的谈判代表是公司总经理李兵。

下午,王明忐忑不安地跟着李总走进了会客室,客户已经到了。彼此寒暄了几句,就进入了正题。王明忍不住看了对方一眼,发现他脸上面无表情,冷冰冰的,似乎不带一丝情绪。他心一紧,好像真的碰到对手了,可怎么办呢?他抬头看了看坐在身边的李总,发现一向笑脸迎人的李总居然也板着一张脸,王明可纳闷了:"这是怎么了?两个人是仇人吗?"随着谈判的进行,两人都面无表情,公事化地谈论着一些合作细节,不到一个小时,两人签了合同。

客户走了之后,李总呼出一口气,整个人显得格外轻松,脸上也露出了笑容。王明不解地问:"李总,刚才你们干什么都板着脸? 这样的谈判怪吓人的。"李总笑着解释:"这位客户面无表情,想必是一个缺乏人情味的人,跟这样的客户交谈,我笑得再多也没用,还不如跟他一样,面无表情,这样一来,他会觉得跟我是同类,自然就好沟通了。"

李总通过客户的面部表情判断对方是一个缺乏人情味的人,而对付这样的人,需要自己保持同样的表情,如此,才能突破其心理防线,最终达到谈判成功的目的。有人说:"表情比嘴巴更会说话。"有时候,我们仅凭着一个表情的动态就能揣测出对方的心理。从心理学上看,表情是动情的一种反映,而动情则是一个人感情、意志等内部的心理活动。因此,只要我们仔细观察对手的面部表情,就可以读懂对方的心,再对症下药,达到与人交际的最终目的。

如何才能从那些细微的面部表情读出对方的心呢?

1. 表情丰富且喜欢笑的人

有的人表情丰富,而且经常会露出笑容。这样的人有着良好的人际关系,善于处理人与人之间的关系。而其善意的笑容,时常给人以亲近的感觉,他们属于容易亲近的类型,性格大多外向,比较容易沟通。即使在碰到不合的想法,他们也会详加考虑,喜欢为他人着想,与这样的人谈判,不得不说是愉快的。

2. 面无表情的人

有的对手在谈判的时候,即使面对面也绝不露出一点面部表情,无论是心情好还是不好,他都不会表现出来。他们在人际关系中比较冷漠,个性比较内向。在整个交流过程中,他们呈现出来的都只是一张没有表情的脸,对于感情正常的人来说,与这样的人交流是一件痛苦的事情。甚至,有时候,即使是在他说谎的时候,他也是面不改色。

面对这样的对手,需要如何应付呢?那就是同样掩饰自己的真实表情,以同样的面无表情的脸对待他,如此才能使对手放下戒备。

3.表情善变者

有的对手会随着感情的变化而表情多变,时而喜悦、时而遗憾、时而气愤,将其内心的感情变化毫无保留地表现出来,这就是表情善变者。一般而言,表情丰富算是比较积极的心理,但是,对于表情善变者来说,却不是这样。因为,大多数人都会习惯性地隐藏自己的某些情绪,像这样毫无顾忌地表现出来,却是另一种心理状态。这样的人大多自私自利,唯我独尊,只要一点点不符合自己的意愿,他们的表情就会大变。面对这样的对手,如果他的表情开始变化,那么,你不妨先认同其想法,适当附和,等其情绪稳定下来之后再慢慢交流意见。

第二节　打好心理战识破对手的真实意图

在日常工作中,与客户谈判成了职场人士工作的主要内容。而现代商务谈判均是以互惠互利为目的,以洽谈磋商为手段,这就免不了要与对手进行一番正面的交锋。甚至可以说,谈判其实就是一场心理战,谁掌握了主动权,谁就能赢得最后的胜利。所谓"商场如战场",面对强有力的对手,我们不仅仅要具备良好的心理素质,更需要通过对手表现出来的细枝末节去揣摩其真实意图,简单地说,你需要知道对手手中拿着的最后一张王牌,否则你只会败下阵来。俗话说"知己知彼,百战不殆"在一番心理较量中,如果你能有效地识破对手的真实意图,无疑可以为整个谈判成功赢得最佳的机会。必要的时候,你可以利用对方的"底牌"给予适当的压力,令对方更容易作出决定,他会在压力之下不得不答应你的要求。所以,面对对手,你要有准备、有信心去打好一场心理战,在心理较量中,识破对手的真实意图,以此达到自己的谈判目的。

在谈判过程中,我们需要灵活使用心理战术,从而识破对手的意图,抢得先机,赢得谈判的最后胜利。

1. 以静制动,谋定而后动

在谈判中,以静制动,就是静非不动,敌不动我不动,静观其变。在双方的对峙中,需要以静制动。你若按捺不住,四处乱动,那么,你的胜算就会少之又少;如果你能以静制动,那么,在与对手的周旋过程中,会逐渐转化自己的劣势为优势。而且,在这个等待的过程中,你能够通过其表现出来的言行而识破对手的真实意图,这样,对手就处于被动地位了。

2. 懂得退让,才能识别对手的底牌

在谈判过程中,若是紧紧相逼,不仅不能识破对方的真实意图,反而会使自己陷入难堪的境地。因此,我们需要懂得退让,另外,让步不能一步到位,而应该是一步一步地退让,而且让步也不能太早,过早的让步往往会导致对方的后悔。但是,若关键时刻不肯让步,也容易导致谈判的破裂。大多数情况下,当对方已经到了让步的最后阶段,我们可以适当作出让步,让谈判得以顺利进行。

关键的是,在让步之前可以作一些假设性提议来试探对方,比如"如果我们把价格降低 5 %,您能确定和我们签约吗?"这样不单不会让你受到约束,也可以帮助你识破对方的真实意图。

第三节　如何看穿对手的谎言

一般来说,说谎者都很善于掩饰自己,每一个说谎者都希望自己能够成功地欺骗他人,而自己也能够享受那种喜悦的心情。其实,只要你细心地观察,就会通过对方的言行举止发现谎言的秘密。因为,即便是最高明的说谎者,他也会出现"百密而有一疏"的情况。通常情况下,说谎者不外乎就是把自己的谎言掩藏在言行举止中,只要掌握一些如何辨别谎言的技巧,我们就会清楚地判断出对手是否在说谎。在谈判过程中,我们的对手往往是将自己的真实内心包裹起来,而呈现在我们面前的是一张虚假的面具,甚至,即使他嘴里说着谎言的时候,如果我们不仔细观察,也很难察觉。

那么,说谎者经常用到的掩饰方式有哪些呢?下面简单地介绍几种说谎者常用的掩饰方式,以此来看穿对手的谎言。

1. 撒谎的人喜欢触摸自己

心理学家发现,那些说谎者在撒谎时会下意识地抚摸自己身体的某些部分,其实,说谎者在撒谎时越是想掩饰自己的内心,却越是因为这些细微的动作而暴露无遗。当我们对那些说谎者进行仔细的观察之后,我们会发现,他们在撒谎时会借助一些身体语言,比如,触摸自己或身上的衣物,掩口、摸鼻子,或者不断地拉扯自己的衣角,等等。

掩口:说谎者为什么会想要捂住自己的嘴巴呢? 其实,这是由于说谎者的大脑潜意识里使他不想说那些骗人的话而导致的下意识动作,如此细微的举动可谓是"欲盖弥彰"。另外,当我们在谈论某些事情的时候,对手却捂住了嘴巴,这表示着他对你所说的并不感兴趣,只是不愿意当面表现出来而已。

摸鼻子:有的说谎者在撒谎时会摸自己的鼻子,有可能他们本来是想捂住自己的嘴巴,但觉得这样的举止不太合适,通常就会在鼻子上摸几下,以此来掩饰自己的捂嘴的动作,其目的就是为了掩饰自己在撒谎。一般而言,说谎者触摸鼻子的时间很短,而且,力度很轻。不过,并不是所有摸鼻子的人都在撒谎。

拉扯自己的衣角:通常情况下,人们说谎会引起心理上的不平衡,如此,就会导致交感神经功能的微妙变化。在那一瞬间,他们会下意识地拉扯一下自己的衣领或者衣角。这时候,如果你细心地观察,就会发现对方的情绪处于十分紧张的状态,随时都有可能会爆发出来。

2. 虚假的笑容

心理学家杰弗里·考恩说:"我们可以说出每块肌肉动了多少次,它们停留多长时间才变化的,对方的表现是真实还是伪装的。"真正的微笑,来得快,但消失得慢,因为微笑时牵动了鼻子到嘴角的皱纹以及眼睛周围的笑纹。而说谎者一般都带着虚伪的面具,因而,他们脸上所流露出来的笑容往往也是虚假的,这样的笑容没有办法牵动眼部的肌肉。

3. 表情的闪现

一般情况下,每个人维持一个正常的表情会有几秒钟的时间,它所呈现在脸上的时间既不会太长也不会太短。而对于一个说谎者来说,在他们伪装的脸上,真实的感情只会在脸上停留极短的时间。而且,大部分的说谎者会把自己伪装的面部表情维持或短或长的时间。一般而言,任何一种表情如果持续的时间超过了 10 秒钟,那就有可能是假的。有的人会极力掩饰自己愤怒的表情,他们尽量使自己的表情呈现出一种相对稳定的状态,比如面无表情;而有的人则恰好相反,他们会使自己伪装出来的表情长时间出现,比如在整个谈判过程中都挂着虚假的笑容。

4. 脸色发红

脸部是人体最为重要的部位,也是最容易暴露的部分,它是人们传递感情信息的最重要的部分。有的人在说谎时脸色会发红,如果有人将他的谎言识破了,他会显得更加紧张,甚至会导致面部充血,使脸色皮肤呈红色。

当然,那些善于伪装的说谎者除了上面介绍的几种掩饰方式外,还有其他的一些表现。比如,平时沉默寡言,突然变得口若悬河;在谈话过程中露出惊恐的表情却强作镇定;说话时闪烁其词,口误比较多;对你所怀疑的问题,过多地一味辩解,装出很诚实的样子;精神恍惚,不敢与你的目光接触。在谈判过程中,只要你能够细心地观察对手的言行举止,那就很容易判断出对手是否在说谎。

第四节　识别不同气质特征的生意对手

何谓气质?从心理学上说,气质就是表现心理活动的强度、速度、灵活性与指向性等方面的一种稳定的心理特征。其主要表现在情绪体验的快慢、强弱,因此,通过气质,我们能够了解一个人的心理活动。当然,气质与我们常说的"脾气"、"性格"、"性情"是差不多的。不过,在日常交际中,气质更多地表现为人格魅力,比如修养、品德、行为举止、待人接物,等等。不同的人,有不同的气质表现,有的人高雅恬静,有的人开朗活泼,有的人豪放大气,有的人不拘小节。

在日常工作中,我们会接触到不同的客户,在那些不同的客户身上就会展现出不同的气质特征,如果我们能识别其气质特征,再逐一对应,那对于我们与之建立融洽的谈判关系就会很有帮助。对此,心理学家结合了大部分人的气质特征,将其分为四种:多血质、黏液质、胆汁质、抑郁质。这四种气质特征,都有其鲜明的特征显现,比如敏感孤僻的抑郁质,情绪粗犷的胆汁质,等等。在我们与对手接触的过程中,通过观察其言行举止,就可以判定对手是属于何种气质特征了。

双方的谈判代表进入了会客室,王总吩咐服务员将沏好的茶端上来。不一会儿,服务员将热腾腾的茶送进来了,不料,正要放在桌上的时候,却一不留神,脚下一滑,身子一斜,热茶倾泻了出来,有几滴滚烫的茶水沾到了坐在桌前的谈判代表张总身上。王总身边的小柯想上前整理,王总却示意他坐着别动,王总想看看那位张总到底有什么反应。

出人意料的是,张总只是用桌上的纸巾擦了擦衣服,面对服务员的连连道歉,他面带笑容,好像什么事情都没发生过,反而关切地问道:"你没事吧,下次可要小心了!"服务员点点头,这时,王总才站起身来:"张总,没什么事吧?"张总回答说:"只是小事,小事,我们赶紧进入正题吧。"王总心中一动,看张总这样的表现,应该是情绪丰富的多血质,这样的人善于交际,容易适应环境的变化,做事很灵活,不过其内心比较骄傲。有了这样的认识,王总笑了,他知道下面该如何去应付这位谈判"对手"了。

对服务员无意中的错误,张总始终面带微笑,表现得异常平静,而如此的表现正与情绪丰富的多血质相对应。谈判过程中发生的这件小事,却成为了王总识破对手气质特征的突破口。

一般而言,胆汁质的人情绪比较粗犷,多血质的人情绪丰富,黏液质的人情绪贫乏,抑郁质的人多愁善感。那么,如果这样的四种人在遇到相同的事情时,又会如何表现呢?对此,苏联心理学家进行了研究,以"看戏迟到"为特定情境,发现这四种人都有不同的行为表现:胆汁质的人很生气,与检票员争吵了起来,甚至,想推开检票员,冲过检票口,直接跑到自己的座位上,他们一边吵架一边埋怨戏院的钟走得太快;多血质的人看到检票员不让进去,就悄悄地跑到楼上,自己寻找了一个位置来看戏剧表演;黏液质的人心想,反正第一场不怎么好看,还是先到外面待一会儿,等休息的时候再进去;抑郁质的人对此闷闷不乐,没想头一次来看戏,就这样倒霉,垂头丧气的他干脆回家了。

下面就简单地介绍这四种常见的气质特征,以此来识别不同气质特征的对手。

1. 多血质

这类人情感与行为来得比较快,去得也比较快,个性温和,感性大于理性,善于交际,很容易适应新的环境。其语言表达很有感染力,姿态多样,面部表情丰富,个性比较外向。聪明机智,思维灵活,不过,对于某些事情,他们不愿意问个清楚、明白。而且,其注意力与兴趣很容易转移,不稳定,做事缺乏毅力。

2. 胆汁质

这类人有着较强的反应能力,且反应速度很快。他们在情感与行为上若是有强烈的体验,则会表现得异常明显。他们性格开朗、乐观,待人热情,为人直率,不过,脾气比较暴躁,喜争强好胜,容易意气用事,在冲动之下往往会作出一些错误的决定。他们有着较旺盛的精力,往往以最大的热情与精力投入到工作中,不过在工作中,偶尔会缺乏耐心。思维多灵活,不过,理解问题多是粗粗略过,不够细。

3. 抑郁质

这类人的情感与行为反应缓慢,感性大于理性,多愁善感,感情喜欢内制而不外露。喜欢想象,机智聪明,有着敏锐的观察力,能够察觉到别人未能发现的东西。但这类人的意志力薄弱,胆小怕事,做事优柔寡断,在失败后往往心神难安,对人际交往比较冷漠,个性孤僻。

4. 黏液质

这类人的情感与行为反应迟钝,缺乏应有的灵活性,情绪稳定,没有太大的波动,即使心中有情绪,他们也不轻易外露,遇到了难过的事情也不动声色,一个人默默承受。其注意力与兴趣比较稳定,难以转移;喜欢思考,有较强的自制力,能够控制自己;平时沉默寡言,办事谨慎细微,不冲动,不鲁莽。不过,这类人的适应能力较差,常常活在自己狭小的空间里。

第五节　喜欢指手画脚的对手有着较强的好胜心

在日常工作中,我们经常可以看见有的人在说话的时候喜欢指手画脚,而且,他所做出的动作幅度很大。其实,他们之所以喜欢指手画脚,是内心强烈的好胜心的无意显露。他们总认为对方会听不懂他的语言表达,如此,他希望依靠自己的手势来补充一些内容。不过,如此的说话方式却给人造成一种不够理性、情绪容易激动的感觉。而且,在谈判这样的场合,还会给人一种很不礼貌的印象。不过,若是对手在说话时总是指手画脚,那么,我们要明白在其夸张的手势背后,有着较强的好胜心。对这样的对手,我们需要做好充分的准备,以其好胜心为诱饵,巧妙应付,最终使其"降服"于自己。一般来说,这一类指手画脚、动作幅度大的人感情比较丰富。这种人总是急于表达自己的情感、宣泄自己的情绪,而往往忽略了他人的感受,是属于个性较为强势的人。

这天,销售部的王娜接待了一位客户,由于经理出门办事去了,王娜只好带着他来到了会客室,先与其谈谈合同的事宜,随便了解一下这位客户到底是一个怎么样的人。

两人坐下之后,王娜给客户倒了一杯热茶,询问道:"李先生,贵公司主要是经营什么产品呢?"李先生有些兴奋:"我们公司是以生产、销售为一体的,主要产品是纺织品……"说到高兴处,李先生的手也在挥,脚也在动,口沫唾液到处飞。王娜看得有点呆了,嘴里不住地称赞:"那你们公司发展挺大的。"这时,电话铃响了,两人面面相觑,王娜摸了摸自己的手机,摇摇头,李先生明白过来了,他从口袋里掏出手机,歉意地说道:"不好意思,我先接个电话。"王娜点点头回答说:"你请便。"说完,觉得自己不好意思再呆在这里,就先离开了房间。隔着那玻璃门,王娜看见李先生一边拿着手机,一边挥舞着手,讲得不亦乐乎。王娜叹道:"这人,个性和好胜心都强啊。"

客户李先生在讲话时的行为表现,使王娜意识到对方是一位好胜心较强的人。有了如此的判断,就可以为之后的谈判奠定良好的基础。其实,那些在说话时喜欢指手画脚的人，基本上属于比较自私的人，因为他们只会考虑到自己，而忽视了其他人的感受。

那么，在他们身上，有着什么样的特点呢？下面就来逐一分解。

1. 强势的气焰

这样的人与那些身体僵硬、言行拘谨的人恰恰相反，在他们身上有着一股强势的气焰。他们的言行举止与情感、情绪表达有着密切的关系。当他们的情绪高昂的时候，身体的动作便会多了起来；如果他们心中有不吐不快的话语，不自觉地，他们手脚的动作也会夸张起来。当然，这样的人拥有较强的自主性，如果你是一个缺乏主见的人，那在谈判的过程中，很有可能会被他强势的气焰压制住。

2. 好胜心较强

如果你仔细观察，会发现有的对手连打电话都会夸张地指手画脚，明明看不到对方，却好像人就在眼前似的，拿着电话，一边指手画脚，一边讲得不亦乐乎。这一类型的人，如果对一件事物热衷起来，他就不会把其他的事放在眼里。除此之外，他们也是好胜心非常强的人，如果身边有强势的对手出现的话，他们一定会使出浑身解数，绝不愿输给对方。

3. 有着较强的领导力

这样的人在工作上相当有能力，工作积极，对自己想说的话、想做的事情，都能够通过较强的语言表达能力，流畅地传达给别人。而且，他们本身就有着较强的说服能力，喜欢指手画脚，并且动作比较夸大，极富感染力，好像在演戏似的。但正因为如此，其身边的人很容易受到兴奋情绪的影响。于是，在其工作的职场或团体中，他们就可以依靠自己的那种感染力和影响力带动他人和自己一起往前冲，是创造活跃气氛、使大家团结为一体的高明领导者。

另外,这一类型的人,他们在自己的工作中能独当一面,也会在工作之余的其他方面表现出游刃有余的深厚功底。对于在什么场合说什么,在什么场合做什么事情,他们都会拿捏得十分恰当。但是,这类人也有软肋,那就是在挫折和困难面前,会变得十分脆弱,甚至会在重大的打击之下一蹶不振。

第六节　视线里隐藏着对手的微妙心理

在谈判过程中,双方是面对面地谈话的,那么,不可避免的,彼此都会有视线的交流与接触。相信在谈判中,应该没有那种面对面谈话,却完全不看对方眼睛的人。当然,若是一直看着对方的眼睛说话,这也是不太正常的。一般而言,在西方,人们会一直盯着对方的眼睛说话。但对于一向传统内敛的中国人来说,大多数人会在交谈的时候,时而四目相对,时而转移视线。在交谈过程中,双方都会去注意配合对方的气息,许多人都是下意识的动作,而且,在其中,两个人的视线会相碰,偶尔也会躲闪。比如,当对手所说的话是自己很想要表达的观点与意见的那一瞬间,便会直视对手的眼睛。对于他人所说的话,不管自己是同意还是反对的时候,如果觉得很有必要将信息传达给对方,那么,一般都是通过视线来传达的。如此看来,在谈判过程中,对手的视线其实隐藏着其道不出的微妙心理。

谈判桌上,双方的谈判已经进入最后阶段,但问题却始终围绕着交货的时间点在讨论。李先生直视着对手的眼睛，说道："由于我们公司目前的状况，必须在第四季度全部交货，这样才能保证我们公司的正常营运。"对手的视线马上移开了，似乎正在思考该怎么来回应这个问题，不一会儿，他抬头看了李先生一眼，马上又移开了视线，说道："李先生，我知道你们公司的状况，可是，在第四季度交货，确实有些困难。"说完，视线由下而上，与李先生视线交汇，继续说："我希望李先生能够再宽限一些日子，这样的话，我们会加班加点，如期交货。"

李先生从对方的视线感觉到对手想拖延交货的日期，但又不想失去这笔业务。了解到如此微妙的心理之后，李先生直视谈判对手，下了最后通牒："从这一情况来看，你们在第四季度中交货确实存在一些困难，但如果你们不能交货，我们工厂的部分车间就会停工待料，造成生产上的损失。这样，我们不得不放弃与你们交易的打算。"对手低下了头，一会儿，迎头接上了李先生的视线，咬牙说："好，在第四季度，我们会如期交货。"

在几番的视线躲闪与接触中，李先生识破了对手的微妙心理：很想拖延交货的日期，同时，又不想失去这一笔交易。而后者才是谈判的重点，于是，李先生毫不妥协，坚持第四季度交货。果然，两次催促下来，对手不得不答应了李先生提出的要求。

视线就是跳动的眼神，眼神流转，其实就是视线在动。在谈判过程中，我们经常会见到对手直视的视线、完全避开的视线，等等。下面就列举几种常见的眼神，以此来剖析对手的微妙心理。

1.完全避开的视线

有的对手在说话时，会将自己的视线完全避开，眼睛不敢直视对方。这样的人，大多心中有鬼，有可能在他过去的谈判经历中出现了一些事情，使得他不敢面对对方。但是,偶尔,他也会主动迎上对方的视线,这表明其内心正在做挣扎,心中隐藏着一些东西,但是,又很想证明自己问心无愧。

2. 直盯着对方的眼睛

有的对手在说话时直盯着对方的眼睛,不躲,也不避。这样的人有着较强的自信心,可以说他是有些任意妄为。他希望自己的表现能给人留下很自信的印象,实际上,他们对自己并不那么自信。当然,如果两个人总是直视对方,那么,谈话的气氛很容易陷入难堪境地。因此,他们人多会在视线接触后不久就转移自己的视线。

3. 紧迫逼人的视线

有的对手在看着对方眼睛时并不是温和的,而是紧迫逼人的。这样的人内心有些自卑,总感觉自己比别人差了那么一点点。但是,他们自己却没有意识到这样的心理,他们总是强烈地认为自己是正确的,在表达自己观点的时候,他们会紧迫逼人地看着对方的眼睛,好像在说"我说的是正确的吧!"而如此的视线只会令身边的人闭上自己的嘴巴,同时,还会感受到那种威逼的力量,令人不快。

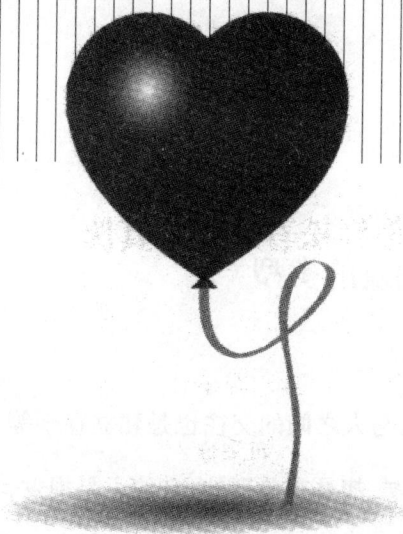

第八章

30秒看穿朋友心理

//

　　在生活中,你是否在最困难的时候,还曾被"十分"要好的朋友背叛过? 或许,许多人都有这样的经历,究其缘由,在于我们没能识破朋友的心理,没能识破朋友的真面目。与朋友的交往过程中,我们要分清朋友的类型,并通过其喜好,看出对方的品位,通过娱乐方式识破朋友的心理。在短时间里看穿朋友的心理,有助于我们识别朋友的虚情假意,从而找到更值得信赖的朋友。

第一节　分清朋友的类型

在这个世界上,每个人都是平等的,人与人之间的交往也是建立在平等的基础之上的。不过,对于我们身边的朋友,却是有分别的,有的人是损友,有的人是益友,有的人是良友。在日常交际中,我们需要分清朋友的类型,如此才能识破朋友的真正心理。在我们的身边,存在着不同类型的朋友:有的人是我们的好朋友,能够在我们遇到困难时为我们排忧解难;有的是我们的知己好友,能在我们心情烦闷时安抚我们的心灵;有的朋友是所谓的酒肉朋友,他们只是在我们身上索取,而不会对我们融入任何的情感。

通常情况下,我们会将所有的朋友分为良友、益友、损友,其中良友和益友是我们人生中不可缺少的朋友,至于损友,则是我们需要敬而远之的。当然,这需要我们在结交朋友的时候,注意观察朋友的言行举止,分清他是属于哪类朋友,这样我们才能真正地明白他的心理。而且,只有分清了朋友的类型,才能够使我们多交良友、益友,避开那些损友。下面就主要介绍良友、益友、损友这三种类型的朋友,以便我们在交际中能及时看清楚对方的真面目,识破他们的心理。

1. 良友

良友又包括普通朋友和知心朋友,对于这种类型的朋友,在经过长时间的相处与交往之后,他们其中的一部分会成为我们的益友,变成我们的知己好友。因此,这样的朋友是值得交往的,当然,对于这样的朋友,需要我们付出自己的真诚,只有这样,才能打开对方的心扉,进行心灵上的交流。

普通朋友:在日常交际中,我们通常会说"我和他只是普通朋友",其实,所谓的普通朋友指的也就是那些萍水相逢的朋友,彼此之间既不存在亲密的关系,当然,也不会有敌意。在生活中,彼此的交往方式不过是在擦肩时打个招呼,而后就会匆匆离去。对于这样的普通朋友,我们需要掌握好距离,与他们的关系尽量保持在既不过分亲密又不过分疏远的距离。当然,随着交情的加深,他们有可能会成为以后的知心朋友,甚至有可能是益友,更多的时候,他们不过是我们人生路上的匆匆过客。

知心朋友:知心朋友就是在我们困难时能给予帮助的人,虽然他们并不是与我们朝夕相处,形影不离,但朋友之间的那份情谊却是不言而喻。当我们陷入了窘境的时候,他们会毫不犹豫地伸出援助之手,而对于他们而言,这样的帮助并不希望有任何回报。知心朋友会在给予帮助之后悄然离去,或许赶着去处理他们自己的事情。这样类型的朋友对我们来说,是良友,如果能与之保持紧密的联系,继续交往,他们还有可能成为我们的益友。不过,有时候,由于疏于联系,他们也有可能只成为我们人生路上的过客,停驻一段时间就会悄然离去。

2. 益友

我们常说的"一辈子的朋友",其实指的就是益友。这样的朋友,无论是在我们困难之际,还是在我们飞黄腾达之时,他们都是我们永远的知己好友。对于这样的朋友,只要我们能用心去经营那份友谊,以诚相待,定会让我们终身受益。

所谓的知己好友就是"益友",当我们变得颓废萎靡的时候,他们会安抚我们忧郁的情绪,替我们分担一部分压力;当我们在享受生活的时候,他们也会陪在我们身边,给我们一些提醒与问候,却从来不会因为我们的富贵而心生嫉妒。像这样的朋友,会是我们一生的朋友,正所谓"海内存知己,天涯若比邻",不管我们在哪里,彼此都不会忘记对方,无论我们离开了多久,想起对方的那种美好感觉是永远不会变的。

3.损友

所谓的损友就是在与我们交往时,不付出一点真情,只是希望从我们身上不断地索取一些东西。他们就是那种只有喝了酒才与我们称兄道弟的人,而且,那都不过是表面工夫,并不是出于真心。这样的朋友在与我们交往的时候,所怀着的完全是一种功利性的目的,他们既不会在我们困难之时伸出援助之手,也不会在我们心情烦闷时为我们排忧解难。所以,在交际中,对待这样的朋友,我们不能太过于真心,只要与之维持和谐的关系即可。

第二节　不同喜好可看出朋友的品位

在生活中,每个人都有不同的喜好,有的人喜欢琴棋书画,有的人却喜欢抽烟喝酒打麻将;有的人喜欢唱歌跳舞,有的人却喜欢骂人说脏话;有的人喜欢篮球足球,有的人却喜欢纹身打耳洞。其实,在我们身边的朋友,他们有着形色各异的喜好。虽然,每个朋友都有自己的喜欢偏好,但不一样的喜好却可以看出其品位的高低来。比如,像那些喜欢抽烟喝酒打麻将、喜欢骂人说脏话的朋友,他们的喜好就显得低级,毫无品位而言,对于这样的朋友,我们应该尽量远离。而那些喜好琴棋书画,爱好音乐艺术的朋友,则会因为高雅的情趣而培养出与众不同的气质，并逐渐提升自己的品位与格调。俗话说"近朱者赤，近墨者黑。"与什么样的朋友待在一起，我们就会变成什么样的人，对此，我们需要亲近那些有着高品位的人，而远离那些有着低级趣味的人。而如何才能识别朋友的品位呢？我们可以通过其不同的喜好，来判断朋友是否有品位。

在日常交际中，一个拥有高雅情趣的朋友，他也会逐渐成为一个有品位的人；而那些只有低级趣味朋友的人，也很难变得有品位。为了能够让自己变得有品味，我们应该远离那些低级品味的朋友，而亲近有着高品位喜好的朋友。

对于我们来说，要善于去选择对的朋友，而不要错识良友。那些有品位的朋友自然可以称得上"对的朋友"，在他们身上，我们可以学到更多有用的东西。而一个朋友是否有品位，则需要我们从其喜好中去揣摩、判断。因为，一个人的兴趣爱好，在很大程度上直接体现了其品位。

1.喜欢说脏话、打架斗殴的朋友

虽然，在现代社会，爆粗口的人似乎越来越多，但是，毕竟那是一种不文雅的口语。而那些经常混迹在高大建筑的角落里，干着打架斗殴的勾当，更是被社会所压恶的。对于那些嘴里说脏话，喜欢打架斗殴的朋友，其身上根本毫无品位而言，哪怕他全身名牌，但浑身上下，其言行举止就是毫无"品"可言。

2.喜欢音乐、绘画等艺术类的朋友

一般情况下，那些与艺术沾点关系的爱好，大多都是有品位的。有品位的朋友爱好音乐，当周末无聊的时候，放着班得瑞的轻音乐，惬意地躺在沙发里，任凭动人的旋律静静地流淌；有品位的朋友喜欢读书，泡上一杯绿茶，细细品读世间的万千故事;有品位的朋友喜欢画画,手握画笔,时而娴静,时而狂热,一举一动流露出艺术家的气息。

当然,基于每个人的喜好不同,我们在这里就不一一列举了,只是简单地介绍了哪种朋友是有品位的,而哪些朋友是没品位的。相信在现实生活中,每个人都应该清楚,哪些喜好是积极向上的,哪些喜好是消极低级的。从而看出对方到底是否有品位,以此作为彼此亲疏关系的界定。

第三节　娱乐方式可透露朋友的心理

现代社会,竞争充斥着生活的每一个角落,给人们带来了沉重的压力,这些压力就相当于一座大山一样压在人们的身上。在这样的重压之下,人们很容易疲劳、心烦意乱,严重者还会导致心理疾病,甚至精神崩溃。随着压力越来越大,人们越来越意识到休闲娱乐的重要性,也开始致力于寻找一些可以使自己心情可以放松的娱乐方式。当然,那些生活压力和生存压力的存在,是我们无法改变的。但是,为了保持自己身体和心理的健康,更好地加入到竞争之列,我们要学会自我调节,找到一种令自己放松的娱乐方式。

在生活中,人们用什么样的娱乐方式放松自己,需要根据自己的实际情况和需要来决定,不同的人有不同的放松方式,比如形态心理疗法、运动的方式、自然疗法、睡觉方式、行为疗法等。其实,这些娱乐方式都包含着一个人的心理特点,而我们完全可以通过朋友不同的娱乐方式,透析对方的心理。

下面就以几种常见的娱乐方式,来解读朋友的心理。

1. 喜欢健身运动

有的朋友喜欢通过运动的方式来使自己得到放松,比如跑步、打篮球、打排球,在运动之后,他们喜欢那种全身酣畅淋漓的快感,以此获得一种心理平衡。

一般情况下,喜欢用运动的娱乐方式来使自己放松的人,他们性格比较内向,由于朋友很少,他们不会向他人倾诉自己内心的秘密,哪怕是比较熟悉的人,他们也不会轻易倾诉。不过在某些场合,他们可能会考虑向一个陌生人来倾诉自己内心的秘密。他们不善于语言表达,却喜欢行动,以实际行动表现出来。通常情况下,他们做的比说的多。他们拥有坚强的意志,在挫折和困难面前,虽然有时也会表现得失望和颓废,但这只是暂时的,当熬过了一段时间后,他们还能够勇敢地站起来,去面对一切。

2. 喜欢睡觉

在面对生活中的烦恼和工作上的压力的时候,有的朋友干脆关了手机,窝在家里睡一天,使自己能够得到放松。一般情况下,喜欢以睡觉放松自己的人,他们大都很聪明而且比较实际。无论在什么时候,他们都很清楚地知道自己的目标,并且会努力寻找一种最简单、最快捷的方法去实现它。他们并不十分看重一些原则和理论上的东西,而是着眼于非常具体的,看得见摸得着的实例。他们在做一件事情时显得有点固执,不会轻易地接受他人的意见和建议,但如果请一位极具权威性的人物来对他进行说服,可能会起到一定的作用。

3. 娱乐于自然世界

有的朋友在面对社会带来的各种各样的压力的时候,他们会选择走进自然,喜欢去自然界放松自己,比如海边漫步、去森林走走、去河边玩水,使自己能够与自然融为一体。

喜欢娱乐于自然界的朋友,他们一般能得到周围很多人的喜欢。在工作之外,他们待人真诚、朴实,说话比较直接,有什么说什么,从来不会遮遮掩掩,属于凭着自己感觉走的那一类人。

4. 做瑜伽

现代社会,瑜伽越来越受到人们的欢迎,它可以使人们在放松的同时,还能够塑造自己的形态美。一般来说,喜欢以锻炼形态的娱乐方式来放松自己的人,他们大多是完美主义者,任何事情他们都会尽力追求完美,否则心里就会感到不安。他们自身的形象,如果是从整体来看,也是不错的,但却并不能如他们自己所想的那样,被他人所注意。

5. 唱歌、购物等娱乐方式

有的朋友在面对压力的时候,会约朋友去唱歌,或是去逛街疯狂购物。这类人是企图通过压力之外的某些行为,去减缓压力给他们带来的紧张感,使他们在某种比较"疯"的状态下,把压力忘得一干二净。

一般来说,采用这种娱乐方式来放松自己的人,大多数并没有自己的主张,他们很容易随波逐流,听从他人的安排和调度,但他们一般不会表露出什么不快的情绪,而是乐于被他人领导。他们喜欢他人把一切都安排得好好的,不愿意自己去动脑筋思考,而自己只要按着去做就可以了。但通常情况下,他们对自己的要求比较严格,会尽力把安排下来的每一件事情都做好。

第四节　酒后喜欢打电话的朋友比较孤独

生活中,细心的人会发现一些喝醉酒的朋友,常常会猛打电话,并且会在不适合打电话的时间打电话,这是什么原因呢? 其实,这些朋友的心理,是希望能和更多的人交往、沟通,借以发泄心中的不满情绪。有时候,在夜晚的街道上,我们经常可以看到一些醉汉漫无目的地闲逛,有时还可以看到他们无缘无故地骚扰行人。其实,他们这些醉酒后无意暴露出来的行为,无非就是想诉说自己内心的孤独。

因此,我们可以认为,那些醉酒后喜欢打电话的朋友,其实内心是很孤独的,他们渴望得到来自朋友的关怀。喝醉酒的人,经常会自以为想起了一件很重要的事情,就打电话给朋友,想说一说自己想起来的那件事情,而且他们打电话并没有时间限制。而对于接电话的我们,却经常被朋友那些所谓的重要事情搞得哭笑不得,尤其是在三更半夜接到电话,更是令人厌烦。

半夜,正在睡梦中的王先生被电话铃声吵醒了,他摸索着床头的电话,拿起电话,电话里传来一个醉汉的声音:"喂,请问是王先生吗? 我想找你好好聊聊。"王先生听出是朋友小李的声音,他气不打一处来:"你又喝酒了? 喝酒了还到处打电话骚扰人,你可真是我的好哥们儿啊,好梦都被你搅醒了。"说完,"啪"的一声挂断了电话。

没想,过了一分钟,电话又响了,电话里,小李振振有词地说:"你真是太不够意思了,对我一点都不关心!"他又继续说,"你还说是我的好哥们儿,我在这里喝酒,你却在家里睡大觉,如果是好哥们儿,都不知道陪兄弟喝酒吗?我现在只有孤零零的一个人,可怜啊。"王先生瞌睡醒了大半,感受到朋友的孤独,他也不忍再骂他了,而是耐心地听他继续说下去。

那些喝醉酒猛打电话的朋友,其实他们的心态已经脱离了现实,和接电话的人在想法上有很大的差别。喝醉酒打电话的朋友有强烈的说话欲望,而接电话的人则会因为被打扰而显得很不耐烦,两人当然是话不投机。

其实,喝醉酒打电话是一种"非常识的行为",因为喝醉酒的人已经不具备人与人交往应有的常识。所以,他们会在不适当的时候打电话,比如深夜一两点时,毫不顾虑他人的作息时间打电话给别人,而对方听到的只是醉汉的喊叫声,或夹杂着喧闹的音乐声。而且,他们还会说一些不同于平常的话语,比如他们会说:"我现在正在喝酒,你给我马上过来,我会一直等到你来陪我为止。"

那么,喝醉酒的朋友为什么要到处打电话呢?

1. 他们的内心是孤独的

其实,那些去靠买醉来发泄不满情绪的朋友,本身就是孤独的。在生活中,如果你遇到不如意的事情,完全可以自己进行调节或者是向朋友诉说。而那些喝酒的朋友,则希望能够靠酒精来麻醉自己,使自己忘记痛苦,他们的内心是极为孤独的。他们或许是一个人或三五个朋友一起喝酒,虽然身边的人很多,但心中的苦闷却无处诉说,于是只有喝醉之后,到处打电话发泄自己憋屈的情绪。

2. 渴望得到朋友的关怀

那些喝醉酒时打电话的朋友,完全是因为孤独,需要他人的关怀,尤其是来自朋友或最为亲密的人的关怀。于是,为了使自己的身心得到解脱,摆脱压力给他带来的束缚,所以才会出现在深夜打电话来博取别人注意的行为。

在这种情况下,他们只是为了发泄平常内心的不满情绪和烦恼,或者借机发泄平常和上司、同事间的不愉快。虽然他们看起来,好似毫无意识,但是他们心里有更为清晰的渴望,那就是获得朋友或亲密的人的安慰,所以他们的无礼举动,多半都是对与自己关系亲密的朋友或亲人而言。

第五节　经常请客的朋友自我满足感强烈

在日常生活中,我们经常会遇到这样一些朋友,他们喜欢请客,动不动就说"这次我请客,你们想吃什么就点什么",或者很豪爽地说"想吃什么,随便点,今天我请客"。当他们表露出请客的欲望时,那种脸上的自豪感和满足感会显得极为突出。其实,每个人都希望自己拥有请客的经济实力,因为只要自己有钱请客,就可以不用担心自己不如别人。而且,还可以在朋友或同事面前显示自己有能力的一面,所以,大凡经常请客的朋友,可能都拥有一种强烈的自我满足的欲望。

小李是公司里公认的"慷慨人物",主要原因就是他经常请客。经常会看到他在下班后,邀请着一个办公室的同事们去吃饭或是到酒吧去玩。通常情况下,一般都是由小李买单。其实,大家一起出去吃喝玩乐,消费完全可以进行 AA 制,最初同事也都建议说费用大家一齐平摊。但是,每当买单的时候,小李就显得特别热情地说:"我来吧!今天玩得很高兴,我请客!"

久而久之,大家都习惯了,所以每一次出去玩都是小李一个人埋单。有的同事见有便宜可赚便不再言语埋单的事情,并且乐意享受这样的待遇,还有的同事老是感觉小李一个人埋单显得自己很不如人,于是干脆在下次出去玩的时候找借口避开了。

而小李本人呢?其实也是有苦说不出,由于自己追求一种满足感、虚荣心,为了能在同事们面前表现出大方慷慨,不得不在日常开支中节衣缩食。

小李之所以特别爱请客,最主要的原因就是他想获得一种满足感。对他来说,虽然用于请客的开销很大,但是每次请客的时候,他还是对那种内心获得一种满足感欲罢不能。他宁愿自己在平时节省一点,或者根本没有多少钱,却依然乐意请同事吃喝玩乐。

一般来说,被请客的一方通常有两种心理:一种是别人请客,自己不用掏腰包,这在表面上看是自己占了便宜,但是让对方付钱,显得别人很有能力,一对比就很容易形成自卑感,反而不能痛快地享受;还有一种被请客的心理,那就是认为别人请客让自己痛快享受是理所当然的,这种人大多都是不愿自掏腰包的吝啬鬼,不过除此之外,他们还有另一种用意,那就是从小在心理上形成的一种依赖别人的心理。

对于每个人来说,最早接触的人际关系是从母亲那里开始的。我们每一个人都有向母亲撒娇的经历和权力,而这种依赖、撒娇的心态一旦固定成型,长大成人后,在现实生活中也容易出现,有时就体现在接受别人请客的满足感中。

那么,这些喜欢经常请客的朋友有着什么样的心理呢?

1. 自我感觉比较优越

虽然,大多数人喜欢被请客,但是,看到对方掏出大叠钞票扔在柜台上,嘴里豪气地说:"随便你们点什么,今天我请客。"心里多少是有点难受的,似乎请客的人天生就有一种优越感,不说其他的,单单是物质、金钱上的优越就足以令他们感到满足了。所以,那些喜欢经常请客的人有着强烈的优越感,他们认为自己能给身边的同事、朋友带来一些快乐,而这恰恰是他们的价值所在。

2. 获得一种满足感

很多朋友特别爱请客,归根结底是他们想从请客的过程中获得一种满足感。这种满足感可能是一种优越感、自豪感,可能是为了表示对朋友的谢意,可能是有事有求于朋友,也可能纯粹是为了增进朋友之间的感情。于是,他们乐意借着种种理由请客,使自己获得一种满足感。甚至有时候根本就不存在请客的理由,大家完全可以 AA 制消费,但他就是喜欢付钱,并且还一边拼命制止别人。这时如果有人表示拒绝,他还会露出不高兴的神情,并责备说:"你真是太见外了,太客气了,我付还不等于你付啊,大家都是自己人!"从他的表情和说话的语气来看,他们真的不像是虚情假意,简直已经完全沉醉于请客所带给他的满足感中了。

所以,当我们看到那些其实身上并没有多少钱,却总想办法、找借口请客的朋友,就应该清楚他们的心态是处于一个怎样的状态,只要他们不是别有所图,你完全可以接受他们的好意。

第六节　客套说辞体现对方的在意之处

在生活中,人与人之间的交往存在着一定的心理距离,这是很正常的。在我们的交际范围中,有我们的亲人,还有与我们关系比较密切的人,彼此之间,都是由不熟悉到熟悉的过程。简单地说,在我们的交往过程中,彼此都存在一定的心理距离,但随着交往的深入而缩短了彼此之间的距离。在交往的过程中,我们会使用到礼仪用语,所以,我们在人际交往中会用到许多客套的说辞,这一方面是为了表现自己的礼貌,另一方面也会以此来体现自己的在意之处。在交际中,我们要善于倾听对方的客套说辞,以此来洞悉对方的真实心理。

这天,王姐在公司外面遇到了阿梅,她热情地邀请:"这周末,我们搬家,你也过来玩吧。"阿梅笑了笑,回答说:"我一个柔弱的女孩子,来了也帮不上什么忙。"王姐说:"哎哟,需要你帮什么忙嘛,搬家都有工人,你只需要来玩玩,随便参观参观我们的新家就可以了。"阿梅有些羡慕地说:"你们家先生可真行,都换了两套房子了,可我到现在,还蜗居在一间不足70平方米的老房子里。"

王姐再次发出邀请:"那你就来看看我的新家呗,反正周末有的是时间。"阿梅摇了摇头:"周末,公公婆婆还得过来,我还得照顾他们,我们家房子小,就是很不方便。"王姐看上去很失望,她却没有注意到阿梅有些尴尬的神色。

面对王姐的一再邀请,阿敏婉言谢绝了。从她的客套言辞中,我们不难发现,她内心比较自卑,自己家还是多年前的旧房子,可同事已经换了两套新房了。在这样的情境下,她自然不愿意去看新房,以免心生憾意。或许,她周末根本就没有事,但她还是硬说自己有事,以此推托王姐的邀请。

其实,每天我们都可以听到许多客套的言辞,比如你今天结识了一位新朋友,初次见面你会说"久仰";当你见到好久没有见到的朋友,你会说客套一句"久违";当你等候客人的时候,你会用到"恭候";当宾客到来时,你会说"欢迎光临";当你去看望某位朋友时,会用到"拜访";而你临走希望朋友别送时,会说"请你留步"。通过这些客套的言辞,我们不难发现对方想表达的真正意思。

1.纯粹是礼貌

有的客套话纯粹是属于礼貌,比如,在陌生人面前或者关系不怎么亲密的人面前,你就会为了塑造自己良好的形象而显得彬彬有礼。这些客套话是自然而然地脱口而出的,如果一定要追根究底,那就是"知礼仪"。客套话成了人与人之间交往的固定言辞,也成了彼此之间的交流障碍。如果对方还说一些客套话,那只能证明你们之间的关系还不够密切。

2.过分客套则是虚情假意

客套话所表示的是一种恭敬或者感激,不是用来敷衍人的,所以你在使用时也要掌握好一个度。如果有人过分地使用客套话,就会显得比较迂腐、浮滑、虚伪。我们可能只是做了一点点事情,或许只是顺手递过来一杯水,本来对方可以简单地说"谢谢"就可以了,也可以说"实在不好意思,这点小事都来麻烦你,真是谢谢你了"。

但有的人觉得这样的话不足以表达自己内心的情感,他们则会过分客套地说:"哎哟,真是麻烦你这个大贵人来给我端茶递水,真让我感到荣幸,实在太感激你了。"这样的话,不免显得有些虚情假意了。

3.推辞之说

当你对他人发出热情的邀请,而对方又不愿意接受时,他就会客套几句:"能得到您的邀请,真是荣幸,但我今天晚上已经有约了,真是不好意思,希望你能够理解。"虽然说,这样的几句客套话是表示出委婉的拒绝,但是其实也含着某些虚假的成分。他的本意是要拒绝你的邀请,但是又不忍破坏双方之间的关系,于是先说几句好话来使你保持愉悦的心情,再找个适当的借口,使得拒绝容易被你所接受。

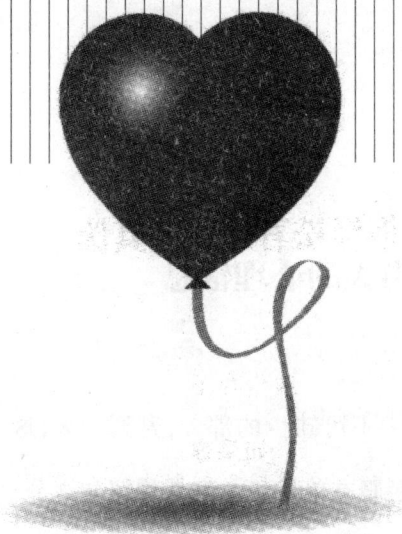

第九章

30秒看穿恋人心理

在人际交往中，喜欢、暗恋，这些让人不敢大声说出来的事情让恋人之间的关系变得异常微妙。不过，我们常常会感到疑惑，似乎恋人的心思总是犹如雾里看花，看不透、摸不着、搞不明白。其实，只要我们学会关注某些细枝末节，就能够看穿恋人的心理。比如，透过领带的打法泄露男人的心理信息；从喝酒的喜好了解男人；一眼识别骗子男人；从细节察觉女人心思，等等，只要我们善于观察，就一定能读懂对方的心思。

第一节　领带结泄露男人的心理信息

西服,自它诞生之后就成了男人服饰中不可缺少的部分,直到今天,这个地位丝毫没有动摇。一般而言,正式的西服有单排纽扣和双排纽扣之分,每一个爱美的男人都可以凭着自己的喜好来选择,这并不会花太多的精力。不过,作为西装最重要的配饰品——领带,却让许多男人伤透了脑筋,领带如何打才好看,才能体现出自己的风采,这都是他们需要考虑的问题。在生活中,许多女人总是表示"不了解男人"、"不知道他心里在想什么",其实,一个小小的领带结也能泄露男人的心理信息。不同的男人,他们在打领带结的时候,其形状也大不相同,有的领带结又小又紧,有的领带结不大不小,有的领带结则又大又松,我们可以对此仔细观察,以此了解男人心里的真实想法。

阿威年近三十岁了,他独自经营一家公司,平日里工作很繁忙,不过阿威骨子里却是一个喜欢自由的人,每到休息的时候,他都会开车出去旅游,寄情于山水,游戏于人间,每次旅行回来,他都会觉得心中很轻松。

肖璐初次见到阿威,就注意到一个细节,其他的男人都会将自己的领带结打得不大不小,但阿威的领带结却又大又松,看起来不是那么美观,不过,这一点都不影响阿威的风度翩翩。很快,肖璐就发现,在阿威严肃的外表下有着丰富的内心世界,有时候,他像孩子一样快乐;而在工作的时候,他严肃得让人害怕。他从来都不喜欢拘束的生活,而是寻找自己的自由空间,在社交场合,他往往会成为最有魅力的"男主角"。与阿威一起出席过不少活动,每次阿威一出现在社交场合,都会引来阵阵尖叫声。肖璐觉得,自己不能再等了,需要主动下手了。

阿威打领带结的独特方式,恰好体现了其心理,即包括其丰富的情感,不喜欢拘束,追寻自由,等等。在生活中,领带对于男人,就相当于丝巾对于女人,都是不可或缺的。不过,不同的是,男人真实的内心世界却可以完完全全地展现在领带结的形状上,如果你仔细观察周围的男人,就会发现他们心理的蛛丝马迹。

下面就简单地介绍几种常见的领带结,以此洞悉男人真实的内心世界。

1. 又小又紧的领带结

有的男人打领带,喜欢将结打得又小又紧。如果这样的男人身材瘦小,那么,他这样打领带结的方式是希望自己变得高大起来;如果他的身材并不瘦小,那么,他这样做的目的是想告诉别人"你最好不要惹我"。

这样的男人大多有较强的自尊心,不允许受到他人的轻视和怠慢,气量狭小,经常为了一些小事而生气。由于他在工作中谨言慎行,巨大的压力使得他有严重的猜疑心理,性格多比较孤僻。在任何时候,他们所想的都是自己,喜欢享受生活,不过,对金钱却比较吝啬,甚至,一毛不拔。如此没有气量、风度的男人,自然交不到什么朋友,所以,他总是一个人孤军奋战。

2. 不大不小的领带结

有的男人似乎长期训练打领带,他们所打出的领带结不大不小,十分美观。一般情况下,除开领带的颜色以及男人的长相,任何男人只要配上这样的领带结,都会显得很有精神,可以说是容光焕发。

这样的男人有较强的自我控制能力,为了获得一种心理满足,他们会在交往过程中收敛自己的行为,谨言慎行。在任何时候,他们都表现得彬彬有礼,不敢随意逾越。他们很清楚领带对自己整体形象的修饰作用,因此,他们在打领带的时候,总是一丝不苟,给人以美感。不过,这样的男人喜欢过循规蹈矩的生活,他们把大部分的时间都放在了工作上,努力上进。

3. 又大又松的领带结

通常情况下,领带的作用是为了让男人看起来更温文尔雅,不过,有的人却喜欢把领带结打得又大又松,但这样却一点也不影响其翩翩的风度。这样的男人内心情感比较丰富,他们通常会表现为两面人:工作时表现得很严肃,休闲时表现得很轻松。他们不喜欢拘束的生活,愿意追求自由,有着较强的交际能力,通常会成为交际场合的亮丽风景线。

第二节 从喝酒的喜好了解男人

正所谓"知己相逢,千杯嫌少",偶尔饮酒,该放松快乐时就要尽兴尽情,这成了很多男人日常生活中重要的活动。有的男人把酒当成自己一生的朋友,心中的喜怒哀乐都向它倾诉;有的男人把酒当成了赖以生存的食物,一顿都离不开酒;有的男人把酒当成安眠药、后悔药,似乎只有在酒精的麻痹下才能入睡、才能心安。因此,一个男人对酒的喜好不一样,其本性也不一样,我们可以通过观察男人对酒的喜好上来了解他们。

王姐认识赵先生的时候是在烟雾缭绕的酒吧,当时,赵先生正坐在吧台的一角,一小口一小口地浅酌,看上去就像是一个孤独的人。不过,他似乎并不是一个喜欢孤独的人,如果喜欢孤独的话,为什么不坐在家里喝酒,何必要到酒吧里花钱买醉呢。

王姐带着满心的好奇,认识了赵先生,闲聊之中,发现这位先生内心很寂寞,渴求有人来安慰他。在交谈中,王姐了解到赵先生刚离婚,而工作也开始走下坡路。王姐细心地安慰了几句,赵先生就开始抱怨起生活来。他一个劲儿地抱怨前妻的缺点,却总把自己吹嘘得很优秀。王姐笑着,心中却十分不屑:如此一个以自我为中心的人,看来他老婆离开他是正确的选择。那赵先生还是一个劲儿地说着,王姐心中早已经不耐烦了,她找了个借口离开了,赵先生还问:"你都没听我说完呢,怎么就走了?"在接触的两个小时中,赵先生居然一句也没问王姐的事情,甚至,他连王姐姓什么都不知道,好像在他眼里,永远只有他一个人。

像赵先生这样喝酒的男人,总是过于主张自我,忽略身边的人,他们不擅长处理人际关系,因此,无论是工作还是生活,他们都弄得一团糟。

生活中,滴酒不沾的男人很少,偶尔尽兴饮酒的男人却很多。酒是很多男人尽兴玩乐,交际应酬必不可少的东西。酒也是一些男人烦恼时的麻醉剂或是感情的寄托。下面就通过男人对酒的喜好,来了解男人的性情。

1.喜欢啤酒的男人

有的男人喜欢喝啤酒,这样的男人可能是喜欢给大家服务。在生活中,他做事比较灵活,和身边的人都能和谐相处,由此结交了不少的朋友。虽然这样的男人大多数时候看上去很酷,其实,他们的内心却很感性,是一个性情中人。

2.喜欢香槟酒的男人

有的男人喜欢喝香槟酒,这样的男人大多是喜新厌旧、爱慕虚荣的人,他们比较注重他人对自己的评价。而由于爱慕虚荣的关系,他们对恋人的要求很高,以此希望得到身边朋友的羡慕。在很多时候,他们会牺牲一些东西去做事情,只是为了得到他人的赞美。

3.喜欢白酒的男人

有的男人偏爱烈性的白酒,没有白酒就不喝,一旦有了白酒就会一醉方休。这样的男人喜欢结交朋友,乐善好施,他们比较在意他人的感受,容易在别人的吹捧下答应一些事情,不会轻易拒绝女人。他们对女人很亲切,即使追求失败了也不会在意,他们喜欢为那些认同自己的人付出。

4.喜欢高档酒的男人

有的男人对高档酒情有独钟,似乎只有高档酒才能标榜自己的身份。这样的男人通常是生活并不如意,或者内心曾受过创伤,性格上有歇斯底里的一面。在生活中,他们愿意享受高档酒,哪怕自己的经济实力并不允许,也只求一醉方休。在他们内心深处,有着强烈表现自我的欲望,他们希望自己能成为社会的上流人士,这样,别人才会看得起自己,尊重自己。但是,即使这样的人成功了,却也摆脱不了自己内心的自卑感。

第三节　如何识别“骗子”男人

在我们身边,有不少打着“爱”的幌子却到处欺骗女人的男人,刚开始的时候,他们山盟海誓,说得跟真的一样,到最后,不是为财就是为了寻求某种刺激。作为女人来说,天性就是感性大于理性,很多时候,容易被爱冲昏头脑,以至于相信男人说的甜言蜜语,到最后,吃亏受苦的是自己,才感到追悔莫及。因此,作为女人,应该警惕身边的男人,仔细观察其言行,以免自己上当受骗。

对于女人来说,当自己在爱着一个男人的时候,会同情他,在他受伤的时候,会跟着伤心难过;在他痛苦的时候,也跟着痛苦。与此同时,自然而然地,想帮助他解决问题,这样做不仅仅是为了他,也是为了自己。于是,在男人的花言巧语之下,女人会借钱给他还债,可能会投资他所谓的工程,还有可能会让他住到自己的家里,有可能为他买车买房,甚至帮他寄钱回家。如果你身边的男人有这样的迹象,那么就应该警惕了,你需要仔细观察其内心,早日揭开其邪恶的真面目。

小娜刚刚大学毕业,在临近毕业的时候,她到了一家汽车公司做文员。在那里,她结识了司机阿华,看到清纯亮丽的小娜,阿华心动了。在轮番的攻势下,小娜答应两人试着交往一段时间,在刚开始的时候,阿华出手阔绰,经常给小娜买衣服和零食,还请小娜的朋友去唱歌。闲聊之中,阿华对小娜承诺:"我会让你成为世界上最幸福的女人。"小娜本来犹豫的心也定了下来,觉得阿华这人还是不错。

后来,在与阿华的朋友接触中,她渐渐了解到阿华这人的神秘。每次小娜问道阿华的过去,他总是支支吾吾,要么就是不耐烦地说:"又问那些事情,真是很烦!"小娜也就不问了,可回过头,她总是委屈地流下眼泪。在一次与阿华朋友的聊天中,小娜了解到阿华那些隐藏的秘密,原来阿华曾坐过三年牢,而且,在老家他还有一个私生子,据说是跟一个女人鬼混生下的孩子。而就在小娜与阿华的相恋的这段时间里,那个女人还在阿华的老家照顾孩子,后来听说了阿华另有新欢的消息,才决然而去了。

伤心欲绝的小娜回去后,质问阿华:"这些都是真的吗?"没想到,一向好脾气的阿华满脸不悦,怒声吼道:"这都是过去的事情,有什么好问的,如果你想了解,我告诉你这是真的。"伤心的小娜哭了整整一晚上,第二天就收拾东西离开了。

刚刚大学毕业的小娜单纯,容易相信陌生男人的话,而混迹社会多年的阿华正是瞅准了这样的心理,他隐瞒了不堪的过去,以此来欺骗小娜,而且在小娜质问之后,他依然觉得错不在自己,恼羞成怒的他还为自己巧言辩解。虽然,阿华并没有骗取任何具体的东西,但他欺骗了小娜的感情,而欺骗感情才是最伤人的。

那么,那些"骗子"男人的身上到底有什么痕迹可寻呢?

1. 满嘴胡言乱语

对有的男人来说,说谎就像是吃饭一样简单频繁,他们习惯以谎言来掩饰自己的秘密。他们常常对女人说:"我会让你成为最幸福的人"、"我家里很有钱,你不用工作都行",那时,被爱冲昏头脑的女人不会细察:如果对方家里真的有钱,那他还会到处漂泊吗? 这样的男人说谎的原因可谓是多种多样,等到识破其谎言之后,他会为自己辩解:"我这样骗你,是因为太爱你,担心你会离开我。"其实,这些都是谎言,他所有的目的不过是欺骗女人的感情。因为真心为你付出的人,会坦白他的过去,不会故意隐瞒。

2. 不切实际

有的男人明明平庸无比,逢人却说"我想创业"、"如果我来当经理,肯定会更好",以此来自命不凡。这样的男人对自己的前程通常抱有不切实际的想法,但是,现实生活就是这样,他依然拿着微薄的工资,租着陈年的旧房子,对这样现实的窘迫,他们却不采取有效的方法来弥补,只是图嘴上痛快。

第四节　从香水读女人的"女人味"

　　女人和香水的关系就如同男人和酒的关系,香水和每一个女人都是分不开的。无论你是性感的明星,还是田间的妇人,只要是女性,都逃脱不了香水的诱惑。著名影星玛丽莲·梦露有一句名言"夏奈尔 5 号是女人睡觉时'穿'的香水",当一个女人浑身沐浴在香水的味道中时,就如同为自己穿上了一件美丽而令人遐想的衣服。对于每一个爱美的女人来说,那幽远的淡香就是最致命的诱惑。自古有"闻香识女人,煮酒论英雄"之说,所以,香水不仅是香水,它还包含着浓郁的爱情,那透明的液体,给爱情带来的安宁或是激情,使人沉醉或清醒。香水,让女人的举手投足中都浸满了芳香,让她们更有"女人味"。

　　初次见面,他就闻到一阵清香,不浓不腻,直入口鼻,而且,她看上去真是一个很有女人味的女人。瞬间,他就对她有了好感。结婚后,每天回家成了他最渴求的事情,因为,他又可以闻到那清香了。偶尔,他也会好奇地问:"你用的什么香水,怎会如此清香迷人呢?"而她总是笑笑,从来不言语。

　　婚后几年,工作越来越忙,他毅然决定辞职下海经商,在短短的几年时间里,他创办了自己的公司。她则镇守在家里,孝顺父母,管教孩子,把家里打理得井井有条。闲来无事,她也会学学插花、学学音乐,等到他休息的时候,她就会表演自己所学到的东西,那快乐的表情就如同孩子一般。如此孩童般的女人,时刻带给他快乐,缓解了他外在的压力。由于外面应酬很多,他也闻到了不同于妻子身上的香水味,不过,他总是觉得其他女人身上的香水味很刺鼻,比不上妻子身上的香水好闻。每次工作了一天回到家,躺在床上,闭着眼睛,那香味就钻入了他的鼻孔,直入心脾,令他精神一振。

香水的魔力,在于它将女人的娇羞、自信、野性全部锁在了清淡、浓艳、妩媚的清香之中。香水在诞生之初,就开始渗透进女人的灵魂,并为女人所利用和服务,在香水中,体现着与众不同的"女人味"。

下面就来看看如何"闻香识女人"。

1. 喜欢古典香水的女人

喜欢古典香水的女人,大多具有高雅的气质,相当有品位。在平时的生活中,她有自己独特的生活方式,有自己的朋友圈子。在社交场合,她们是引人注目的风景线,而且,由于其相对比较成熟,懂得为人处世的技巧,因此,在她身上有着别样风情,令无数男人心动。

2. 喜欢浪漫香水的女人

浪漫香水让人充满了浪漫的气质,这样的女人喜欢追求热情、浪漫的爱情,她们对于自己所爱的人,可以不计情感地付出,心甘情愿地付出,其内心充满着无私的爱。拥有如此浪漫情怀的女人,其身上会闪耀着无穷的魅力。

3. 喜欢神秘香水的女人

有的女人喜欢神秘味道的香水,这样的女人喜欢幻想,追求完美的爱情。她们常常希望自己能通过对恋人的举动、表情,猜测出对方的微妙变化。她们善解人意,通常能想到另一半在想什么,属于神秘气质类型的女人。

4. 喜欢忧郁香水的女人

有忧郁味道的香水,从里到外都散发着一种淡淡的忧伤,这样的女人不会在意自己是否美丽，也不在乎自己是否有魅力，她们喜欢独立的生活，虽然偶尔会感到孤独，但是，她们却不愿意被世俗所污染。

第五节　从妆容观察女人的个性

女人的美丽是"妆"出来的，并不是所有的女人都是天生丽质，绝大多数女人的五官或多或少都有一些瑕疵，有可能是皮肤暗黄，也有可能是眼睛不够大。当你在为自己不够完美的容颜而懊恼的时候，你是否发现已经有了一种称为"魔法"的奇迹，那就是"化妆"。

俗话说"爱美之心，人皆有之"尤其是对于女人，她们对"美"情有独钟。不过，每一个人的容貌都是天生的，怎样才能让自己看上去更美丽呢？当然需要化妆，其实，一个女人的妆容，从某种意义上来说是其真实性情的外露。有的女人喜欢浓妆，有的女人喜欢淡妆，有的女人花很长的时间来化妆，有的女人一刻都不忘记化妆。作为男人来说，则可以通过观察女人的妆容来了解她的心思。

那天，他坐在西餐厅里等她，一会儿，她来了，淡淡的妆容，看起来却是相当的美丽。她天生皮肤就很好，五官也很美，因此，她就只化了一个淡淡的妆。他真心赞美："你这淡妆，比那些浓妆的女孩子更美丽。"她却只是笑了笑，说道："浓妆、淡妆是每个人的选择，只要看起来漂亮，那都是最好的妆容。"他点点头。她总是这样，淡然从容，哪怕自己很优秀，她也毫不在意别人的评价，总是一个人静静地坐着，欣赏着别人的美。

就如同她的妆容一般,她本身就是一个淡雅清新的女人。她毕业于名牌大学,现在正在攻读硕士,对她来说,人生就是旅行,因为不想错过路上的风景,所以,她希望能走得更远。一直以来,她都是一个聪慧的女孩子,跟他在一起,她懂得什么该问,什么不该问,什么该说,什么不该说,总是能想到那些细节的东西,而这些恰恰能够打动他。

女人适当地化妆,不仅可以展现自己的美丽,也是对别人的一种尊重。也许,很多女人都对化妆有或多或少的了解,甚至有的女人天生就是一个"魔法大师",会创造出与众不同的美感。那么,一个女人的妆容中到底隐藏着多少秘密呢。

1.喜欢淡妆的女人

有的女人只喜欢化淡妆,看起来很自然。这样的女人,大多比较传统和保守,思想很单纯,有同情心和正义感。不过,性格比较软弱,不够坚强,一旦遇到了挫折或是受到了打击,就会显得比较脆弱。她们待人很真诚,从来不会猜疑别人有什么不可告人的目的,因此,她们最容易被人欺骗。

2.喜欢时尚妆容的女人

有的女人热衷于时尚的妆容,流行什么妆,她们就化什么妆。这样的女人有较强的接受能力,尤其是对新生事物,但是她们缺少自己的独立性,常常是随波逐流。对未来生活,她们缺少规划,更倾向于"得过且过"。在金钱方面,她们不懂得节省,喜欢表现自己,希望以此能引起异性的注意,且城府比较深。

3.喜欢浓妆的女人

有的女人喜欢浓妆艳抹,这样的女人有着较强的自我表现欲,她们化着如此浓艳的妆容,就是想吸引他人的注意力,尤其是异性的眼光。她们的思想和行为都比较前卫、开放,对于一些大胆过激的行为,她们也觉得无所谓。

4.用很长的时间来化妆

有的女人用很长的时间来化妆,少则几个小时,多则半天。这样的女人是典型的完美主义者,凡事都希望能够尽善尽美。有时候,为了能做到更好,她们常常会付出惨重的代价,但是,她们追求完美的态度还是依然不变。她们有很强的毅力,虽然,她们对自己的外貌并没有多大的自信,但她们会花大量的财力、时间、精力在上面。不过,由于她们总是在打理自己的妆容,所以给人的感觉很不自然。

5.喜欢保持同样风格的妆容

有的女人打从一开始化妆,就保持着一样的妆容,这样的女人有着浓厚的怀旧情结,时常会陷入过去的一些记忆之中,追思当初的种种,不过,她们能很快地整理情绪,走出来。这一类型的女人比较现实,为了能够得到一些她们想要的东西,她们往往是尽自己最大的努力,甚至,不惜牺牲一些东西来达到自己的目的。她们待人热情、真诚,善于处理人际关系,很容易满足,不过,她们的思想太守旧,有点跟不上潮流。

第六节 从细节察觉女人的心思

俗话说"女人心,海底针。"意思是说女人的心思难以琢磨,心思细腻,不善于表露,比较含蓄。对此,男人们常感叹:"女人的心思真难猜。"女人的心,就像是五六月的天,说变就变,风云莫测,一会儿楚楚动人,一会儿沉默不语。她们的心就如针一般，藏在茫茫深海，让人捉摸不透。

对于男人来说，要想读懂一个女人温婉而灵动的心，就得深入其中。女人，天性拥有着细腻的心思，难猜、难懂，如此这般，几乎令所有的男人伤透了脑筋。由此，许多男人觉得女人是情绪化的动物，尤其是刚认识的时候。其实，女人的心思很好懂，男人们一定要从细节处去揣摩女人的心思，比如细微的表情与动作。

公司晚会上，英俊潇洒的王先生活跃于人群之中，正在他抬头的时候，发现对面站着一位清新可人的女孩。当两人的眼光不期而遇的时候，那女孩害羞得低下了头，不过，不时会偷偷地用眼角瞄一下王先生。王先生一直看着她，这时，那女孩则继续低着头，装作很不在意的样子，看向其他地方。王先生眼神一转，溜向了其他地方，这时，他余光扫到那女孩正偷偷地朝他这边看。

王先生捕捉到女孩的这一细微动作，感觉到这女孩对自己有意思。于是，在晚会结束后，王先生找了个借口与她聊天，并交换了电话号码，就这样，两人开始从朋友做起，慢慢地就成了一对相爱的恋人。

眼睛是心灵的窗口，对于男人来说，了解一个女人，观察她的眼神是很准确的。通常情况下，女人在看到异性的时候，都会不由自主地将头低下，在这其中，就含着一定的奥妙。大部分女人觉得，用眼睛偷偷看你，其实是担心自己表现出对男人的好感，会给人留下轻浮的印象，所以才会偷偷地瞄上几眼。

下面，我们就再列举几个细节，以此来揣摩女人的心思。

1.送礼

通常情况下，男人会送礼物给女人，这是为了讨好，送得越多，则表明其心情很迫切。相反地,如果女人送很多礼物给男人,其实除了爱之外,还包含着别的意思。或许,女人内心比较自卑,她对彼此之间的感情很担忧,通过送礼来讨好另一半,主要是自己缺乏足够的信心,另外,则是想通过送礼物来巩固彼此之间的感情。

2.触摸耳垂

有的女人有事没事的时候,总是喜欢触摸自己的耳垂。这样的女人是难以琢磨的,有可能,她对你正在说的话题感到讨厌,但是又不好意思直接说出来。而且,她觉得没有必要说出来,下意识地就开始触摸自己的耳垂。

3.触摸鼻子

有的女人喜欢触摸自己的鼻子,这样的女人比较成熟,有十足的女人味,在她们身上,散发着神秘的气质。不过,如果是在与人交谈的时候,她一个劲儿地触摸自己的鼻子,那表示她根本没有听你说话,或许根本不相信你说的话。

30 秒打动人心

在日常交际中，沟通的最终目的其实就是"打动人心"，因为打动了对方，才能赢得对方的信赖与好感，也才能使彼此的沟通得以顺利地进行。而沟通失败，就将意味着不能成功地打开他人的心扉，自然也就无法进行心灵的交流了。在下篇，将从各个方面入手，解读如何成功地打动人心。

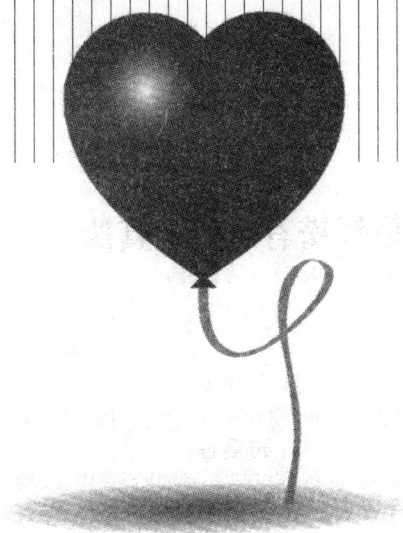

第十章

发挥形象魅力，瞬间赢得对方的好感

///

　　魅力作为一种令人愉快的吸引力，需要在人际关系中体现出来，它是从人的整体出发的，与形象有着直接的关系。魅力大多数是通过形象来展现的，因此，也被称为形象魅力。当我们说一个人的形象好，或者说他有魅力的时候，不是指他的外形漂亮，而是指自己被他深深吸引了。在日常交际中，要想轻松打动人心，就需要我们发挥自己的形象魅力，在瞬间赢得他人的好感。

第一节　给对方留下良好的第一印象

一个人的形象魅力大多体现在第一印象上,何谓第一印象?第一印象是两个陌生人相见时产生的最初印象,是通过对他人衣着、谈吐、风度等的观察给对方做的初步评价。虽然,是第一印象,但它对人的整体形象的形成有着举足轻重的作用,也往往是继续交往的根据。

简单地说,能否给他人留下良好的第一印象,往往决定着你是否能赢得他人的好感。这是因为一旦第一印象建立起来,对后面所获得信息的理解和组织就有了强烈的定向作用,由于人们具有保持认知平衡与情感平衡的心理作用,他们更倾向于使后来获得的信息的意义与已经建立起来的观念保持一致,而人们对于后来获得的信息的理解,往往是根据第一印象来完成的。所以,在日常交际中,我们要时刻保持自己得体、优雅、文明的外在形象,给他人留下一个良好的第一印象,在见面的一瞬间赢得对方的好感。

阿东是公司的人事部经理,曾面试过上千人,为公司发掘了不少优秀的人才,不过,阿东非常看重一个人的第一印象。

有一次,阿东无意中看见了一个应聘者的简历,高学历、出色的工作履历让阿东这个阅人无数的经理也心动了。还没有见到这个应聘者,阿东已经给他打了很高的分数,甚至,求贤若渴的他推迟了其他的工作,专门为这个应聘者安排了一场面试。

这天中午,在约定的面试时间里,阿东见到了那位简历出众的应聘者,只见他身穿浅黄色的衬衣和灰色西裤,头发有些凌乱,胡须也没有修剪。这种形象顿时让阿东大失所望,这和他想象中的样子差距也太大了。在阿东的指引下,面试者在对面坐了下来,这正值盛夏季节,一股怪味扑鼻而来,阿东寻找源头,竟发现是对面那个人身上发出来的。阿东仔细打量,发现面试者身上本来穿的是一件白色的衬衣,但由于汗渍长期的积累而泛出了黄色,就连深色的西裤也依稀可以看到汗渍和油污。这时,阿东心中的好感已经荡然无存了。于是,简单地和这个人聊了几句就结束了面试,阿东决定不录用他,尽管内心觉得很遗憾,但他坚信自己的判断。

虽然,人们常说"不要以貌取人",但几乎所有的人都无法做到这一点,而且,很多人习惯在初次见面时就以貌取人。所以,在日常交际中,我们的服饰、发型、手势、声调和语言等自我表达,时刻都在影响着他人对你的判断,不管我们愿意与否,我们都在留给对方关于自己的印象。有的人认为自己有实力了,只要自己能力强,工作表现好,肯定会赢得上司的好感,其实并不是这样。一旦自己与他人能力差不多,表现也都出色的时候,你的第一印象将显得格外重要。

与人交往的主要目的是赢得他人的好感,而首先就是要留给他人良好的第一印象。其实,我们给别人的第一印象是可以进行修饰的。这是通过对自己的装扮、语言、表情以及动作的约束来影响和改变他人对自己印象的。

那么,怎么样才能给人留下良好的第一印象呢?

1. 外表装饰

虽然一个人的相貌是自己无法决定的,但服饰却是完全取决于自己的。俗话说"三分长相,七分打扮",我们的服饰装扮需要保持整洁、得体、自然的原则。另外,还需要注意细节修饰,有的人穿名牌衬衫,但从不熨烫;有的人脚穿名牌皮鞋,但从不擦干净,这些都会让自己的形象大打折扣。

2.行为举止

一个人的动作常常将他的气质、性格表达得淋漓尽致,比如粗俗的行为总是令人生厌的,这就要求我们注意自己的行为举止,待人接物时面带微笑,注意分寸和距离。尤其是与异性交往时,举止不可轻浮,以避免不必要的误会。

3.得体的语言

初次与人见面,特别是在一些正式场合,不要随便说"哎哟"、"噢"之类的感叹词,这些词说多了会令人生厌。说话之前要思考,不要信口开河,那样会给人一种不诚实、不认真的感觉。另外,我们要准确、清楚地表达自己的意见,在语言表达过程中,避免使用粗俗的话语,避免尖刻、损人的谈话,也不要抬高自己而故意贬低他人。

第二节 微笑是最简单最有效的示好手段

世界上最伟大的推销员乔·吉拉德说:"当你笑时,整个世界都在笑,一脸苦相没人理睬你。"在这个世界上,最能够征服人心的世界语言就是微笑。说起来很简单,但是做起来却不是那么容易。其实,在很多时候,微笑是最简单最有效的示好手段,不知道你发现没有,微笑是最富感染力的表情,我们所面对的有可能是一张哭脸,有可能是一张愤怒的脸,但只要你坚持微笑,保持最友好的微笑,一定会融化对方心里所有的防线,而且,对方也会在微笑中得到感染,情绪也会变得愉快起来。原一平曾说:"为了能够使我的微笑看起来是自然的、发自内心的真诚笑容,我曾经专门对此进行过训练。我假设各种场合和心理,自己面对着镜子,练习各种微笑的面部表情。"就是这样一位坚持微笑的保险推销员,以灿烂的微笑征服了他的客户。

有一次,原一平去拜访一位客户,在拜访之前。他了解到这位客户性格内向,脾气古怪。见面后,为了营造轻松的气氛,原一平微笑着打招呼:"你好,我是原一平,明治保险公司的业务员。"客户情绪似乎很烦躁:"哦,对不起,我不需要投保,我向来讨厌保险。"原一平继续微笑着说:"能告诉我为什么吗?"客户忽然提高了声音,显得很不耐烦:"讨厌是不需要任何理由的!"

原一平知道客户不耐烦生气了,但是他依旧笑容满面地望着他:"听朋友说你在这个行业做得很成功,真羡慕你,如果我能在我的行业也能做到像你这样,那真是一件很棒的事情。"听到这样一说,客户的态度稍有好转:"我一向讨厌保险推销员,可是你的笑容让我不忍拒绝与你交谈,好吧,说说你的保险吧。"

在接下来的交谈过程中,原一平始终带着微笑,客户在不知不觉中也受到了感染,谈到了彼此感兴趣的话题时,两人都大笑了起来。最后,客户微笑着在投保单上签上了名字,与原一平握手道别。

原一平,这位只有 1.53 米,整体毫无气质和优势可言的保险推销员,却以自己的微笑征服了所有的人。见过他的人都知道,在整个交谈过程中,他的微笑一直都在。为此,他的微笑曾被评为"价值百万的微笑",因为那友善的微笑,他赢得了客户的信赖与好感。其实,不仅仅是原一平,在这个世界上,任何一个发自内心的微笑,都具有神奇的力量,一种掌控心理的力量。

安东尼·圣艾修伯里是一位飞行员,在第二次世界大战前,他参加了西班牙内战,为反法西斯贡献了自己微薄的力量。不过,不幸的是,飞行的一次失误使得他落入了法西斯的魔掌,在监狱里,看守的警卫一脸凶相,态度相当恶劣。

安东尼·圣艾修伯里清楚自己将很快被拉出去枪毙,他陷入了极度的惶恐与不安中。为了稳定情绪,他决定抽根烟,可是,他翻遍了口袋只找到了一根香烟,没有找到火柴。安东尼·圣艾修伯里看了看旁边的警卫,鼓起了勇气开口借火,警卫冷漠地将火递给了他。当警卫帮安东尼·圣艾修伯里点火的时候,警卫的眼光无意中与他的目光相接触,这时,不知是出于礼貌还是畏惧,安东尼·圣艾修伯里竟然冲着那位冷漠的警卫微笑。不过,正是这抹微笑打破了他们心灵之间的隔阂。

受到了微笑的感染,警卫的嘴角也不自觉地现出了笑意,虽然安东尼·圣艾修伯里知道他并没有此意。但是,点完火的警卫并没有立即离开,两眼依旧盯着他,同时,脸上还挂着微笑,安东尼·圣艾修伯里也以微笑回应,仿佛彼此就是朋友。警卫的眼神少了当初的凶气,两人就这样聊了起来,对家人的思念和对自己生命的担忧使得安东尼·圣艾修伯里的声音哽咽了起来,警卫沉默着,后来,他一言不发地打开了狱门,悄悄带着安东尼·圣艾修伯里从小路逃离了监狱。

微笑,就是这样创造了奇迹,无论微笑是有意还是无意,都能够达到向他人示好的目的。安东尼·圣艾修伯里的微笑,就深深地打动了另一颗冷漠的心灵。微笑就这样征服了人心,赢得了他人的好感,在不知不觉中感染着对方,达到了打动对方的目的。

第三节　用自信征服对方

爱默生曾说："自信是成功的第一秘诀,谁相信自己的能力,谁就能征服世界。如果做一件连自己都担心不能成功的事,那么失败的结局在所难免。"在这个世界,除了你自己以外没有人能欺骗你,没有人能阻止你最终走向成功,而这依靠的就是自信的力量。其实,自信不仅仅是成功的第一秘诀,更是征服人心的利器。

有这样一句话："人活着,或许有不少人值得欣赏,但你最应该欣赏的应该是你自己。"当你对自己充满自信的时候,别人的眼光也会被你吸引,在不知不觉间,就会对你产生莫名的好感;相反的,一个内心充满自卑的人,在他身上所显现出来的是颓废、迷茫,毫无形象魅力,自然也就没有办法获得他人的好感。自信产生的巨大力量推动着一个人走向成功,与此同时,自信也能够深深地打动他人,从而赢得他人的好感。

小泽征尔是世界著名的交响乐指挥家,在他还没有出名之前,他曾参加了一次世界优秀指挥家大赛。在决赛中,他按照评委会给出的乐谱指挥乐队演奏,在指挥过程中,小泽征尔敏锐地发现了不和谐的音符。刚开始,他以为是乐队的演奏出现了错误,于是,他停下来重新指挥,但是,演奏还是出现了不和谐的声音。他当即指出："我觉得乐谱有问题。"

这时,所有在场的作曲家和评委会的权威人上都坚定地说："乐谱绝对没有问题。"面对着权威人士的质疑,小泽征尔涨红了脸,但还是斩钉截铁地大声说:"不! 一定是乐谱错了!"话音刚落,评委们全部站了起来,对他报以热烈的掌声,祝贺他通过了决赛。原来,乐谱不过是评委们精心设计的一个"圈套",而小泽征尔却因为坚定地相信自己而获得了最后的成功。

小泽征尔因为自信而成功,更因为自信打动了所有评委的心。在这个世界上,我们都应该明白,每个人都具有独一无二的价值,没有任何人能够取代我们,也没有任何人能够贬低我们,除非你首先看轻了自己。有人总是叹息自己工作不如别人,外貌不够出众,才能不被老板所赏识。其实,有时候,仅仅是因为我们对自己缺乏自信,而使他人对我们失去了信心。

在一次面试中,人事部经理看到了这样一个女孩,当他问道:"你只不过是一个专科生,怎么会到我们这样的大企业来面试呢?"那女孩一点也不胆怯,而是自信地说:"我相信机会都是自己争取而来的,而我对自己很有自信。"经理看了看那张年轻的笑脸,嘴里竟说不出拒绝的字眼,他继续问道:"可是,你所学的专业是计算机,而我们所需要的是销售人员,如此截然不同的两个专业,你怎么能保证你能胜任这份工作呢?"女孩坦率地说:"虽然,计算机和销售是两个不同的专业,但是,学计算机的也需要与人打交道,而这恰恰是销售人员所需要的能力。而且,我从来不否认自己在与人沟通这方面有过人的能力。"

经理笑了,这个女孩也太有自信了。经理有些挑衅地问道:"可是,你的自信来自于哪里呢?"女孩微笑着说:"我的自信来源于我知道自己能做什么,不能做什么。"就这样,经理当即决定了录用这个女孩,后来,他在工作中对那个女孩说:"虽然,你的学历并不是最好的,但你的回答却是我最满意的,你的自信打动了我,而我明白,一个自信的人是有足够的能力去干一些事情的。"

虽然,自己在各方面的条件都不如一起前来面试的人,但是,女孩的自信却是无人可比的,而恰恰是这份自信打动了经理,也使她自己获得了那份工作。在生活中,那些对自己充满自信的人,他们的身上有着一种非凡的魅力:神采奕奕,精神百倍,在任何时候都给人一种活力四射的印象。如此的形象魅力,可以很好地打动他人,从而赢得他人的好感。

第四节　坐立行走皆显优雅风范

俗话说"站有站相,坐有坐相",这不仅仅是对一个人行为举止的基本要求,同时也直接体现出了一个人的涵养。在日常交际中,要想赢得他人的好感,需要我们注意自己的行为举止,以自己的优雅形象来打动对方。有的人坐立行走皆优雅,这样一些人大都是对生活有较高要求的人,包括在什么场合穿什么衣服,在公开场合如何坐立行走,时刻以文明端庄的行为举止来展现自己的形象魅力。这样的人,能在日常交际中游刃有余、应对自如,他们常常是受欢迎的那一类人。所以,千万不要忽略自己的行为举止,无论是站姿还是坐姿,我们都要有所规范,以自己的涵养来打动对方,赢得他人的好感。

在现实生活中,有的人站没站相,坐没坐相,其实,他明明是一个挺老实能干的人,但是,无论是坐、立、行,总是弯着腰歪着脖子,给人以懒散的感觉,这样的人难以赢得他人的好感,在他们身上,似乎总是体现出一种不端正的姿态。其实,一个人的站姿和坐姿能够体现其内涵,因为一个有内涵的人会严格要求自己的一言一行,哪怕是一个最基本的站姿,他也不会马虎了事。

1. 站姿

站姿是一个人最基本的举止。站姿所表现的是一个人静态的动作,优雅的站姿能显示一个人的涵养,同时,给人们留下深刻的印象。对于站姿,有这样一些要求:头正、肩平、垂臂、挺直身躯、并拢双腿。另外,身体的重心主要落在脚掌和脚弓上。这时,如果我们从侧面来观察,就会发现这个人的头部、肩部、上体与下肢在一条垂直线上。

有的人站着站着就不知道手该怎么放、脚该怎么放,其实,这都是有一定学问的。站立的时候,手可以选择以下几种姿势:双手置于身体两侧;右手搭在左手上叠放在身体前面;双手叠放在背后;一手放在身体前面,一手放在背后。至于脚的姿势,也有以下几种:V 形;双脚平行分开,但不超过肩宽;丁字形。

当然,一般的站姿是端正、稳重、自然,上身正直,头正目平,面带微笑,下颌微收,肩平挺胸,两臂自然垂下,两腿相靠直立。如果身体不够端正、双脚叉开过大、双脚随意乱动都会被看做是不雅或失礼的姿势。另外,还需要注意几个方面:站立的时候,不要东倒西歪,无精打采,懒散地倚靠在墙上;不要低着头,或歪着脖子;不要将身体重心移到一侧,或只用一条腿支撑身体;不要两腿交叉而站;不要做一些小动作;不要将手插在裤袋里,或者双手抱在胸前。

2. 坐姿

坐姿,是能够展现自己气质与涵养的重要形式。也许,我们经常看见有的人两腿叉开,腿在地上抖个不停,还把腿跷得很高,这样不雅的坐姿实在让人不敢恭维。优雅的坐姿应该是:在站立的姿态上,后退能够碰到椅子,再轻轻地落座,双膝并拢,腿可以放在中间或者两边。在一些公开的场合,最好不要跷腿。

另外，还需要避免一些不雅的坐姿：双腿不宜叉开过大，无论是大腿叉开还是小腿叉开，都是极为不雅观的；将双腿直接伸出去，这样会妨碍到别人，也显得姿势不雅观；将双脚放在桌椅上，这样的举动是很粗鲁的；在他人面前，反反复复地抖动或摇晃自己的腿部，这样会让人心烦意乱；在他人面前用脚自脱鞋袜，这是非常不文明的；将手放在桌下，或者手肘支在桌子上，夹在两腿间都是不雅的姿势。

3. 行姿

行姿其实是站姿的延续动作，是在站姿的基础上展现人的动态美。而且，无论是在日常生活中还是在社交场合，走路往往是最引人注目的身体语言，同时，也最能表现一个人的风度与活力。

优雅的行姿为：走路的时候，抬头，目光平视前方，双臂自然下垂，手掌心向内，手臂以身体为中心前后摆动，手臂与身体的夹角一般在 $10° \sim 15°$。上身保持挺拔，腿部伸直，放松腰部，脚步要轻且富有弹性和节奏感，步幅与腿的长度适宜，跨步要均匀。在走路的时候，要摆动大腿关节而不是膝关节，这样才能使我们的步伐轻盈敏捷。

第五节　一个招呼可以增加你的被认可度

在我们每天的人际交往中，都在频繁地与人打招呼，招呼表示一种问候，一种礼貌，一种热情。其实，我们千万不要忽视了一个招呼的作用，一个小小的招呼是我们人际交往中的润滑剂。对同事的一个招呼,可以有效地化解彼此之间的敌意;对朋友的一个招呼,可以唤起彼此之间深厚的友谊;对陌生人的一个招呼,可以减少彼此之间的陌生感。总而言之,一个招呼可以使人与人之间的关系更加和谐、融洽,从而赢得他人的好感。特别是在我们与陌生人交往的过程中,一个独特而恰到好处的招呼是必不可少的。

西蒙·史佩拉传教士每天都会在乡村的小路上散步,当他一个人漫步在那条小路上时,无论碰见谁,他都会友好地向他们打声招呼。米勒是一个住在小镇边缘的农民,他看上去很冷漠。不过,传教士每天经过田间的时候,都会热情地向他打个招呼:"早安,米勒先生。"

当史佩拉第一次向米勒道早安时,米勒根本没有理睬,只是转过身子,看起来就像一块又臭又硬的石头。不过,史佩拉传教士总是以温暖的笑容和热情的声音向米勒打招呼。终于有一天,农夫米勒向传教士举了举帽子示意,脸上也第一次露出一丝笑容了。如此的打招呼成了一种习惯,每天早上,史佩拉都会高声地说:"早安,米勒先生。"那位农夫也会举举帽子,高声地回道:"早安,西蒙先生。"

《塔木德》上说:"请保持你的礼貌和热情,不管对上帝,对你的朋友,还是对你的敌人。"如果你能够奉行这一原则,就会在复杂的人际交往中获益匪浅。有时候,仅仅是一个看似不经意的招呼,会加深你在陌生人心中的美好印象,也会增加陌生人对你的好感。

对于我们每个人来说,向一个陌生人打声招呼并不是一件困难的事情,只需要在见面时互相问候一声"早上好"、"中午好"或"晚上好",即便只是一个微笑、点一下头,那也是一个招呼。有时候,我们并不需要过多的礼节或挖空心思去与对方寒暄几句,只是打声招呼,就可以唤起对方心中的温暖。没有一个人能够拒绝温暖的微笑和热情的声音，这些不仅仅能够博得对方的好感，也会化解对方冰冷的心。

1. 以亲切感打动对方

也许在初次见面，第一次打招呼的时候，双方都会觉得有点不自然，因为彼此是陌生的，也不会有多少的感触。但是，当双方第二次在大街上碰到，一方不经意喊出对方的名字，跟对方打个招呼时，对方就会觉得有说不出来的亲切感，而恰恰是这样一种感觉，能够打动对方。其实，人与人之间的关系就是这样建立起来的，仅仅是一个招呼的作用，它就足以让双方不再陌生。

2. 拉近双方之间的距离

在日常生活中，领导和下属打招呼，看似很少见的举动，可它能悄悄地拉近上下级之间的距离。这时候，领导不再是高高在上，而是像朋友一样。因为一声招呼、一句问候打动了对方，当工作出现了问题，双方就可以互相讨论如何来解决。

第六节　独特的气质是吸引他人的重要方式

对于每一个人来说，即使是天生丽质也难以拥有恒久的吸引力，对此，一个人需要注重自身的气质修养，这样，即使青春远逝了，却仍然能保持永久的魅力。也许，气质修养远不如娇艳的容颜那么令人心醉，那么富于诱惑，但它却更深沉，更动人，更长久。在日常交际中，独特的气质往往是吸引他人的重要方式。每个人都有他独特的吸引人的气质，比如，有的人淡定从容，有的人蕙质兰心，有的人满身的书卷气息，而这些独特的气质将成为一种恒久的形象魅力。于是，在那些拥有独特气质的人身上，拥有着无法忽视的吸引力。

在日常交际中，谁最吸引人呢？想必，有人会回答漂亮的、美丽的，其实，这些都是泛泛的答案，最能够吸引人的是一个人独特的气质。因为再漂亮的容颜也会衰老，再美丽的东西也会看得麻木，而气质则是不会让人厌烦的一种魅力。所以，积极修炼自己的独特气质，这样才能有效地吸引他人的注意力，赢得他人的好感。

在胡因梦身上，有一种迷人而独特的气质——淡定从容。胡因梦，1953年出生，辅仁大学德文系肄业，20岁主演《云深不知处》，从此开始了15年的演艺生涯。她在35岁毅然决定了停止演艺工作，专心有关"身心灵"探索的翻译与写作，第一次将克里希那穆提的著作引介到台湾，并著有《胡言梦语》、《茵梦湖》等书。

在她20多年的翻译过程中，她认为翻译是一种自我洗涤，每翻译出一本可以跟读者分享时，她都从容淡然地说道："就像做义工一样，将思想引介过来，回馈给社会，做和演艺工作截然不同的事情。"同时她认为："好的翻译不能直译，还有心灵相译的部分，然后是节奏感，翻译最重要的是韵律……"她显得很淡然，李敖的前妻身份让她备受关注，但现在的她依然备受瞩目，她凭着自己的聪慧，自己独特的追求，做了自己喜欢的事情，她受到了更多人的喜欢。

李敖曾经说过，如果有一个新女性，又漂亮又漂泊，又迷人又迷茫，又优游又优秀，又伤感又性感，又不可理解又不可理喻，一定不是别人，是胡因梦。在经过了岁月的沉淀,胡因梦的从容淡定显得更加有魅力。

胡因梦的一生,淡到极致的美丽,是淡定而从容。薛宝钗曾经这样赞叹白海棠:"淡极始知花更艳,愁多焉得玉无痕。"正因为海棠花的淡雅至极,所以才显得更娇艳。而从容淡定的胡因梦也是一样的,正是超凡脱俗的一份淡然,不沾尘世的气质,所以美到了极致,也因此获得了越来越多人的喜欢与欣赏。

生活中,我们需要修炼自己,充实自己,使自己身上拥有一种迷人的气质。一个人所表现出来的言行举止,其实正在被沉淀出来,你的修养、气质、智慧正从他的一言一行、一举一动中流露出来。就像女人坚持用化妆品一样,我们需要保持修炼自我的习惯,这样才能丰富自己的心灵,沉淀出一种迷人而又独特的气质。

那么,如何才能拥有打动人心的独特气质呢?

1. 充实自己

无论工作多忙,生活多乱,都不要忘记充实自己。这样的充实不仅仅是外在,而需要注重内在。一个人外表再美丽,若他的心灵早已经荒芜,那么其气质便无法彰显出来。所以,在闲暇时间,多看书,多学点东西,这对于我们一生都是有百利而无一害的,慢慢的,我们的气质便会由内而外散发出来,便能有效地打动他人了。

2. 培养积极乐观的性格

一个人内心再丰富,若是缺少了积极乐观的心态,也不能很好地释放出来。对每一个拥有独特气质的人来说,积极乐观的心态都是不可或缺的,因为良好的心态还会给人一种阳光般的气质。

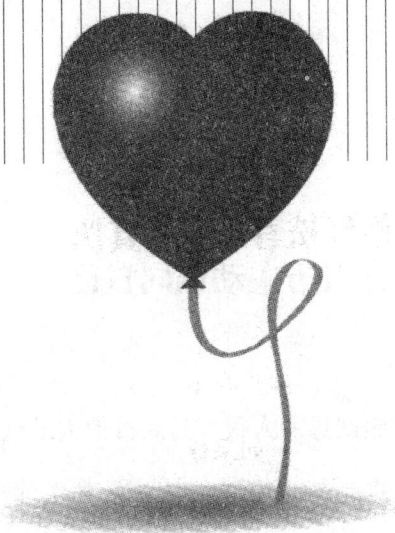

第十一章

谦虚诚恳，快速获得对方的认同

在日常交际中，有的人说话粗鲁，态度嚣张，这样的人往往不会得到人们的认同；相反，那些言辞谦虚，态度诚恳的人，却能够快速获得他人的欣赏。在与他人沟通的时候，我们需要注意自己的言辞，规范自己的态度，给人留下一个好的印象，如此，才能在最短的时间内获得对方的认同。

第一节　学会"以退为进"，让对方主动认同自己

在生活中，我们可以发现，那些言语谦虚诚恳的人很容易获得他人的认同，而那些言辞激烈的人却难以获得他人的肯定，这是为什么呢？其实，前者所使用的就是"以退为进"，表现得格外谦虚诚恳，以此打动对方，自然对方也就能够认同他们了；而后者则太急于表现自己，反倒惹人厌。通常情况下，人们对于那些言辞谦虚诚恳的人总是怀有一种莫名的好感，会觉得其人品值得信赖，在交往过程中，就会对其产生好感，并且认同对方。而那些说话嚣张、不懂礼貌的人，往往给人一种骄傲的感觉，于是，人们在心理上就对其有了距离感，更别说要认同这个人了。在日常交际中，如果我们想获得他人的认同，就不宜表现得太嚣张，而是适时懂得退步，以谦虚诚恳的言辞，赢得对方的认同，达到打动人心的目的。

章老师是一所高校有名的教授。有一天，一位隔壁学校的学生来找章教授，要章教授做他校外的论文评阅人。因为当时规定，论文答辩时要请一个校外的专家来指导。

这个学生一进门，见章老师的屋里坐了好几位老师在商讨什么问题。他也搞不清哪位是章教授，张口就问："谁是章炳山呀？"章老师听到这个学生直呼自己的名字，脸色微微一变，几位老师也面面相觑。不过，章老师回答道："我就是，找我有什么事吗？"那个学生大大咧咧地说："噢，你就是章炳山呀，我可早就听说过你了，我是某某教授的学生，我的论文你就给我看一

下!"章教授到底是有涵养的人,虽然看到这个学生说话太嚣张,也不过随口说道:"那你就放那里吧!"

没想到,这个学生就把自己的论文往章老师的桌子上一扔,似乎在吩咐章老师:"你快点看呀!后天我们要论文答辩,你可别耽误我的事!"章老师这么有涵养的人也忍受不了了,火气顿时上来,他对这个同学说:"这位同学请留步。请问一下是谁找谁办事呀?你的论文拿走,我没有时间给你看!"

一向很有涵养的章教授怎么会忍不住生气呢?原因在于那个学生表现得太过嚣张,不谦虚,更别说诚恳了,在其话语中,透露出"目中无人、随意指使"的无礼态度。其实,无论是求人办事还是普通的交谈,我们都需要以谦虚诚恳的言辞来进行交谈,以退为进,赢得他人的认同。试想,如果那个学生说话能够谦虚一点、诚恳一点,那么,章教授一定不会为难他,反而会认同他,对其产生好感。

有位士兵骑马赶路,到黄昏了还找不到客栈,这时他看见前面来了位老农,便高喊:"喂,老头儿,离客栈还有多远?"老人回答:"五里!"士兵策马飞奔十多里,仍不见人烟。"五里、五里"他猛地醒悟过来,"五里"不是"无礼"的谐音吗?于是,他掉转马头赶回来亲热地叫了一声:"老大爷……"话没说完,老农说:"你已经错过了,如不嫌弃,可到我家一住。"

刚开始的时候,士兵表现得太无礼,以至于老人不愿意搭理他,斥之"无礼",后来,士兵为了获得帮助,适时退却,亲热地叫了一声"老大爷",没想这一招真管用,老人一下子就改变了之前的态度,打心眼儿里认同了那位士兵,还发出了"到我家一住"的邀请。从这个故事里不难看出,当我们在需要他人帮助或想赢得他人认同的时候,不宜过度表现,不宜锋芒毕露,而应该适时退却,以谦虚诚恳的言辞获得他人的好感。

那么,我们需要在哪些方面做到"以退为进"呢?

1. 谦逊的态度

大多数人都希望自己能得到他人的尊重,而你的谦逊将是对他人最大的尊重,即使你很有能力,但在他人面前也应该表现得谦逊一点,这样才能够很好地打动他人,获得他人的认同。

2. 礼貌性的语言

在交谈中,我们要使用礼貌性的语言,有一些最常见的礼节语言惯用形式,比如,问候语"您好",告别语"再见",致谢语"谢谢",致歉语"对不起",回敬语"没关系"、"不要紧"、"不碍事"等。

另外,要养成使用敬语、谦词、雅语的习惯。我们常用的敬语有"请",第二人称"您",代词"阁下"、"尊夫人"等;谦语是向人表示谦恭和自谦的一种语言,比如称自己为"愚"、称父亲为"家父"等;雅语是指一些比较文雅的语言,比如你端茶招待客人,应该说"请用茶"。

第二节 营造良好的谈话氛围很重要

在生活中,我们运用各种方式沟通和交流,其实,人际间的沟通是一个相当复杂的互动过程,其中包含了很多因素。在众多的沟通方式中,谈话是一种最常用的方式,而谈话的目的是思想、情感的交流和观点情绪的碰撞。在交谈过程中,人们常常忽视了一个影响谈话目的的重要因素——良好的谈话氛围。许多人一开始并不注重这个问题,直到谈话真正陷入了尴尬之中,才意识到双方的谈话氛围很糟糕,根本达不到谈话的理想效果。

人的思维流程有两个基本渠道,一是独立思想,二是主客交流或刺激产生反映,这是谈话过程中必不可少的。有时候,常常是因为谈话氛围的尴尬,使得对方的言谈变得拘谨、僵硬,在这样的状态下,他们很难流露出自己的真实想法,一般都是空话、大话。现在,许多电视台都推出了谈话节目,这其中主持谈话节目的佼佼者——崔永元,他曾在《不过如此》中写道:"好的谈话就像漫步聊天,话题忽上忽下,忽左忽右,却不会偏离主题。一会儿,你是谈话的组织者,一会儿,他是谈话的发起者。有话则长,无话则短,因为轻松所以避免了言不由衷。"如此看来,营造一个良好的谈话氛围对于谈话有多么的重要。

崔永元是《实话实说》谈话节目的主持人,他在每次录制节目之前,都要在现场进行一下热身,或讲故事或说笑话,特别能调节嘉宾的紧张情绪。

有一次,在节目开始录制之前,一个小嘉宾问崔永元:"今天谁是主持人?"崔永元回答说:"今天的主持人就是我。"没想,那个小嘉宾说:"叔叔,你长得这么难看,还当主持人啊?"听了这话,身经百战的崔永元也感到手足无措,但是,过了一秒钟,他灵机一动,回过头把刚才小嘉宾的话告诉了现场的观众,与大家一起分享这个尴尬。顿时,现场一百多人都笑了,而且,响起了阵阵掌声,这掌声给崔永元以自信,也使现场被一种很轻松的气氛包围着,就这样,节目顺利地进入了录制阶段。

在谈话中,最忌讳的就是出现尴尬的场面,在这里,崔永元感到了尴尬,他知道,如果自己不说话,那表示整个交流就陷入难堪,这会影响到节目的录制。于是,善于调节谈话气氛的崔永元当即把自己的尴尬大方地讲出来,与现场一百多人分享自己的难堪,这表面上看上去很愚笨的方式,却赢得观众的阵阵掌声,在那一瞬间,轻松的气氛又回来了,使整个谈话节目得以顺利进行下去。

那么,什么才能算是良好的谈话氛围呢？一般而言,良好的谈话氛围是轻松而随意的,你三言,我两语,没有防备,没有顾虑,每一句话都是发自内心的。而且,良好的谈话氛围对于谈话目的有很好的促进作用,毕竟谈话的目的是交流思想感情,这都需要双方说出自己最真心的话语,而轻松的氛围能让人卸下伪装,卸下防备心理,从而进入到一种随意的谈话场景,这样一来,就不会产生"言不由衷"的情况了。

在交谈过程中,我们可以通过以下几种方法来营造良好的谈话氛围。

1. 真诚地融入谈话中

不管你是大老板还是平民百姓,在与他人进行谈话的时候,都不要有任何附带的角色,不要因为你是大老板就表现得很嚣张,也不要因为你仅仅是百姓而自卑,我们需要淡化社会角色意识,以真实本色的面目进入到谈话中,这样,才能表达出自己最真实的思想感情。

2. 以"点"为契机

由于我们所面对的谈话对象其地位、身份、职业、年龄、性别、学识各有不同,势必需要我们以不同的方式、手段来营造一个对方最容易接受的、轻松的谈话氛围。而这个良好的谈话氛围,需要以"点"为契机。这个"点"可以与话题直接相关,也可以与话题间接呼应,有时候,原本是一个很严肃的话题,却往往可以从最轻松的话题入手。

3. 言辞诚恳,表现自己的亲切感

在谈话过程中,亲切感是人们接受的前提,因为亲切感可以消除对方的紧张情绪,从而消除交流中的障碍因素。当然,心理上的亲和来自诚挚的态度。在谈话的时候,我们应该保持诚恳的言辞,亲切平易的心态,这是获得他人认同的必要条件。

4. 适时幽默

幽默是顺利进行谈话的"润滑剂",不过有时候,你的幽默却得不到他人的回应,这时,你需要考虑幽默是否适时、得体。在交谈过程中,具备幽默感是一种能力,而运用幽默、适时幽默则是完成双向交流的另一种本领,幽默本身是最能营造和谐、轻松直至理想的谈话环境的。而且,幽默并不是讲笑话这样简单,而是一种良好心理素质的直接反映。

第三节　承认自己的劣势有助于对方获得优越感

在现实生活中,许多成功学的书都教导我们要用"积极思维"来自我肯定,其实,这种简单的方法不仅令自己产生挫败感,而且也会使他人心中感到不悦。有时候,我们经常听到有人说:"在我所从事的领域里,我是出类拔萃的"、"我有足够的时间、能力、智慧来做这件事"、"我觉得只有我才是最棒的"等等。如果你仔细观察,就会发现这些人从来都是不受欢迎的那一类人,毕竟,没有谁能认同一个争强好胜、锋芒毕露的人。

在与人交往的过程中,我们要明白,你越是炫耀自己的优势,就越是贬低了对方;反之,你若是承认自己的劣势,则有助于使对方获得优越感。人们总是青睐那些看上去有点小缺点,不会威胁到自己的人,而那些太优秀的人,无一例外地都被人们当成了竞争对手或是敌人,当然,他们是不会认同自己的敌人的。因此,在生活中,要想快速赢得他人的认同,不妨承认自己的劣势,使对方获得一种优越感,而自己也能轻松地打动对方了。

小卓和小万是大学时代的好朋友,她们一起进了同一家公司,并应聘到同一个部门。小卓的性格有点内向,无论是说话做事都谦和有度,彬彬有礼,而且,她经常大方地承认"这个我不太懂,特向您请教一二"、"做这个方案需要注意些什么问题呢,你先给我讲讲吧,以免我做错了",如此承认自己的劣势,深得上司和同事的喜欢。小万在大学时期是学生会的主席,难免会带点自恃雄才的态度,她总说"这有什么难的,我三两下就搞定了"、"在这个世界上,就没有我干不成的事情",这样的她在公司里不仅没有交到一个可以信赖的朋友,反而给自己树立了不少对手。

有一次,公司进行新一轮的人事变动,她们所在的部门也需要提携一个得力的助手。主管为了公平起见,决定通过提名和主动竞聘这样两种方式相结合的方法进行。会议一开始,小万就迫不及待地开了头:"我想来竞聘这个职位,因为我觉得自己各方面都比较优秀,我在大学时期是学生会干部,这让我积累了不少与人交际的实际经验……"当她在台上侃侃而谈的时候,台下的同事却满脸不屑。

后来,有不少同事开始发言,有人冒出一句:"我觉得小卓挺不错的,谦和有度,即便是对我们这样的老员工,她也能耐心请教,什么时候都面带笑容,做事也很认真,但从来不张扬……"旁边一位老员工也附和"是啊,现在就得给年轻人一个发展的机会,像我们这样的老骨头就算了"。小卓脸红了,起来说道:"承蒙大家厚爱了,我觉得自己身上还有很多地方不足,担当不起这样的重任。"谁知,小卓这样一说,支持她的人更多了,在少数服从多数的情况下,小卓被任命为部门助理。

在公司，谦和有礼的小卓和张狂不羁的小万形成了鲜明的对比，同事们在承认自己劣势的小卓面前得到了一种优越感，好像这个小姑娘总是请教这、请教那，非常尊重自己，这样想来，对她便慢慢产生了好感。而相反，小万的自恃雄才让身边的同事感到了威胁，不知不觉地就对她产生了厌恶。于是，谦和有礼的小卓受到了公司上下的一致认同，而面对张狂不羁的小万，大家也只好敬而远之了。

大量事实证明，承认自己的劣势有助于使对方获得一种优越感，那么，其中的奥秘在哪里呢？不可否认的是，优越感来自于比较心理。

承认自己的劣势，其实就是抬高了对方。即使你本身很有能力，但若是在他人面前承认一些小缺点，那对方就会觉得"原来这样一个优秀的人也有缺点啊，看来，他不过和我一样"、"在这方面，他还真的不及我"，这样想来，他对你就会产生一种亲切感，而他自己也获得了一种优越感。其实，优越感来自于比较心理，如果觉得在某方面强过了他人，就会形成一种优越感。在日常交际中，我们不要忽视人们的这一心理，要保持谦虚的姿态，大方承认自己的劣势，使对方获得一种优越感，以此快速赢得他人的认同。

第四节　失言后谨慎面对

俗话说："人有失足，马有失蹄。"在日常交际中，无论是凡人还是名人，都免不了随时发生一些口头失误。虽然，这其中的原因各有不同，但失言造成的后果却是极为相似的，有时会贻笑大方，有时会纠纷四起，有时甚至不堪收拾。当然,失言并不是有心的过错,不过却是交际的失误,那么,失言后该怎么办呢?千万不要觉得话既已经说出去了,就这样不补救,不承认错误,这是极为错误的方法。失言后,我们应该谨慎、坦然地面对,虽是无心之过,但也要诚恳地承认自己的错误,以求得他人的认同。然后,再寻思一些方法进行补救,挽回失言带来的局面,这样才能最大限度地降低失言带来的严重后果。

有一次,纪晓岚光着膀子与几人在军机处聊天,正巧乾隆皇帝带着几个随从突然到访,其他人一见皇帝来了,连忙上前接驾,躲在后面的纪晓岚心想:"如果自己就这样光着膀子接驾,岂不是犯了亵渎万岁之罪?可能,皇帝并没有发现自己,还是先躲一下为好。于是,匆忙之下,纪晓岚钻到了桌子底下藏了起来,其实,这一举动已经被乾隆皇帝看在眼里,他故意装作没看见,却在椅子上坐了下来。

纪晓岚在桌子底下缩成一团,大汗淋漓,却不敢出声,过去了很长时间,他没听见乾隆说话的声音,以为他走了,就问身边的同僚:"老头子走了没有?"哪知这话被等在一旁的乾隆听见了,他厉声问道:"纪晓岚,你见驾不接,我且不怪罪于你,你叫我'老头子'是什么意思?你要一个字、一个字地给我说清楚,否则,别怪我无情!"纪晓岚吓得半死,连称:"死罪!死罪!"接着,慢慢解释道,"万岁不要动怒,奴才之所以称您为'老头子',的确是出于对您的尊敬。先说'老'字,'万寿无疆'称'老',我主是当今有道明君,天下臣民皆呼'万岁',故此称您为'老'。"乾隆听了,点点头,纪晓岚继续说道:"'顶天立地'称为'头',我主是当今伟大人物,是天下万民之首,'首'者,'头'也。故此称您为'头'。至于'子'字嘛,意义更明显。我主乃紫微星下界,紫微星,天之子也,因此天下臣民都称您为天'子'。"乾隆听了,笑了,这事就这样过去了。

对皇帝失言,这可是大事,弄得不好是要掉脑袋的,知道自己失言后,纪晓岚却急中生智,慢慢解释,补救了自己的失言。在整个回答过程中,他言辞诚恳,态度谦逊,而且,又以灵敏的应变能力巧妙地圆场,这些都获得了乾隆皇帝的认同。

失言本是一时之过,却往往能一失足成千古恨。因此,在日常生活中,一旦自己失言了,哪怕你没有想到补救的办法,但是,只要你能承认自己的过失,诚恳地道歉,想必也能赢得他人的原谅。有的人在失言后不仅不追悔自己的过失,反而为自己辩解,这样就让人讨厌了,而他的言行也得不到对方的认同。

司马昭与阮籍正在上早朝,忽然有侍者前来报告:"有人杀死了你的母亲!"放荡不羁的阮籍不假思索便说:"杀父亲也就罢了,怎么能杀母亲呢?"此言一出,满朝文武大哗,认为他"有悖孝道"。阮籍也意识到自己言语的失误,忙解释说:"我的意思是说,禽兽才知其母而不知其父。杀父就如同禽兽一般,杀母呢,就连禽兽也不如了。"一席话,竟使得众人无可辩驳,而阮籍也避免了杀身之祸。

在意识到自己失言后,阮籍及时补救了自己的言语失误,以借题发挥,巧妙地平息了众怒。采取一定的补救措施或者矫正之术,去避免言语失误带来的难堪局面,这是失言后首要做的工作,如此,也才能获得他人的认同。

1. 坦率道歉

如果因为自己无心之言,而伤害了对方,或者造成了尴尬的局面,我们应该坦率地道歉,补救失误,如可以说:"说那样的话我深感遗憾,我愿意向你道歉。"以一份坦率的胸襟来面对自己的过失,以诚恳的态度赢得他人的认同。

2.及时补救

失足了可以再站起来,失言了可以及时补救,只要我们懂得随机应变,就能弥补自己语言的过失。

第五节 急于称赞,迟于寻错

卡耐基说:"世界上最容易摧毁一个人志向的,那就是上司给他的批评,我从来不批评任何人,我只给人们工作的激励。我是急于称赞,而迟于寻错,如果说我喜欢什么的话,那就是诚于嘉许,宽于称道。""急于称赞,迟于寻错"是卡耐基所提倡的与人沟通的一个重要技巧。"急于称赞",意思是别人做了好的事情,就要马上给予表扬,一个好习惯的形成往往是源于不断的表扬;"迟于寻错",对他人的错误,我们要学会宽容,不要别人一错就去批评,而是包容对方的过错。古人曰:"人非圣贤,孰能无过。"如果你一味地批评他人的过错,似乎是在展示自己的能力或是显示自己的地位,这样往往会伤害对方的自尊心,彼此的沟通也达不到良好的效果。所以,在现实生活中,对于他人的优点,我们要及时赞美,而对于他人的过错,我们不要急于去寻找,这样,才能和谐人际关系,快速得到他人的认同。

有一天,柯立芝总统对他的一位女秘书说:"你今早穿的衣服很好看,你真的是一个非常漂亮的女孩子。"没想到,一向话少的柯立芝总统居然说出了这样的赞美之词,这恐怕是他的秘书听过最动人的称赞了。这简直不太正常,有点出乎这位秘书的意料,那位女秘书脸上涌现出了一层红晕,总统继续说道:"别难为情,也不要太过高兴。我刚才的话,是为了让你好过些。从现在起,我希望你对公文上的标点,要稍微注意一点。"

原来,柯立芝总统发现女秘书最近在公文的标点上出了很多的错误,对此,他才来了一个"三明治"式的批评。

理发师在给客人修面的时候,为防止弄伤客人的脸,会事先涂上一层肥皂。而在准备指出秘书过错之前,柯立芝总统先赞美了秘书,然后再以一种建议的方式提出自己的看法。如此批评的方式,运用了一个原则:当人们听到他人对自己的优点加以称赞之后,再去接受他人指出的缺点,自然会觉得好受一些。这其实也是"急于称赞,迟于寻错"的运用,对于他人的优点及时赞美,而对于他人的缺点,却能够含蓄地指出,给对方足够接受的时间。那么,自然而然地,无论是你的称赞还是批评,对方都能够接受了。

有一天,发明大王爱迪生和他的助手辛辛苦苦工作了一天一夜,终于做出了一个电灯泡。他们非常珍惜这个成果,就叫来一个年轻的学徒,让他把这个灯泡拿到楼上的实验室好好保存。这名学徒知道这是个重要的东西,心里非常紧张,结果在上楼的时候,不住地哆嗦,一下子摔倒了,把电灯泡摔得粉碎。爱迪生感到非常惋惜,但没有责罚这名学徒。过了几天,爱迪生和他的助手又用了一天一夜制作了一个电灯泡,做完后,爱迪生想也没想,仍然叫来那名学徒,让他送到楼上。这一次,什么事也没有发生,这个学徒安安稳稳地把灯泡拿到了楼上。事后,爱迪生的助手埋怨他说:"原谅他就够了,你何必再把灯泡交给他呢,万一又摔在地上怎么办?"爱迪生回答:"原谅并不是光靠嘴巴说的,而是需要实际行动。"

爱迪生以宽广的胸襟包容了学徒的错误,而且,不仅如此,还以实际行动告诉学徒"我真的已经原谅了你"。如此一份宽容,怎能不打动年轻的学徒呢? 在这个故事里,爱迪生以自己的实际行动诠释了"迟于寻错"这四个字。

那么,在现实生活中,我们如何做到"急于称赞,迟于寻错"呢?

1. 不吝惜对他人的称赞

在生活中,每个人身上都有值得称赞的地方,或是聪明,或是工作能力,只要我们发现了,就不要吝惜对他人的称赞。这不仅仅能快速获得对方的认同,而且,还能够有效地激励对方,促使其不断地上进。

2. 以包容代替批评

俗话说得好"金无足赤,人无完人。"在生活中,错误是我们无法避免的,因此,面对他人有意或无意犯下的错误,我们要以包容代替批评。包容对方的错误,让他意识到自己该怎么去做,从而接受我们的建议;而批评只会让一个犯错的人更受伤,使得他对你提出的建议持抵触心态,这样一来,我们就无法达到沟通的真正目的了。

第六节　诚恳地致歉,赢得他人好感

俗话说"智者千虑,必有一失。"一个人再聪明,再能干,也总有犯错误的时候。孙子曾说:"过也,人皆见之;更之,人皆仰之。"在日常生活中,我们都不可避免地会做错一些事情。其实,做错事情并不是一件丢人的事,只要我们能够及时认识到错误并改正错误,及时向对方诚恳地道歉,解开矛盾,就可以赢得对方的好感。有时候，我们有可能会说错话，有可能会做错事，这就难免会得罪他人，使原有和谐友好的人际关系有了裂痕。不过，在错误发生之后，如果我们能诚恳地致歉，主动说"对不起"，一般而言，我们是能够得到对方的谅解的。假如我们发现自己错了，却不愿意道歉，甚至处处找借口为自己辩解，这样的结果不仅得不到朋友的谅解，也会使自己处于孤立无援的境地。

诚恳而巧妙地道歉，能够挽救人际危机，化解尴尬气氛，继而巩固关系，推进新的人际关系的发展。不过，在这其中，道歉也是需要技巧的，下面我们就简单地列举以下几种。

1. 道歉用语

诚恳地道歉需要适宜的道歉用语，比如"对不起"、"请原谅"、"很抱歉"、"请你转告王先生，就说我对不起他"、"对不起，是我的错"、"我错怪你了"、"不好意思，给你添麻烦了"，等等。

2. 把握道歉的最佳时机

当你发现自己说错了话或者做错了事情的时候，就需要及时地道歉，道歉是越及时越有效果。很难想象在几十年后才说"对不起"会发生什么事情。当然，道歉的最佳时机还应该选在双方都心平气和的时候，在对方情绪比较好的时候，他更容易接受你的道歉。

3. 先批评自己

道歉并不是等对方的责备已经来了再道歉，因为到了那个时候，你已经激起了对方的怒火，所以我们需要先发制人，率先批评自己，这样对方就不好意思再责备你了，而且，也会宽容地谅解你的错误言行。

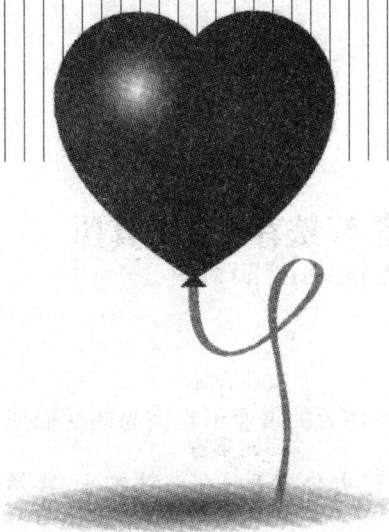

第十二章

巧观察妙迎合，及时拉近双方关系

//

在日常交际中，除了彼此之间的语言沟通，我们还应善于观察对方，洞悉对方的真实心理，如此才能对症下药，迎合并满足其心理，及时拉近双方的关系。诸如用热情软化对方的冷面孔、满足对方的猎奇心理、在合适的场合制造幽默、将话题围绕对方展开、巧妙地招呼拉近彼此之间的距离，等等，这些都是我们打动人心的利器。

第一节　用热忱软化他的冷面孔

爱默生曾说："有史以来，没有任何一件伟大的事业不是因为热忱而成功的。"热忱到底是什么呢？卡耐基曾在自己办公桌上挂了一块牌子，在镜子上也挂了同样的一块牌子，而麦克阿瑟将军在南太平洋指挥盟军时，其办公室墙上也挂了这样一块牌子，这三块牌子上写着相同的座右铭"你有信仰就年轻，疑惑就年老；有自信就年轻，畏惧就年老；有希望就年轻，绝望就年老；岁月使你皮肤起皱，但是失去了热忱，就损伤了灵魂。"这几乎是对"热忱"最好的赞美词，当然，这并不是一段单纯而美丽的话语，而是迈向成功的必要途径。热忱，为我们所做的每一件事情都增添了趣味，也能够软化他人的冷面孔。哪怕遇到一个再冷漠的人，只要我们怀着热忱的态度，就一定能融化对方、打动对方。

有一次，一位推销员来拜访拿破仑·希尔，希望他订阅一份《周六晚邮》，推销员满脸沮丧，拿着那份杂志向拿破仑提问："你不会为了帮助我而订阅《周六晚邮》吧，是不是？"拿破仑一口就拒绝了推销员的要求，那位推销员阴沉着走了出去。

几个星期之后，另一位推销员来拜访拿破仑，她推销六种杂志，其中有一种就是《周六晚邮》。这位推销员看了看拿破仑的书桌，发现书桌上已经摆了几本杂志，突然，她忍不住热心地惊呼了起来："哦！我看得出来，你十分喜爱阅读书籍和各种杂志。"拿破仑放下了手中的稿子，点点头。推销员走到书架前，从书架上取出了一本爱默生的论文集，她开口谈论起了爱默生那篇"论稿酬"的文章，不一会儿，拿破仑也加入到其中讨论。然后，推销员开始将话题转回到了订阅杂志的问题上，她问拿破仑·希尔："你定期收到的杂志有哪几种？"拿破仑·希尔回答了自己订阅的杂志名称，推销员脸上露出了笑容，随即摊开了自己的杂志，她开始分析："我觉得这里的每一种杂志你都需要订阅一份，《周六晚邮》可以让你欣赏到最干净的小说，《美国杂志》可以给你介绍工商界领袖的最新生活动态……像你这种地位的人物，一定要消息灵通、知识渊博，如果不是这样子的话，一定会在自己的工作上表现出来。"拿破仑笑了，问道："订阅这六种杂志一共需要多少钱？"推销员笑着回答："多少钱？呀，整个数目还比不上你手中所拿的那一张稿纸的稿费呢。"最后，她离开的时候，带走了拿破仑·希尔订阅六种杂志的订单。

两个推销员同样是向拿破仑推销杂志，但为什么那位女推销员最后获得了成功呢？事实上，拿破仑自己在回忆这件事情的时候，曾这样说："第一位推销员话中没有以热忱作为后盾，在他脸上充满阴沉而沮丧的神情，他并没有说出任何足以打动我的理由；那位女推销员一开始说话，我就从她身上感受到了那股热忱，她通过热忱感染了我，打动了我，促使我不得不订阅那六种杂志。"女推销员通过语言以及行为所传递出来的"热忱"软化了拿破仑的冷面孔，即使拿破仑在之前早已经打定主意不理睬她，但是最终却在她的热忱的感染与鼓舞下，心甘情愿地掏钱订阅了杂志。

拿破仑·希尔说："热忱是一种意识状态，能够鼓舞及激励一个人对手中的工作采取积极行动。"其实，不仅如此，热忱还具有极强的感染力，不仅仅对怀着热忱的本人产生重大影响，而且还能有效地感染他人，打动他人。拿破仑是一位崇尚热忱的人，他希望自己能被他人的热忱打动。因此，在评估一个人的时候,他不仅仅考虑其能力,而且还考虑他是否热忱。

　　试想,一个人若是缺少了热忱,还能打动谁呢? 在与人的沟通的过程中,不论对方对自己的话题是否感兴趣,我们都应该满腔热情地和对方"套近乎",保持友好的微笑,用自己的热情去打动对方,以诚相待,从而使交流得以顺利地进行下去。大量事实证明,热忱是交际中必不可少的要素,它能融化心灵的冰雪,温暖对方的冷面孔。在交往中,热忱是少不了的。也许,对方一开始对你的热情并不"感冒",但是请不要着急,只要你能坚持热情似火,总会打动对方的。

第二节　满足对方的猎奇心理

　　人们普遍都有一种猎奇心理,天生就对那些稀奇古怪的东西,或者对那些自己不知道但被大家传得很神奇的东西有着强烈的好奇心,并且千方百计地想去弄个清楚、明白,这就是我们常说的"猎奇心理"。猎奇心理属于人的一种心理活动,每个人或多或少都会有这样的心理。简单地说,也就是对别人不让你去做的事情想要去做,要看个究竟,而且有强烈的好奇心。

　　人从出生起就具备了好奇的心理,比如,在婴儿时期,他好奇的本能就是饿了就想吃,类似于乳头的东西,他都会往嘴里送,这就是一种好奇的心理。到了成年以后,人们对于未知的东西总是有一种想知道的欲望,希望将未知的变为可知的。如果说"好奇"与"猎奇"有什么区别,那就是好奇是本能的,而猎奇是强迫意识的。在日常交际中,我们不能忽视人们的"猎奇心理",而且要善于了解对方的猎奇心理,巧妙观察,积极迎合,以满足其猎奇心理,这样也可以有效地打动对方。

在日本东京,有一家都铃屋,这是一家著名的女子服装店。当地人一听到"铃屋",就会想到店门口挂着的铜铃,每当一阵清风吹过,铜铃就会发出阵阵悦耳的响声,"铃屋"也因此而闻名。这样的名声传出以后,不少顾客就怀着对铃屋的好奇,常常登门购物,使得这家店的生意越来越好。

现代社会,越来越多的商店为了满足顾客的猎奇心理,玩弄花样,想以此打动顾客。有的商店会在皮鞋店门口竖一个大靴子,或是在食品店门口挂一只香鸡,或是在海员俱乐部装一艘船,等等。一旦顾客看到了这样的场景,其猎奇心理就会受到激发,自然会径直而入,从而增加了商店的销售量。或许可以说,猎奇是人们心中的一种好奇心理,许多商人们只要抓住了顾客这样的心理,再使出足以满足这种"变态心理"的花招,那么顾客就会自然而然地掏腰包了。

猎奇心理是一种很特别的心理需求,它往往能在无形之中调动人们的积极性,从而引导人们做出一些探索性的行为。从某种意义上说,由于猎奇心理的推动,才铸就了人类的整个进化史。因为有了猎奇心理,人们与大自然不断地进行斗争,不断地探索,不断地推陈出新,如此才创造了辉煌的人类文明。在日常交往中,我们要仔细观察,不要忽视了人们的"猎奇心理",而是学会洞悉对方的猎奇心理,甚至积极迎合对方的这一心理,满足其猎奇心理,达到打动他人的目的。

第三节　学会在合适的场合"制造"幽默

　　林语堂先生曾说:"幽默是一种人生态度。"在日常交际中,幽默的语言能使紧张的气氛顿时显得轻松活泼,能让对方感到真诚,如此的语言表达更容易打动对方。在生活中,幽默无处不在,它成为了人际交往的调节剂。对于我们来说,应该学会在合适的场合"制造"幽默,纵观古今名人,凡是成就大事者,无不具有幽默的细胞。萧伯纳一句"你撞了我可以名扬四海",使那位骑车撞了他的小伙子脱离了尴尬的情境;俾斯麦以偷梁换柱的幽默,一言道出了女人的通性;莫扎特以顺藤摸瓜式的幽默,让轻狂的学生也低头信服。假若把你的各种优良特质比做钻石的各个侧面,幽默感则是钻石直接面向他人的那一面,可以时时折射出智慧的光芒。幽默,时常会让我们一展才华,令人耳目一新,印象深刻。一段精彩的幽默说辞,有时会让人一辈子不忘,而你将成功地打开他人的心扉。

　　恩格斯曾经说:"幽默是表明人对自己事业具有信心并且表明自己占有优势的标志。"当然,幽默的语言风格是建立在较高的思想境界和较高的涵养上,如果你是一个心胸狭窄、思想颓废的人,你是不会幽默的。幽默永远属于那些拥有热情的人,属于生活的强者。

　　张先生借用朋友的豪华别墅庭院办了一场 Party,活动即将开始时,助理焦急自责地跑来跟他说:"苹果不知道什么时候掉了一袋,剩下的可能不太够用,这里又离市区那么远,怎么办?"张先生没斥责她,仅轻声地问:"有没有哪一种准备多一点的?"助理说:"小点心准备得很多,应该还会有剩下。"专家于是拍了拍助理的肩膀安慰她说:"没关系,有我呢!"宴会开始了,大家都看到前头的苹果盘前放了一个小牌子,上面写着:"上帝正在看着你,请别拿太多了!"大家不禁莞尔一笑,走到后头又看到放小点心的盘子前也立了一个牌子,上面写:"不要客气,要多少拿多少,上帝正忙着注意前面的苹果呢!"来宾们都呵呵笑弯了腰,结果这场 Party 宾主都尽兴无比。

一句得体俏皮的话,立即就会让你和对方之间的心灵距离缩短,并获得对方的好感;几句对付难题的机智回答,会让自己摆脱困境,并体现美好的自我形象,获得对方的赞美。当然,幽默的语言风格并不是说每一句话都需要幽默,也不是随便一句俏皮话都可以被称之为幽默。幽默的语言风格不仅需要风趣,更需要得体,符合场合,这样才能更好地表达出幽默的效果。

当然,幽默并不是真的"制造"出来的,而是存在于那些对生活充满热情的人的头脑中的。而且,幽默所产生的力量是巨大的,它可以帮助我们用新的眼光来看待身边的人和事,帮助我们恰到好处地处理一些难堪的情境。

那么,如何在语言表达中增添幽默的元素呢?

1. 曲解

有时候我们可以故意曲解某件事情所包含的含义,给问题找到一个似是而非的解释,使结果和原因之间显得不那么相称,给人一种荒谬感,从而形成幽默感。

2. 戏谑

在日常交际中,我们可以通过场景来发挥幽默的表达技巧,戏谑幽默是一种无攻击性的幽默技巧,开着机智、哲理的玩笑,目的就是为了增加对方对你的亲切感,以此来影响对方心理。

3. 假设推理

在沟通过程中,我们可以利用对方不稳定的前提或自己假定的前提,来推理引申出某种歪曲的结论和判断,但这并不是逻辑上的结果,而是偶然性和意外性的结果,最终形成幽默感,令对方愉悦。

第四节 围绕对方展开话题

在生活中,大多数人在沟通过程中都喜欢谈论自己,从嘴里不断地蹦出"我今天……"、"我觉得……"、"我买了……",这样的一种沟通只能会让对方变得沉默,甚至哑口无言,难道对方真的只是个"木瓜"吗? 其实,最有效的沟通就是让对方尽可能地聊他自己,这样大家都欢喜,他满足了想表达的欲望,你则以自己的"善解人意"打动了对方。在沟通过程中,人们通常都会犯一个严重的错误,那就是不给对方聊自己的机会,事实上,让话题围绕对方展开,双方才会"有得聊",而你也才能打动对方。对此,你要明白,聊天并不是个人演讲,不要总是谈论自己,而忽略身边谈话的朋友。如果总是谈论自己的话题,只会让别人更加厌烦你。那么,在与对方进行语言交流的时候,不妨忘记自己,让话题围绕对方展开,这样不仅能使彼此之间的沟通更顺畅,而且更能打动对方。

阿美是一家房地产公司总裁的公关助理,奉命聘请一位特别著名的园林设计师为本公司的一个大型园林项目担任设计顾问。但这位设计师已退休在家多年,且此人性情清高孤傲,一般人很难请得动他。为了博得老设计师的欢心，阿美在正式拜访之前做了一番调查，她了解到老设计师平时喜欢作画，便花了几天时间读了几本中国美术方面的书籍，做好了准备工作，以便到时候好好地与他聊天。

这天，她来到老设计师家中，刚开始，老设计师对她态度很冷淡，阿美就装作不经意地发现老设计师的画案上放着一幅刚画完的国画，便边欣赏边赞叹道："老先生的这幅丹青，景象新奇，意境宏深，真是好画啊！"一番话立即使老先生感到一种愉悦感和自豪感。接着，阿美又说："老先生，您是学清代山水名家石涛的风格吧？"这样，就进一步激发了老设计师的谈话兴趣。果然，他的态度转变了，话也多了起来。老先生谈起了自己的绘画经历。在交谈过程中，老先生侃侃而谈，阿美则时而微笑，时而点头，两人的感情越来越近。最后，阿美说服了老设计师，出任其公司的设计顾问。

刚开始，阿美并没有说出自己此次前来的目的，而是将话题引到了老先生的身上，这样一来，激发了老先生的谈话兴趣，随着谈话的进行，两人的心灵距离越来越近，最后，阿美如愿打动了老设计师，达到了自己的目的。人类本质里最深层的驱动力，就是希望具有重要性。一个人最想谈论的就是关于自己的话题，因为他在谈论自己的时候，感觉到了被重视、被尊重，这样的心理得到满足之后，不知不觉间，他就会对你产生莫名的好感，进而被你打动。

在日常交际中，经常会出现这样的情况：人们对于谈论他人的话题，总显得心不在焉，不是摆弄手机，就是四处张望。但是，一旦话题转到了自己的身上，其内心就激起了一种谈话的欲望。毕竟，每个人都希望自己被重视。那么，在交谈中如何打动对方？最好的方法当然是围绕对方展开话题，打开了对方的话匣子，还愁打不开对方的心扉吗？

第五节　学会察言观色，适时沉默

孔子说："不知言，无以知人也。"意思是，不知道分辨别人的言论，就不能了解别人，也就无法领会别人的意图。在现实生活中，我们千万不要把孔子所说的"知言"，仅仅理解为对方说了什么，因为这句话真正的含义是"不要光看说话的内容，还要分析这番话背后的意思"，也就是我们常说的"察言观色"。通常情况下，一个人在说话的时候，会伴随着一定的肢体语言、面部表情，一定不要忽视了这样一些信息，因为这恰恰是语言背后所隐藏的内容。不仅仅要听对方说话，还需要观察其脸色，有的人即使心中不悦，也不会说出来，但会在面部表现出来，而我们如果能仔细观察，了解到这一信息，及时闭嘴，保持沉默，就能赢得对方的好感，从而达到打动他人的目的。另外，如果要想打动对方，就应读懂对方的心，摸清对方的喜好，了解其个性，而这些都是需要通过察言观色来获得。所以，在交际中，我们要学会察言观色，适时保持沉默。

清朝时，一位新上任的县令，初次去拜见上司，想不出该说什么话，沉默了一会儿，忽然问道："大人尊姓？"这位上司看上去很吃惊，勉强说了姓某。县令低头想了很久，说："大人的姓，百家姓中所没有。"上司脸色惊异，说："我是旗人，贵县不知道吗？"县令又站起来，说："大人在哪一旗？"上司说："正红旗。"县令说："正黄旗最好，大人怎么不在正黄旗呢？"上司勃然大怒，问："贵县是哪一省的人？"县令说："广西。"上司说："广东最好，你为什么不在广东？"县令吃了一惊，这才发现上司满脸怒气，赶快走了出去。不久，这位县令便被借故免职了。

在这个故事中，这位县令正是因为不会察言观色，口无遮拦，才引得上司发脾气的，自己也被免职了。其实，从一开始，面对县令所问"大人尊姓"，上司就显得很不高兴了，勉强才说出了自己的姓氏。可那县令不懂察言观色，一个劲儿地说下去，终于触碰到了上司的底线，而自己也被罢免了。如果县令懂得察言观色，适时保持沉默，想必又是另一番结局了。

公司里，新人小美向上司阿梅请教："梅姐，我有个问题想向你请教。"阿梅非常不耐烦地说："没看我正忙着呢吗？"小美不放弃："你就看一眼，马上就好了。"这时，阿梅抬起头来，生气地吼道："我说你烦不烦啊，我手头的事情还不够我忙啊，你还来瞎掺和。"小美碰了一鼻子灰，失望地走了，心想："她明明在发呆，还说很忙，是不是她看我不顺眼。"

后来，小美经过观察，发现阿梅是一个对工作追求完美的人，每当有新任务的时候，她都会焦头烂额。而那次自己去请教的时候，正好领导给阿梅布置了新任务，她正在想着新方案，所以对小美的请教，显得十分不耐烦。

本来当上司阿梅显得不耐烦的时候，小美就应该保持沉默，而不懂得察言观色的她偏偏不知趣，再次请求，这样一来，更惹恼了上司，自然就少不了挨一顿骂了。

相比较西方人的直率，中国人比较传统，常常是心中有话说不出来，而是等着对方来猜；就算是他们勉强说出来了，也必定说得含含糊糊，不清不楚。于是乎，我们在判断对方说的是否是真话的时候，不仅需要听他所说的话，还需要看他的样子，这样才可以确定他到底想表达的是什么意思。

我们可以通过察言观色来洞察他人的心理，有可能是一个细微的动作，有可能是一个眼神，有可能是一个笑容。那些在他脸上、身上表现出来的表情或动作，都在随时地告诉我们他内心究竟在想什么。而我们可以根据对方内心的想法,积极调整自己,从而赢得对方的好感。

1. 观察其眼睛

《孟子·离娄篇》说:"存乎人者,莫良于眸子。眸子不能掩其恶。胸中正,则眸子了焉;胸中不正,则眸子眊焉。听其言也,观其眸子:人焉廋哉!"意思是说,要想了解对方的心理,没有比观察他的眼睛更准确的了。如果你在说话的时候,对方眼睛四处张望,心不在焉,那证明对方根本不想听你再说下去,那么,你应该适时闭嘴,保持沉默。

2. 观察其说话节奏

一个人的说话节奏可以帮助我们揣摩对方的心理。比如,说话的速度常常能反映一个人的心情,说话快的人突然慢下来了,那说明他可能是心里有些不满,这时候我们就应该闭上嘴巴,保持沉默。

3. 观察其面部表情

一个人的面部表情也能泄露很多的秘密。比如,当他对你所说的话很有兴趣的时候,他脸上会出现友善的笑容;反之,若是不喜欢你所说的话,他则会面无表情,或是面露不悦的神色。一旦对方面露不悦的神色,我们就应该适时保持沉默,如此,赢得对方的好感。

第六节　适时说好场面话,拉近彼此的距离

游走在社交场合的我们虽然名片越来越多,但真正无话不谈的朋友却很少,似乎大多数朋友都是场面上的朋友。与人见面,无非就是"您好"、"再

见"，除此之外，似乎再也没有什么话可说了。对于交际场合中的朋友，即使打了招呼"您好"，也还需要巧妙周旋几句才能说"再见"。许多社交高手擅长说场面话，几句寒暄下来，就拉近了彼此的心理距离。等到下一次见面的时候，那些场面上的朋友就已经成了很好的朋友。

在生活中，客套的"场面话"是不可或缺的，它就犹如黏合剂，贴近了人与人之间的心灵距离。一旦缺少了适时的场面话，就使整个交谈显得尴尬窘迫，甚至不知道下句话该说些什么。特别是对于那种还比较陌生的朋友，适时的场面话更不可缺少。所以，在日常交际中，我们需要适时说好场面话，以拉近彼此的心灵距离。

新的一年就快到了，公司为了庆祝新年的到来，特地举办了一次鸡尾酒会。销售部最年轻的经理小王也参加了，跟不同的客户寒暄了几句后，小王就躲进了角落里喝橙汁。小王不太擅长说场面话，所以，自己躲起来落个清静。没想到，一个商人模样的外国人却走过来和他打招呼，小王赶紧放下冰橙汁，与他握手。那个外国人笑着说："为什么你的手冷冰冰的呀？"小王忙着解释，朝那杯冰橙汁乱指，外国人马上摇头："不不不，你只需要说'但我的心是热的'就行了。"小王窘迫地笑了。

也许，外国人并不关心小王的手为什么是冰冷的，而小王也没有必要解释为什么自己的手是冰冷的。当两个陌生人见面了，他们所需要的只不过是寒暄几句"场面话"，这样才能拉近彼此的关系。一般情况下，那些让人开心的场面话，定会对给对方留下深刻的印象，无形之中就会拉近彼此的心理距离。

几位同事正在办公室里讨论工作中出现的问题，这时经理身边的"红人"小李走过来了，她笑着安排了工作，并针对同事提出的问题一一进行了解答。同事张丽笑着说："小李，你太聪明了，你的智商真高，怪不得坐到了助理这样的位置，羡慕啊。"听了这番"客气话",小李有点不高兴,笑容僵硬在脸上,旁边的小杨赶忙说:"经理一直在我们面前夸你头脑灵活,今天一见,果真名不虚传啊!"小杨的场面话挽救了小李,其实,平时小杨与小李的关系挺疏远的,但从这一次之后,小李每次见到小杨都会亲切打招呼,两人渐渐成为了无话不谈的朋友。

交际中总会出现各种尴尬、难堪的情境,这时候一旦出言不当,就会令场面尴尬起来,最终影响整个人际关系的和谐。这时候,场面话就成了黏合剂,它能起到很好的调节气氛的作用,从而达到打动他人的目的。

那么,如何才能说好场面话呢?

1.适当地赞美

有时候,我们需要当面称赞对方,比如称赞对方工作能力,称赞对方教子有方等。诸如此类的场面话,有的可能是实情,有的可能与事实有一段差距,虽然听起来有点儿别扭,但只要不太离谱,对方听了都会感到高兴的。比如,"这衣服穿在你身上再合适不过了",短短一句话比一段话都能打动对方。

2.场面话需要越精越好

场面话是人们在应对各种关系时都会遇到的,这是日常交际的需要,但并不意味着你的场面话说得越多越好,而应该是越精越好。当你在洞悉了对方的心理之后,只需要说出一句话,就能有效地影响其心理了,比如"什么时候一起喝茶吧"、"你最近忙吗……我想请你喝茶",前者比较真诚,后者因话太多而显得虚伪了。

3.随声附和

人们往往希望自己的成就可以得到肯定与赞赏,因此,我们可以在与人交流时加入一些简单的语言,比如"对的"、"你说得对"等等,以肯定对方的成就,这样能缩短彼此之间的心理距离。

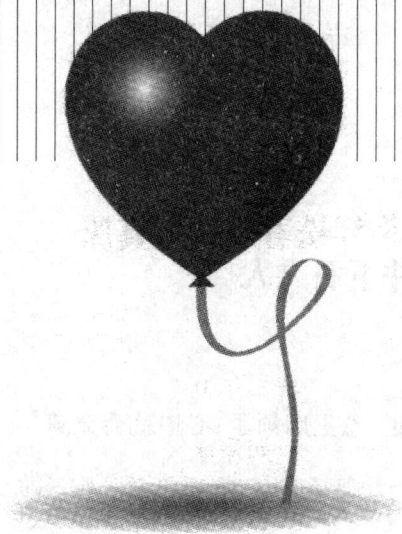

第十三章

真情实意，用人格魅力征服对方

//

何谓人格魅力？人格魅力是一种力量，它是一种吸引人、感染人、凝聚力。虽然在现实生活中，我们看不见也摸不着它，但是，自己之所以被它所吸引、凝聚、感染，这都来自于我们对其进行的眼睛的观察、耳朵的聆听和心灵的感受。因此，在日常生活中，我们要逐渐提升自己的修养，以真情实意打动对方，用人格魅力征服对方。

第一节 不做落井下石之人

在日常生活中，有的人眼见别人出事了，惹上麻烦了，心中就会充满一种快感，甚至还会做出一些落井下石的行为。似乎，他们唯恐对方受伤不够重，还要再在对方身上补上致命的一刀。其实，像如此小人的行径，只能使他在人际交往中得不到任何好处，只会让他臭名昭著。俗话说得好："三十年河东，三十年河西。"山水是轮流转的，谁也不能预测到将来自己会发生什么事情。而那些被他曾经伤害过的人，会在他陷入困境时加倍奉还给他。所以，在日常交际中，凡事与人为善，不要做落井下石之人，从而体现自己非凡的人格魅力，以此来打动对方。

"落井下石"这句话，出自韩愈文："落陷阱，不一引手救，反挤之，又下石焉者。"意思就是说趁人不备的时候，存心加害对方，预想置对方于死地，或者说引诱对方落入陷阱，然后再狠毒地扔块石头给他，这无疑是雪上加霜。本来对方已经身处不幸之地了，而你非但不提供任何帮助，反而想着怎么加害于他，这样残忍的行为比"见死不救"更恶劣，也比那些在旁边幸灾乐祸的人更狠毒。

生活对于我们每一个人来说，并不会一帆风顺，总会出现大大小小的挫折和困难。小至丢了工作，大至性命攸关，这对于我们来说都是无法预料的，也是没有办法避免的。因此，无论对方是陷入困境还是处于挫折之中，都不要落井下石，这对于对方而言无疑是雪上加霜，往伤口上撒盐，而且还会给对方造成比事件本身更大的伤害。即便是对方曾经与你有过矛盾，你也要坚守起码的做人原则，那就是任何时候都不要做落井下石之人，如此，也才能打动对方。

1.落井下石的行为，无半点人格魅力

人与人之间的交往都是相互的，都是建立在平等的基础之上的。如果你想让对方喜欢你，那么你就先喜欢对方；如果当对方"落井"而你却以"投石"来对待，那么对方也会对你毫不客气的。虽然，生活中不乏有心胸宽广之人，但是对方也一定不会忍下这口恶气。而且，落井下石如此恶劣的行为，根本没有半点人格魅力，不仅不能打动对方，反而会使自己成为对方所憎恶的对象。

2.做人要厚道，这本身就是一种人格魅力

在任何时候，我们做人都要厚道，对于别人的不幸要给予同情，对于别人的过失也要进行自我反省。这本身就是一种人格魅力，在不知不觉间便可以打动对方。

想必，我们都懂得"唇亡齿寒"的道理，古人云："城门失火，殃及池鱼。"当你对他人的苦难进行无情地"投石"以击之时，你也无法预料你未来会发生什么事情。有的人看到有的同事遭到上司批评时，一副幸灾乐祸的样子，而且似乎还不够解恨，还居然跑到上司的办公室打小报告、告黑状。结果没过多久，下一个遭上司批评的人就是他。因为那种背后说人家坏话、放冷箭的人，上司也是不会欣赏的。

第二节　宽容对方的错误，让他心存感激

在生活中，宽容是一种生存的智慧，生活的艺术，是看透了人生以后所获得的那份从容、自信和超然。懂得宽容的人，凡事看得深、想得开、放得下，因为他们懂得"处世让一步为高，退步即是进步；待人宽一分是福，利人实是利己"的道理，而且，宽容对方的错误，会让他心存感激，对你充满了敬意，因为在你身上体现出来了无比高尚的人格魅力。

美国前总统林肯在别人批评他与敌人做朋友而不是消灭他们的时候，只是温和地回答说："当他们变成我的朋友时，难道我不是在消灭敌人吗？"因此，那些懂得宽容他人的人，总是给人以超凡的人格魅力，让他人心生感激，从而达到打动他人的目的。哲人说："容言知过，有容己之量，才能自我完善。"只有对自己宽容的人，才有可能对别人宽容。宽容他人的错误，本身就是一种充满智慧的行为。

有这样一个故事：

话说在美国市场里，有一位中国妇女的摊位生意很好，如此兴隆的生意自然引起了其他摊贩的嫉妒。于是，大家总是有意或无意地把自己门口的垃圾扫到她的店门口，希望借此宣泄心中的怨气。可是，令人感到奇怪的是，那位中国妇人只是宽容地笑了笑，从来都不计较，反而把那些垃圾都清理到自己摊位的角落里。

在她旁边的那位卖菜的墨西哥妇人观察了好几天，忍不住问道："大家

都把垃圾扫到你这里来，你为什么不生气？还笑嘻嘻地将垃圾清扫了？"中国妇女笑了，她回答说："在我们国家，过年的时候，都会把垃圾往家里扫，垃圾越多就代表会赚很多的钱，现在，大家都把垃圾扫到我这里来，意味着每天都有人送钱到我这里，我怎么会舍得拒绝呢？你看我的生意不是越来越好吗?"从这以后，那些垃圾就再也没有出现过了。

阿萨吉奥利说："如果没有宽恕之心，生命就会被无休止的仇恨和报复所支配，人将处于无道德之中。"宽容他人的错误，需要宽广的胸怀和高尚的人格，如果我们能宽容他人的过错，那在我们身上所体现出来的就是高尚的人格魅力，而这恰恰能够打动对方。另外，宽容他人的错误，就等于解脱了自己，试想，若不宽容他人，我们就很难从那些痛苦的记忆中解脱出来，最后只能在痛苦或怨恨中结束。

有一天，七里禅师正在蒲团上打坐，突然，一个强盗闯出来，拿着一把又明又亮的刀子抵着他的脊背，说："把柜里的钱全部拿出来！否则，就要你的老命!"七里禅师缓缓说道："钱在抽屉里，柜里没钱，你自己拿去，但要留点，米已经吃光，不留点，明天我要挨饿呢!"那个强盗拿出了所有的钱，在临出门的时候，七里禅师说："收到人家的东西，应该说声谢谢啊!"强盗转过身，说："谢谢。"霎时间，他心里十分慌乱，几乎从来没有遇到这样的事情，这使他失去了意识，愣了一下，才想起不该把全部的钱拿走，于是，他掏出一把钱放回了抽屉。

没过多久，这个强盗被官府捉住，根据他所提供的供词，差役把他押到七里禅师的寺庙去见七里禅师。差役问道："几天之前，这个强盗来这里抢过钱吗?"七里禅师微微一笑，说道："他没有抢我的钱，是我给他的，临走时也说声谢谢了，就这样。"强盗被七里禅师的宽容感动了，只见他咬紧嘴唇，泪流满面，一声不响地跟着差役走了。

这个人在服刑期满之后,便立刻去叩见七里禅师,求禅师收他为弟子,七里禅师不答应。这个人长跪三日,七里禅师终于收留了他。

即使面对被捕的强盗,七里禅师也没有说任何指责、辱骂的话语,反而宽容了他的错误。当差役问道"这个强盗来这里抢过钱吗?"七里禅师只是说"他没有抢我的钱,是我给他的,临走时还说了声谢谢"。听了这样的话,有了这样的宽恕,再凶狠、再无药可救的强盗也流泪了,被打动了,他也终于醒悟了。可见,宽容本身就是一个奇迹,一个能打动人的奇迹。

屠格涅夫说:"不会宽容别人的人,是不配得到别人的宽容的。"如果我们要想赢得别人的宽容,自己首先就要能宽容对方,所以,宽容又是相互的,不仅温暖了别人,而且还提升了自己的人格魅力。古人云:"金无足赤,人无完人。"谁都有犯错误的时候,更何况"知错能改,善莫大焉"。当他人无意犯下了错误,或者是伤害了自己的时候,何不给对方一个宽容的微笑呢?

第三节　了解对方的难处,适时给予帮助

古人云:"人生不如意十之八九。"在这个世界,任何事情都不能顺顺利利,总会出现一些差错。在每天的生活中,总会出现一些不愉快的事情,这是很正常的事情。不过,有的人心眼比较小,如果自己遭遇了不愉快,而别人却过得很好,他们就会心怀嫉妒;如果自己日子过得春风得意,而看见其他人还处于困境之中,他们就会忍不住暗暗高兴。其实,在生活中,每个人都会遇到一些困难,这是不可避免的,当我们身边的人遇到了困难的时候,

我们要理解对方的难处,适时给予帮助,而不是袖手旁观或落井下石。

前两天,王姐因为一笔大业务的失败被降职了,从部门经理直接降为普通员工,而恰在这时,她的老公又有了外遇,让她本来就受伤的心跌进了冰窟窿。办公室里纷纷议论着她老公的桃色新闻,大家都以一种同情的眼光看着她。王姐知道自己已经不再是那个高高在上的经理了,现在只是一个普通员工,她努力摆正心态,但还是觉得心有不甘。

在这时候,部门里以前跟着她做事的小李却一直陪伴着她。小李才到公司一年,可能是因为才出社会不久吧,在她身上还没有沾染上社会中的一些不良风气,个性比较单纯,也懂得知恩图报,才进公司的时候,她一直被王姐照顾着,虽说王姐的脾气不怎么好,但她也能体谅到王姐的一片苦心,心里一直很感激。所以,当她听说王姐被降职,家里又出了事情后,小李就找到王姐聊天,安慰她,说些话逗她开心;王姐心情不好,没有胃口,小李就从家里做了开胃的饭菜给王姐带到公司来。同事小王劝小李:"对她那么好干什么,她现在已经落败了,几乎没有重新站起来的一天了,你帮助她只会招来白眼,她又不能帮助你什么。"小李笑着说:"王姐以前对我不错,我现在这样对她,也不希望她回报我什么,只是觉得这样心里好受些,再说,谁没有这些事儿啊。"小王撇了撇嘴,没有说话了。

在小李帮助下,王姐渐渐找回了生活的信心,全身心地投入到工作中,逐渐显露出她出众的能力,连连为公司拉回来不少大客户。而公司里王姐以前的职位也一直空缺着,上司似乎看到了王姐的努力,又让她复职。王姐复职后,就把小李调到了自己身边,担任助理,王姐十分感激地告诉小李:"谢谢你陪我度过人生中最艰难的日子,姐姐永远不会忘记的。"小李看着现在的王姐很欣慰。

王姐被降职了,老公又有了外遇,这样的情境可谓是祸不单行。办公室里几乎所有的同事都对她避而远之,唯恐沾染上霉气,在这个时候,小李并没有弃王姐于不顾,而是细心照顾王姐,陪伴她度过了那最艰难的日子,帮助王姐重新找回了自我。最终,也让自己的事业有了进展。这就是人情的力量,当你向落难的朋友提供帮助的时候,实际上也是在帮助自己。

1.雪中送炭,表现超凡的人格魅力

助人为乐乃是人之根本,帮助了别人你会感到快乐,他也会对你心怀感激,更何况对于正在困境之中的人,那无疑是雪中送炭,对方会更加感激于你,也会敬佩你的行为。在生活中,我们需要拥有一份良好的心态,那就是永远怀着一份热忱、友好来对待他人。

2.适时打动人心

那些对他人苦难置之不理,或者落井下石的人,最终只会落得个孤立无援的下场。因为以一颗冷漠的心来对待别人的人,也将受到别人同样冰冷的对待。人与人之间本来就是相互的,如果你能够在别人处于困境时向他伸出友好的双手,他也会在你陷入困境时给予你一些帮助,这是一种赢得友谊的方式,也是一种打动人心的最有效方式。

第四节　信任是人与人心灵之间的桥梁

信任是什么?简单地说,就是相信对方而敢于托付,它是开启心扉的金钥匙,是沟通心灵的桥梁。信任,能消除人与人之间的隔阂,缩短彼此的距离。信任本身是一种坚强有力的表现,也是对自己内心世界的肯定。在生活中,获得别人的信任,是一种幸福;信任别人,同样也是一种幸福。假如生活在互相信任的世界中,彼此真诚相待,那么就一定能打动他人。

在日常生活中,对任何人都要尊重,真诚相待,你给予对方以信任,对方也会还你一份难得的信任,而且,你所表现出来的人格魅力将成功地打动对方。有时候,即使我们所遇见的是一个初次见面的陌生人,信任也会在彼此之间建立起来,当然,人与人之间的关系是相互的,如果你心中有了猜疑之心,失去了对他人的信任,那么,对方也会对你失去之前的信任。

早上,小店的老板打开了小卖部的窗口,刚把公用电话摆在柜台上,就有一位女士过来了。她打了一个长途电话,不一会儿,女士放下了话筒,老板看了看计时器,说道:"三元钱。"那位女士从精美的皮包里抽出了一张百元大钞递过去,老板翻了翻抽屉,无奈地说道:"没零钱找您,您什么时候有零钱了再送来吧。"女士满脸惊讶,问道:"你认识我吗?"老板看了看那位女士,微笑着说:"我不认识您,可我信任您。"

女士没说什么,转身离去了,十几分钟之后,这位女士又出现在小卖部里。她递过来三元钱,说道:"为了换开这一百元钱,我特意去了一趟百米之外的农贸市场,又特意走回来送这三元钱电话费。"老板接过了电话费,说:"不送也没关系。"女士说:"我是出差到这座小城的,早上顺便打个长途,我要是没给电话费就走了,你也没法找到我。可我一定要回来,一个人被人信任不容易,我要珍惜。"说完,女士离开了。

对一个素未谋面的陌生人,店老板心中没有猜疑,而是百分之百的信任。一句"我信任你"打动了那位女士,为了对得起店老板对自己的信任,这位女士"特意去了一趟百米之外的农贸市场,又特意回来送那三元钱的电话费",足见信任已经成了他们心灵之间的桥梁。有位哲人说:"我把所有世俗的东西都抛开,只求一颗不受纷扰的心灵。"信任是令人欣赏的,被人信任是幸福的,我们就要学会信任别人,让别人感受那份心灵的幸福。

在一艘货轮上,一个小黑奴不慎掉进了波涛滚滚的大西洋,孩子大呼"救命",可是,风大浪急,船上的人谁也没听见,小孩眼睁睁地看着货轮越来越远。求生的本能使孩子在冰冷的水里挣扎,他用尽全身力气挥舞着双臂,希望船上的人能来救他。可是,船越来越远,船身越来越小,到最后,什么都看不见了。孩子力气也快用完了,他实在游不动了,想放弃了。这时,他想到了老船长那张慈祥的脸,他相信船长一定会来救自己的,于是,孩子又鼓起了勇气朝前游去。

船长发现那黑奴孩子失踪了,当他断定孩子掉进海里之后,下令返航,这时,有人劝道:"这么长时间了,就是没有被淹死,也让鲨鱼给吃了……"船长犹豫了,但还是决定回去找,这时,又有人说:"为了一个黑奴孩子,值得吗?"船厂大喝一声:"住嘴!"终于,就在那个孩子快要沉下去的最后一刻,船长赶到了,救起了孩子。

孩子苏醒之后,跪在地上感谢船长的救命之恩,船长扶起孩子问:"孩子,你怎么能坚持这么长的时间?"孩子回答说:"我相信您会来救我的,一定会!"船长不解:"你怎么相信我一定会来救你的?"孩子坚定地回答:"因为我相信您就是那样的人!"

信任他人是一件美好的事情,它会让人们之间的关系变得和谐起来。当你在付出信任的同时。也会收获一份信任与支持。

第五节　与人相交有气度有风度

有人说："对于一个人来说，高度、文化程度等固然重要，但最重要的是风度与气度，这才是一个人最大的魅力所在。"在生活中，如果我们说一个人有气度、有风度，这便是一个很好的评价。何谓风度？风度是一个人内心世界和性格的外化，是修养、品性、学识、气质、涵养；气度是一种看不见但感受得到的特质，诸如胸襟、雍容大度就是形容这种特质的，气度包含了正直、无私、谦虚。其实，气度的外在表现就是风度，我们常说的"大将风度"就是指既有气质，又有气量的大将风范。风度来自气度，风度是气度的表现，在生活中，与人相交应有气度和风度，以此彰显自己的人格魅力，也才能真正地打动他人。

在王先生初次与李小姐见面时，王先生先是微微点头打招呼，当李小姐主动伸出了手时，王先生亦伸出了手，颇有风度地握了一下手。李小姐观察到，一旦王先生与自己谈话的时候，他总是把手从口袋里拿出来，把烟从嘴上拿下来，如果他正在吃东西也停止了咀嚼，李小姐心想：这可真是一个风度翩翩的好男人啊！

第二次见面，两人一起参加了晚会。在晚会上，王先生将自己的朋友介绍给了李小姐，彼此闲聊了几句，他与一个合作伙伴谈到了工作的事宜，不过，三言两语后他就转过头与李小姐交谈，李小姐有些不好意思："你不用管我的，你先谈你工作的事情好了。"王先生笑着说："参加晚会的目的不是为了谈工作,谈工作另有工作时间。"这时,一位服务员走过来,由于地面太滑,差点摔了一跤,王先生眼疾手快,一把抓住了对方的手,服务员是站稳了,可他端的托盘里的酒水洒了出来,洒在了王先生昂贵的西装上。那个年轻的服务员连声道歉:"对不起,实在对不起。"王先生笑了笑,脸上丝毫没有生气的影子,说道:"没关系,你也不是故意的,我自己到卫生间收拾一下就好了。"看着王先生脸上温和的笑容,李小姐一下子就被打动了,在这一刻,她认定了,王先生就是自己值得托付的好男人。

在两人两次见面的过程中,王先生体现出来的都是翩翩的风度和宽容大度的气度,如此一来,他给人的整体形象就是魅力非凡的男子了,也难怪李小姐会心动不已。所谓气度,度是质和量的统一,气度是气质与气量的统一,没有气质,也就没有气量,自然就没有气度。但是,若是只有气质,没有气量,这样也体现不出气度;若只有气量,没有气质,同样也没有气度。三国时期的周瑜,由于气量太小,虽然有好的气质,最后却是"英雄无用武之地"。

《素书》中说"地薄者大物不产,水浅者大鱼不游。树秃者大禽不栖,林疏者大兽不居",简单地说,气量小,则不能成大业。一个人要有气度,就是要有度量、有容量,所谓"有容乃大"。有气度的人,不仅需要容自己的气,还要容别人的气,既容友人,亦容敌人;既容人之短,亦容人之长。一个人不能小气,而需要大气,这才是度量。俗话说得好"宰相肚里能撑船。"这里说的就是一个人的气度,它更多地体现为宽容与大度。风度,更多的是表现在仪表、涵养上,一言一行都从容不迫,彬彬有礼,如此才叫风度翩翩。

关于气度,还有一种解释,那就是人的气魄和度量:气魄是做事的魄力,度量是能宽容人的限度。一个人有了气度,也就有了风度,多了魅力。在遇事的时候,拿出点气度,可以令他人叹服;在争吵的时候,多些气度,则和谐了彼此的矛盾。有了气度,会多一份开怀;有了气度,会多一份人格魅力。一个人若是有了气度,定会叫人刮目相看,让人慢慢欣赏其翩翩的风度。

第六节　鲜明的个性是一种无形的人格魅力

在生活中,我们会发现,那些个性鲜明的人通常是受欢迎的,好像在他们身上有着无穷的魅力。其实,鲜明的个性本身,就是一种无形的人格魅力。只要是个性鲜明的人,往往能让人一见难忘;相反,那些没有特色,没有气质的人,只能淹没在茫茫人海之中。这就是为什么有的人只与我们有一面之交,但你却对他铭记在心;而有的人虽然与你朝夕相处,却从未在你脑海中留下印象。于是,有的人令我们终生难忘,有的人却很难在我们心中占据一席之地。

何谓个性? 个性是一个人在其生活中经常表现出来的,比较稳定的,带有一定倾向的个体心理特征的总和,是一个人区别于其他人的精神面貌或心理面貌。有的人个性鲜明,有的人却没什么特点,生活中,我们常说"他太倔了,决定的事八百头牛也拉不回,他就是这样的个性"、"那人办事总是黏黏糊糊,总比别人慢半拍,他天性就这样",在这里,"倔"、"慢半拍"都是个性的表现。在这个世界上,并不存在没有个性的人,但是,一旦个性鲜明就会给人留下深刻的印象,而那些没有什么特色的人,别人总会视而不见。这是因为,鲜明的个性本身,就是一种无形的人格魅力。

在日常交际中,强烈、鲜明的个性成了一个人的重要标志,而这恰好是人们从记忆的脑海中将你唤醒的根据。那么,鲜明的个性到底从何而来呢? 个性形成的最重要的途径来自于"自我教育",这是一种充满着痛苦的锤炼过程的自我教育。

在日常生活中,通常我们认为"倔强"、"要强"、"坦率"、"固执"的人很有个性,而相对比较平静一点的"文雅"、"平和"、"斯文"、"柔弱"人没有个性,由于前者的个性特征比较鲜明、独特,往往容易给人留下深刻的印象,而"文雅"、"平和"、"斯文"、"柔弱"是一种性格温和、希望与他人和睦相处的个性,这种倾向性的个性特征比较平淡而不鲜明,往往不容易给人留下深刻的印象。如此看来,鲜明的个性本身就是一种无形的人格魅力。

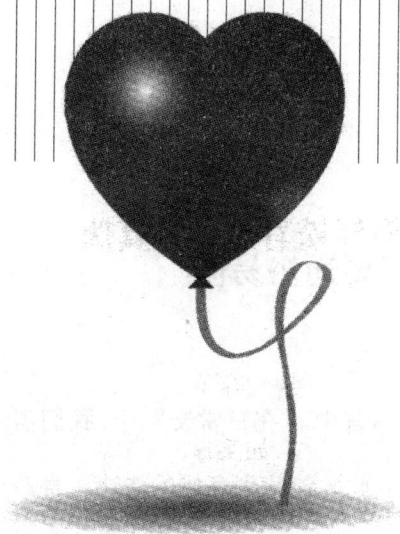

第十四章

打开天窗说亮话，用沟通消除隔阂

//

　　说话的目的是为了沟通，而说话的最佳效果就是能够打动人心。不过，彼此之间有了隔阂，该怎么办呢?在日常交际中，很多时候需要打开天窗说亮话,用沟通消除隔阂:语言要委婉更需要通俗易懂;说话需要见好就收,别不留情面;话不在多,有理才行;语言既要有逻辑,还需要有一定的针对性,要有感染力,这样才能更好地打动人心。

第一节　言语委婉更要通俗易懂

古人云："言有尽而意无穷,余意尽在不言中。"在日常交际中,我们需要做到言语委婉,当然,更需要通俗易懂,如此才能达到良好的沟通。言语委婉,就是将那些重要的、该说的部分故意隐藏起来,或者故意说得不明显,却可以让对方明白自己所表达的思想感情;通俗易懂,也就是我们要注意自己使用的语言,要简单易懂,说话的目的在于得到他人的理解,而对方是靠自己的听觉来理解我们的话语的,如果我们在说话的时候,尽用些生僻、晦涩的语句,那么对方就会觉得枯燥无味,不知所云。言语委婉而又通俗易懂,不仅仅是一种语言表达艺术,更是一种语言风格,它直接体现了驾驭语言的高明技巧,使之成为一种良好的沟通方式,真正消除了横在彼此之间的隔阂。

在日常生活中,有的话不便多说,或者不必直说,这时候就需要借助委婉的表达方式,有的人认为说话委婉就是故意布下迷阵,模模糊糊,让对方听不懂。其实,并不是这样,委婉的表达方式只不过是换了一种说法,比较间接,但你所说的言语应该是通俗易懂的,这样,即使你表达得比较含蓄,但对方还是能够清楚地明白其中隐含的意思。

传说,汉武帝在晚年时很希望自己长生不老。一天,他对侍臣说:"相书上说,一个人鼻子下面的人中越长,命就越长;人中长一寸,能活百岁。不知是真是假?"侍臣东方朔听了这话后,知道皇上又在做长生不老梦。

而皇上见东方朔的表情似有讥讽之意，面有不悦之色，喝道："你怎么敢笑话我？"东方朔脱下帽子，恭恭敬敬地回答说："我怎么敢笑话皇上呢？我是在笑彭祖的脸太难看了。"汉武帝问："你为什么笑彭祖呢？"东方朔说："据说彭祖活了800岁，如果真像皇上刚才说的，人中就有八寸长，那么，他的脸不是有丈把长吧？"汉武帝听了，也哈哈大笑起来。

本来，东方朔所表示的就是劝诫皇上不要再做长生不老梦了，但是，皇上是君，自己是臣，这样的话怎么可以直接说出口呢？于是，东方朔用了一个浅显易懂的笑话"据说彭祖活了800岁，如果真像皇上刚才说的，人中就有八寸长，那么，他的脸不是有丈把长吧"，以此达到了劝谏皇上的目的。而且，东方朔如此委婉的批评，令汉武帝愉快地接受了，最终没有为难他。有时候，我们需要向对方表达一些不好的意思，比如请求、批评等，这些话不容易说出口，而且，一旦这些话说得不好，还会得罪人，也会为自己惹来麻烦。这样，我们就可以灵活运用语言的多样化特点，把话说得委婉且通俗易懂，如此不仅可以较好地传达我们的意思，而且更容易打动他人。

著名心血管病专家洪昭光教授经常为大家作健康报告，他会在自己的报告中运用了大量的群众易于接受、喜闻乐见的语言，通过生动有趣的故事和易学易记的"顺口溜"，让大家一听就懂，一懂就用，一用就灵。一般来说，作医学报告，都会用到许多专业术语，比如，一天要摄取热量2200千卡、饱和脂肪酸8%、胆固醇少于300mg等等，但给一般的老百姓讲这些，会让他们听了摸不着头脑，也没法操作。而洪昭光教授改用口诀"一、二、三、四、五，红、黄、绿、白、黑"就好记多了。其中的许多语言，让人听后、看后难以忘怀，如"健康面前人人平等，遵循健康规律，你的身体就可能一生平安"，早已"润物细无声"地改变着听他报告的人们的健康观念和生活方式了。

据说,洪教授的报告现场是场场爆满、听众如云,他的讲稿更是十分抢手。不论是高层领导、专家学者,还是基层群众、普通百姓,对他都十分欢迎。这除了是因为他拥有崭新的医学观点外,其中很重要的因素就是他在报中的语言通俗易懂、生动形象。

那么,在日常的语言表达中,如何才能做到说话委婉而又通俗易懂呢?

1. 话在明,意在暗

面对朋友的盛情款待,你可以含蓄地说"谢谢,看这水果多新鲜啊,可惜我刚刚吃完饭,没有胃口吃了,真是太遗憾了",这样主人听了心里会很受用,而你也表达了自己的含义。

2. 正话反说

有时候,你可以说一些与本意完全相反的话语,让对方自己去领悟,从而接受你的建议。比如,领导征求下属的意见,一位下属说:"我对你很有意见,你太不爱惜自己的身体了,工作起来太玩儿命,要知道,身体是革命的本钱啊。"

3. 个性化的语言

语言生动有趣,最根本的要求就是尽可能使用自己的语言,不能老是去套用别人的话,这样既具有个性,又有新鲜感。需要注意的是,要避免堆砌"时髦词",或者把别人的东西生拼硬凑在一起,乍听起来挺"新鲜",可是细细品味起来,似是而非,很不准确。

4. 口语化的语言

有的人说话的时候像念文件,听起来虽然不可能犯错误,但却像个老学究,让人昏昏欲睡。所以,讲话都应尽可能口语化。对此,应尽量用短句、少用很长的句子,尽可能地少修饰句子,并善用口语词汇等。

5.形象化的语言

我们在说话的时候要把一些抽象的、概念化的,或者较难理解的、枯燥无味的内容加以形象化处理,从而给人以较直观的感受。这样的讲话,通俗易懂,易于他人很好地接受。

第二节　见好就收,别不留情面

中国人历来比较看重面子问题,在官场上、酒桌上、社交场合,人们都把自己的面子看得比什么都重要,誓死捍卫自己的面子。"面子"这个古老的中文词汇,在它诞生之初就有了非比寻常的意义,以至于我们很多人无法不重视它的存在。当人们在无法判断某人的才华能力或权力地位的时候,就会观察其是否能博得面子来判断其为人。于是乎,就诞生了这样一句话"交际场上,面子大过天",大多数人明白这样的道理,自然也就懂得在交流沟通时维护他人的面子。

可是,对于某些人来说,他们偏偏不认这个理,说话咄咄逼人,信口开河,丝毫不顾及别人的情面,以至于闯下大祸。在日常交际中,最忌讳的是沟通出了问题,本来只要见好就收,对方也就不再声张了,可有的人就是嘴巴闲不住,硬是多说了那么一句,结果,损了对方的面子,让整个沟通无法进行,而且也得罪了对方,弄得得不偿失。所以,在某些交际场合,你想表达什么观念或意见,尤其是涉及他人的情面时,一定要见好就收,别不留情面,否则,苦头只有你自己吃。

有一天,朱元璋的一位穷朋友从乡下来到京城皇宫门前求见如今的明太祖。朱元璋听说是以前的老朋友,非常高兴,马上传他进殿。谁知,这位穷朋友一见朱元璋端坐在宝座上,昔日的容貌并没有发生太大的变化,便忘乎所以地说:"我主万岁!您还记得我吗?从前你我都替人家放牛,有一天我们在芦花荡里,把偷来的豆子放在瓦罐里清煮。还没等煮熟,大家就抢着吃,甚至把罐子都打破了,撒了一地的豆子,汤也都泼在了泥地上。你只顾满地抓豆子吃,不小心连红草叶子也送进嘴里,叶子哽在喉咙里,苦得你哭笑不得,还是我出的主意,叫你把青菜叶子吞下去,才把红草叶子带下肚里去……"这个人还想继续说下去,可朱元璋早就听得不耐烦了,嫌这个孩提时的朋友太不顾情面,于是大怒道:"推出去斩了!推出去斩了!"

后来,这件事让另外一个穷朋友知道了,心想这个老兄也太莽撞了,对于曾经与朱元璋的旧情,只需见好就收,何必说了那么一大堆,反而损了朱元璋的面子。于是,他心生一计,信心十足地去见他小时候的朋友,也就是当今的皇帝朱元璋。这个穷朋友来到京城求见朱元璋,行过大礼后便说:"吾皇万岁万万岁!当年微臣随驾扫荡芦州府,打破罐州城,汤元帅在逃,拿住了豆将军,红孩儿挡关,多亏了菜将军。"朱元璋一听,不禁大笑,他认出了眼前的这个是孩提时的朋友,心中更为此人巧妙地暗示他们小时候在一起玩耍的事而高兴,于是让他做了御林军总管,留在了自己的身边。

同是儿时的朋友,所受到的待遇却是迥然不同的。前者说话太莽撞,不懂得见好就收的道理,当着那么多臣子的面,说了皇帝儿时不太风光的事,岂不是不留情面给皇帝,结果,这时已身为明太祖的朱元璋恼羞成怒,把那位穷朋友"推出去斩了";而后者只是简单、机智地聊了儿时的趣事，见好就收，话语中还包含着对朱元璋的敬仰，最终做了御林军总管。

1. 给对方留面子，就是给自己面子

许多人不知道这样一个道理：你若是给了别人面子，其实就是给了自己面子。就算对方是你不喜欢的人，但是也没必要"赶尽杀绝"，硬是不给他的面子。凡事多与人为善，今天你给对方留面子，日后他肯定会把面子留给你。

2. 避开对方过往的敏感旧事

隐私就是不可公开或不必公开的某些事情，有可能是缺陷，有可能是秘密。因此，我们在进行语言交流的过程中，需要避开彼此的隐私，即使无意中提到了那么一两句，也需要见好就收，别不留情面。

3. 得饶人处且饶人

在生活中，有可能会出现这样的情况：对方无意之中犯下了错误，可你却总是揪着对方的错误不放，说话越来越过分，丝毫不顾及对方的情面。其实，不管对方是无意的还是有意的，既然错误已经发生了，再说那么多的话也于事无补，所谓"得饶人处且饶人"，批评的话也要见好就收，别不留情面。

第三节 话不在多，在理就行

许多成功人士都是很会说话的人，他们说的话，并不在于说了多少，而在于说的在理。在日常生活中，我们常说"话不在多在理"，意思是，一个人

说话不应该求多,而是求理,只要你说的话有道理,哪怕你只说了一句话,那也能达到很好的沟通效果;相反,如果你说的话根本没有道理,哪怕你说了上百句,也有可能达不到真正的沟通。

在生活中,我们经常看见有的人喋喋不休,滔滔不绝,可说来说去,就是没有哪句话能在理。结果可想而知,对方完全不想与他沟通,因为跟一个话说不到理上的人沟通简直就是吃力不讨好,既没能达成一致的意见,又伤了和气。而且,有的人根本就是无理取闹,由于说不过对方而恼羞成怒,结果,不管是不是在理,都乱说一气。他这时的目的不在于沟通,而在于发泄怒气,当然,最终的结果是自己亲手建筑了彼此之间的"隔阂"。

有一次,王娟和几位朋友带着孩子在一起吃饭,席间谈到了早恋的话题,一个朋友的儿子已经是初二的学生了,王娟便开玩笑地问那个孩子:"你有没有女朋友?"没想到,那小伙子却很直白地回答:"没有女朋友多让人瞧不起啊!"听到这话,王娟想到了自己正在上初一的儿子。

在回家路上,王娟下定决心与儿子好好沟通关于早恋的事情,她苦思冥想该怎么问这个问题,太直白了怕孩子受不了,太委婉了又不知道从哪里入手,结果,想了半天也没有想到什么好主意。

回到家后,王娟假装是无意间和孩子聊起了学校的事情,她问道:"你们班的学习风气怎么样?"孩子回答说:"就那样呗!"王娟干脆进入了正题,问道:"噢,是这样! 那……那你们同学有没有因为搞对象而影响学习的?"孩子说:"啊? 有吧! 具体我也不太清楚,人家搞又不告咱!"王娟故意开着玩笑,问道:"噢,那……那……你有没有搞啊?"孩子轻松地回答说:"没有,不用担心。"王娟不太相信,试探地问:"那有没有女同学给你写字条啊?"孩子有点不耐烦了,说道:"没有啊! 怎么会有呢! 你烦不烦啊,老问这个!"王娟也不知道该说什么好了，干脆和孩子讲起了大道理，什么早恋会很耽误学习的，而且，初恋成功的比率是很低的，你现在不成熟，所以现在看上的以后会不满意的，孩子看起来很听话地点点头。于是，一场谈话就这样艰难地结束了。

在整个谈话过程中，妈妈的话比较多，而孩子总是三言两语就回答了。本来，当家长的是想告诉孩子一些道理，可是，由于话太多，虽然句句在理，但孩子也没能听进去，这样的沟通只能说是失败的。在生活中，经常会出现这样的情况：父母说很多的话，但孩子却表示"我不懂你在说什么"，原来，在孩子看来，父母说的那些所谓的大道理其实都相当于废话，孩子根本就没能听进去。不妨试试简单地讲道理，话不在多，而在理，只要你说的话真的有道理，需要减少说话的内容，这样，对方更容易听进去。

1. 话说得越多，效果却越差

很多人在表达自己意见的时候，很想把心中所有想说的话都说完，但是，他们常常忽略了这样一个问题，那就是话说得越多，效果却越差。对方在听你说话的时候，常常是能听进少数的几句，对于重复过多的大道理，他们很排斥，根本不想去听。结果，你在那里啰唆了一大堆，对方却什么也没听进去。

2. 有理的话，三言两语即可

有道理的话，越简短越有效，通常是二言两句即可。当你向对方讲道理的时候，切忌话不要太多，而需要有理。如果你总是一而再、再而三地重复那些老掉牙的事情，相信再好的耐心也会被消磨殆尽了。因此，无论是我们向别人讲道理，还是表达自己的意见，都需要记住"话不在多而在理"的道理。

第四节 言语要有逻辑性和针对性

在生活中,不少人做事做得十分漂亮,然而,要让他们把自己的想法说一说,却总是说不清楚,或是词不达意,或是泛泛而谈。他一个人说得滔滔不绝、口若悬河,但是对方却面面相觑、不知所云,这就是说话没有逻辑性和针对性。在日常交际中,我们说话要有逻辑性和针对性,做到一针见血、言简意赅,这样对方才能明白你到底说的是什么,也才不至于从你的话语中找到漏洞。古人语:"山不在高,有仙则名;水不在深,有龙则灵。"说话也是如此,话不在多,但一定要有逻辑性和针对性。在现代如此高速的生活节奏下,没有人愿意花太多的时间来听你的长篇大论,所以我们在说话的时候,不要绕圈子,不要南辕北辙,而是把话说到点子上,有话则说,长话短说,无话不说,这样才能准确地传达自己的意见,使沟通顺畅地进行。

吴先生是广州某地区有名的房地产大亨,资产逾十亿。有一年,他带着自己的团队从广州飞往某大城市,准备投资当地的房地产,并且到处寻找合作伙伴。

在经过一段时间的筛选后,吴先生约了一位大型房地产的负责人进行谈判。当双方坐在了谈判桌前,那位负责人立即对自己公司进行了较为详细的介绍,表现得精明能干,并且通晓市场行情,这令吴先生颇为欣赏。听了那位负责人对合资企业的宏伟计划后,吴先生似乎已经看到了合资企业的光辉前景。吴先生正准备签约的时候,那位负责人似乎还言犹未尽,他又颇为自豪地侃侃而谈："我们房地产公司拥有一千多名职工，去年共创利税五百多万元，实力绝对算是雄厚的……"

听到这里，吴先生显得有点不悦，心想："你公司一千多人才赚了几百万元，就显得那么自豪和满意？"这令吴先生感到非常失望，觉得这离自己预定的利润目标差距太大了。如果选择这样的负责人经营公司的话，就很难有较高的经济效益了。于是，吴先生当即决定终止合作谈判。

其实，如果那位负责人不说最后那句沾沾自喜的话，这次谈判也许就会以另一种结局告终。那位负责人最后几句不着边际、缺乏逻辑性和针对性、画蛇添足的话，不仅让自身的缺点暴露无疑，而且令吴先生失去了合作的信心，撤回投资意向，最终仅仅因为几句话就失掉了一次大好的合作机会，实在是得不偿失。

在日常生活中经常可以看到，有的人总是喋喋不休、滔滔不绝地高谈阔论，但由于其语言缺乏逻辑性和针对性，没有把话说到点子上，所以显得词不达意、语无伦次，让旁边的人听而生厌；还有的人说话毫无逻辑，一会说到这里，一会说到了那里，说什么话都不会经过仔细思考，显得很没分寸。其实，这样说的话都会事倍功半，不仅达不到沟通的目的，反而会给沟通带来障碍。

那么，如何使自己的语言具有逻辑性和针对性呢？

1. 说话要在理

一句话听上去是否有理，就能看出这句话是否有逻辑性。一般而言，那些有逻辑性的话语大多能清楚地表达出一定的意思。而语言是否有逻辑性，就在于我们能不能清楚地将意思表达出来。因此，说话要有理，利用语言准确、清楚地表达自己的思想，这样，我们思维的逻辑性也将得到提高。

2. 说话要有中心点

在工作中,我们经常会听到一些领导人在说话的时候,采用"一"、"二"、"三"……其实,这样分点叙述只是说话逻辑性的一个表象,并不能完全代表这个人说话有逻辑性。说话有逻辑,是表明你说话有一个中心,然后你所说的其他话都是围绕这个中心的,没有其他的枝叶。所以,说话之前应该把自己要说什么、先说什么、后说什么、重点说什么,都在脑子里快速地整理好,这样时间长了,你说话就会观点清晰,富有逻辑性。

3. 把话说到点子上

说话有针对性,也就是要将话说到点子上。在语言交际中,为了建立良好的交际关系,为了打动对方,话不在说得多,而在说到点子上。因此,我们在开口之前,应该先把那些多余的废话去掉。做到一开口就往点子上说,千万不要东拉西扯,让对方不知所云。

第五节　让自己的语言具有强大的感染力

在日常交际中,我们说的话要表现出一定的气质,且应极具感染力,这样才能更好地展现出我们自身的魅力与形象,也才能更好地打动对方。如果你的说话软绵绵的,毫无生气,死气沉沉,那么,对方就会对你的说话失去了兴趣,也会对你说话的水平存有质疑。我们在说话的时候,应该潇洒一些,使语言更富有生气,富有感染力,这才是语言表述中一个极为重要的方面。说话的目的是为了更好的沟通,要去调动对方的情绪,这样才能更好地打动对方。

在生活中,我们经常可以看到这样的场面:自己一个人在唱独角戏,对方却显得躁动不安。如果我们说的话换来的只是对方毫无反应的场面,那只能证明这次沟通是失败的;相反,如果你的语言极富感染力,能够使对方喜笑颜开,那么就证明这次沟通是成功的。如何才能使语言有感染力呢?有时候,我们可以运用一些幽默的语言来调动对方的情绪,因为幽默的语言能够给别人带来快乐。如果我们能在说话的过程中,再使用一些幽默的语言,就不光可以调动对方的情绪,还可以展现自己的语言魅力。

在2000年8月举行的南部非洲发展共同体首脑会议上,曼德拉一连串妙语连珠的幽默话语征服了上千名与会者。曼德拉作为南非前总统出席了开幕式,主要是为接受南共体授予他的"卡马勋章"而来。他走到讲台前说:"这个讲台是为总统们设立的。我这位退休老人今天上台讲话,抢了总统的镜头。我们的总统姆贝基一定很不高兴。"话音刚落,笑声四起。这时,主持人为他搬来一把椅子,请他坐下说话。他在谢过主持人后说:"我今年82岁,站着讲话不会双手颤抖得无法捧读讲稿,等到我百岁讲话时,你再给我把椅子搬来。"会场里又是一阵笑声。曼德拉在笑声后开始正式发言。

讲到一半,他把讲稿的页次弄乱了,不得不来回翻看。他脱口而出:"我把讲稿页次弄乱了,你们要原谅一位老人。不过,我知道在座的一位总统,在一次发言时也把讲稿页次弄乱了,而他自己却不知道,照样往下念。"这时,整个会场哄堂大笑。"其实,讲稿不是我弄乱的,秘书是不应该犯这样一个错误的。"结束讲话前,他说:"感谢你们把用一位博茨瓦纳老人名字命名的勋章授予我这位老人。我现在退休在家,如果哪一天没钱花了,我就把这个勋章拿到大街上去卖。我肯定在座的一个人会出高价收购的,他就是我们的总统姆贝基。"这时,姆贝基情不自禁地笑出声来,连连拍手鼓掌,会场里掌声一片。

曼德拉幽默的语言调动了人们的情绪,在那种场合都是极为严肃的,所以在场的人们也不会去过多地关注某个人。但是幽默的语言打动了在场的观众,使得数万的观众心甘情愿为之鼓掌呐喊。

那么,在现实生活中,我们该如何才能使自己的语言具有强大的感染力呢?

1.使用幽默的语言

幽默的语言可以为你说的话带来趣味性,那么,再枯燥的话题在加入了幽默的语言之后,都会变得有趣起来。而这恰恰增加了语言的感染力,吸引对方的注意力,能够专注地听自己讲话,以便达到更好的沟通效果。

2.选择合适的话题

几乎所有的人都会怀疑,自己选择的话题是否能提起对方的兴趣,其实,只有一个方法能让他感兴趣,点燃自己对话题的狂热,再感染对方,这样,就不怕吸引不了对方的兴趣了。

3.适当的真情流露

另外,说话的时候,需要全情投入,不要抑制自己的情感,真实情感的流露能为你的语言增添一定的感染力。

第六节　要懂得含蓄地回避矛盾

含蓄地回避矛盾,这是一种战术,简单地说,就是当自己处于劣势的时候不便直接与对方抗衡而采取的你进我退、你退我进的策略,如此来巧妙地回避，躲过对方的进攻。而且，在日常交际中，我们在进行语言表达的时候，也常常会用到这样的口才心理策略。含蓄地回避矛盾，其实就是一种拖延战术，目的是为了找到沟通的最佳点，可以说是为了争取更多的时间，来使沟通顺利地进行。同时，回避了沟通中的矛盾，打开了轻松愉快的语境，从而更能打动对方。

在沟通过程中，当对方进行言语攻击的时候，或者沟通本身出现了障碍的时候，我们可以含蓄地回避矛盾，远离原来所谈的话题，巧妙地躲过彼此之间的矛盾，突破沟通的隔阂，让沟通得以顺利进行。有人说："说话要越短越好。"但是大量事实证明，使用简短的语言并不是单刀直入地说，我们可以把话说得含蓄，巧妙回避矛盾，然后一针见血地提出自己的意见，这样将更容易打动对方。

在一次新闻界的餐会之中，美国总统艾森豪威尔应大家的要求站起来说话。他说："大家都知道，我不是个善于言辞的人。小时候我曾经去拜访过一个农夫，我问这个农夫：'你的母牛是不是纯种的?'他说不知道，我又问：'这头牛每个星期可以挤出多少牛奶呢?'他也说不知道。最后，他被问烦了，就说：'你问我的我都不知道，反正这头牛很老实，只要有奶，它都会给你。'"艾森豪威尔笑了笑，对所有在场的新闻界人士说："我也像那头牛一样老实，反正有新闻，一定都会给大家。"这几句话让大家哄堂大笑，记者纷纷都明白过来。

艾森豪在这里就使用了含蓄的语言表达方式，他并没有正面回答新闻记者的问题，而是兜着圈了告诉大家："你们没事就别紧追着我问，反正我有新闻一定会给你们的嘛!"而且，语言恰到好处地表达了自己对新闻媒体总是紧紧追问的反感，用含蓄而又幽默的表达方式令在场的人都忍俊不禁，为整个餐会营造了愉快的氛围。

其实,在我们的日常交际中,经常会或多或少地运用到这样的语言策略。比如,说话绕圈子,绕道而行;用比喻、影射的方法举例说明;讲故事、寓言;找出彼此之间的关系;采用游击战术,不正面与之冲突,拖延时间,静观其变,等等。

那么,我们在回避矛盾的时候,应该注意哪些问题呢?

1. 保持平和的心境

遭遇对方的言语攻击时,我们需要做的就是不要激动,学会控制自己的情绪。在这时候保持平和的情绪,对自己十分有利,一方面可以表现自己的涵养,另一方面保持平和的情绪,可以冷静、从容地思考出最佳的对策。

2. 含蓄地表达

对他人无理的言语攻击,我们可以含蓄地表达自己的不满情绪,但不宜锋芒毕露,而应该旁敲侧击,使对方无小辫子可抓,使自己的表达更有效果。

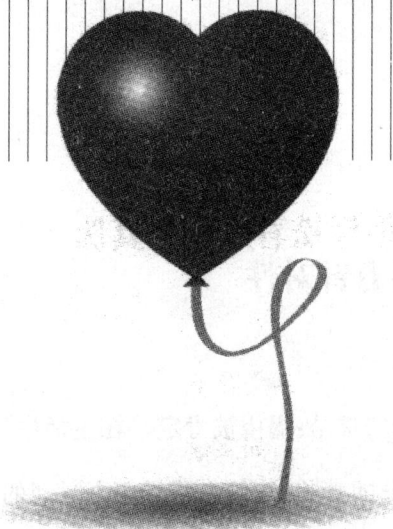

第十五章

多肯定勤赞美，人人都爱听好话

//

　　一个书生刚被任命去做县官，离京赴任之前，他去拜访主考老师。主考老师对这个书生说："如今世上的人都不走正道，逢人便给戴高帽子，这种风气不好！"书生说："老师的话真是金玉良言。不过，现在像老师您这样不喜欢戴高帽子的能有几个呢？"老师听了非常高兴，书生走出来，说道："高帽子已经送出一顶了。"从这个有趣的故事中，我们不难看出，其实人们都喜欢听好话。因此，在日常交际中，我们要多肯定勤赞美，这样才能打动他人心。

第一节　赞美要有针对性

　　心理学家认为："人类本质中最殷切的需求是：渴望被肯定。"在生活中，被人赞美是一件令人喜悦的事情，恰如其分的赞美，能使人感受到人际间的理解和温馨，能够打动他人，有效地增进赞美者与被赞美者之间的心灵交流。一个人若是学会了赞美，往往能够使他受益无穷。在日常交际中，我们经常能感受到赞美的魔力，不仅能打动他人，也可以使自己获得友情和帮助。人总是对自己最感兴趣，认为自己最重要，希望被人赞美。那么，在与他人交往的过程中，我们应该遵循一个原则：尊重他人，肯定他人，并真诚地赞美他人。不过，就赞美而言，也是需要一定的技巧的。我们对他人的赞美不能太笼统，而是需要针对性的。

　　在生活中，我们经常可以听到"你这个人真是太好了"，虽然这听上去就是一句赞美的话语，但是，具体好在哪里呢？赞美者却没能说清楚，给人一种虚假的感觉，如此的赞美，不仅不能打动人心，反而令人生厌。因此，在赞美他人的同时，我们需要有针对性地赞美，比如，对于男性你可以夸他帅气，对漂亮的女性你可以赞美她的打扮，对一位母亲你可以赞美她的孩子可爱，对上司你可以夸他的领导力强。

　　王先生和夫人带着一位翻译同一位外商洽谈生意，外商见到夫人后，便夸赞道："你的夫人真是太漂亮了！"王先生客气地说："哪里，哪里。"翻译听到这话，心想可碰到难题了，这"哪里、哪里"怎么翻译呢，最后，他翻译成了：

"Where, Where?"外商听了,心中感到疑惑,心想,说你夫人漂亮就是漂亮呗,还非要问具体漂亮在哪里? 于是,外商笑着回答说:"你的夫人眼睛漂亮,身材好,气质好……"说完,大家都哈哈大笑了起来。

虽说这个故事是个笑话,但它告诉我们,在赞美他人的时候,一定要在心里问自己"哪里、哪里",对方漂亮在哪里,好在哪里,这样,你的赞美由于有了针对性而可以打动对方,甚至,有可能会产生神奇的效果。当我们赞美对方"真好"、"真漂亮"的时候,他内心深处就立即会有一种心理期待,很想听听下文,到底"好在哪里"、"漂亮在哪里",这时,如果没有针对性地表述,对方该是多么失望啊。

这天,公司的职员小路心情特别好,她觉得公司特别温馨,觉得每个同事都很可爱,甚至,她主动承担了上司布置下来的工作任务。可能她自己都说不清楚这到底是为了什么,这不仅仅是因为她今天穿了新的裙子,更因为她在刚走进公司门口的时候碰到了同事小娜。虽然她们平时话不多,但是小娜看见穿着新裙子的小路,脱口就说:"哇,你的裙子真漂亮! 款式很适合你。"可能,小娜也没想到自己一句最普通的赞美,会给小路带来好心情。

对于漂亮的女同事,就需要赞美其装扮,因为漂亮的外表是她们最在意的部分。小娜如此有针对性的赞美,自然会打动小路的心,而且还给小路带来了一天的好心情。一般情况下,太笼统、太宽泛的赞美会给人一种虚情假意的感觉,而有针对性的赞美能让对方感觉到你是发自内心的赞美,当然,这样的赞美能很好地打动对方。

那么,如何能做到有针对性的赞美呢?

1. 赞美对方的某个动作或行为

在生活中,泛泛的赞美很快就让我们词穷了,除了"真好"、"真棒"、"你是最棒的"，超不过 10 个词，然后就没什么可说了。对于不同场合来说，怎么才能做到有针对性地赞美他人呢？其实，我们很有感触，比如，如果你见到一个人，不说你漂亮，而是说"今天的发型让你神采奕奕"，这样，对方是不是会更高兴呢？因此，与其说那些空泛的赞美，不如说出对方最让你满意的某个动作或者行为。

2. 针对不同类型的人

在赞美他人的时候，我们还需要针对不同类型的人作出恰当的赞美。比如，见到一个孩子，你不能说潇洒，而应该说他聪明、可爱、懂事；见到漂亮的女性，就应该赞美其衣着、发型漂亮；见到男性，就应该赞美其潇洒、帅气。

第二节　要善于寻找赞美的话题

有人说："世界上最华丽的语言就是对他人的赞美。"大量事实证明，适度的赞美不但可以拉近人与人之间的距离，更能够打开一个人的心扉。可是，如何才能不露痕迹地将那些赞美的话送给对方呢？在交谈过程中，你总不能一个劲儿地夸奖"你真棒"、"你真优秀"、"你们家装修得真漂亮"，在很多时候，为了能使赞美发挥出更大的力量，我们应该将赞美融入到话题中。

简单地说，寻找到一个话题，再针对话题中所透露出来的消息，对他人进行恰到好处的赞美。这样的赞美不露痕迹，可谓是"水到渠成"，而对方在不知不觉间，就被几句赞美打动了。虽然这个世界上到处都充满了矫饰奉承的赞美，但是人们仍然非常愿意得到你发自内心的肯定。真诚的赞美没有经过矫饰,自然而真实,就是在闲聊之中适时插了几句好听的话,从而达到打动对方的目的。

有一次,一位顾客在一款地砖面前伫立了很久,导购员小李走过去对顾客说:"先生,您的眼光真好,这款地砖是我们公司的主打产品,也是上个月的销售冠军。"顾客问道:"多少钱一块啊?"小李回答说:"这块瓷砖,打折后的价格是100元一块。"

顾客说道:"有点贵,还能便宜吗?"小李说:"冒昧地问一句,您家在哪个小区?"顾客回答说:"在东方明珠。"小李赞美道:"东方明珠应该是市里很不错的楼盘了,听说小区的绿化非常漂亮,而且室内的格局都非常不错,交通也很方便,买这么好的地方,我看就不用在乎多几个钱了吧? 不过,我们近期正在对东方明珠做一个促销活动,这次还真能给您一个团购价的优惠。"顾客兴奋地说:"可是我现在还没有拿到新房的钥匙,没有具体的面积,怎么办呢?"小李回答说:"您要是现在就提货还优惠不成呢,我们按规定要达到25户以上才能享受优惠,今天加上您这一单才15户,不过,您可以先交定金,我给您标上团购,等你面积出来了,再告诉我具体面积和数量。"

就这样,顾客提前交了定金,两个星期以后,这个订单就算定下来了。

在这个案例中,我们不难发现,导购员小李很善于发现赞美的话题。首先,他开口就以赞美引入了话题"您眼光真好,这款瓷砖是我们公司的主打产品,也是本月的销售冠军",虽然这话不一定是真话,但是这赞美的话顾客就是喜欢听,一句"眼光不错"就可以打动对方。后来,导购员小李问道"您家在哪个小区?"其实,在这里我们应该明白,不管顾客说的是哪个小区,小李都会由衷地夸奖"你们小区是市里有名的小区",而这样具体的赞美需要融入到话题中,因此,小李才有那么一问。果然,小李说"东方明珠应该是市里很不错的楼盘了,听说小区的绿化非常漂亮,而且,室内的格局都非常不错,交通也很方便",一下子就打动了顾客,后面再适时地抛出促销的活动,顾客想不下订单都难了。

那么,在日常交际中,我们该如何寻找赞美的话题呢?

1. 赞美对方得意的事情

每个人对于自己得意、骄傲的事情总是很热衷,他们更希望自己得意的事情能够得到别人的肯定与赞美。因此,在聊到一些话题时,如果你发现对方总是骄傲地谈到某些事情,不妨顺势赞美。比如一位母亲总是拿着女儿的照片给你看,那证明她对有这样的女儿是多么的骄傲,你可以说"这是你孩子啊,我现在才知道美女小时候长什么样,我以前只见过你这样的大美女,没见过小美女,瞧你这孩子,长得多好,眼睛多大!"想想,这位母亲听了该有多高兴啊。

2. 赞美对方感兴趣的事情

每个人都有自己感兴趣的东西,有的人喜欢画画,有的人喜欢练字,虽然,他们的水平并不怎么样,但是他们对于那些东西就是喜欢。在言谈中,不妨将对方感兴趣的事情引入话题中,多谈论对方感兴趣的事情,并顺势赞美几句,对方心里一定会乐开了花。

第三节　要善于发现他人值得赞美的地方

美国有一名学者这样提醒人们:"努力去发现你能对别人加以夸奖的极小的事情,寻找与你交往的人的优点。那些你能够赞美的地方,要形成一种每天至少一次真诚地赞美别人的习惯，这样，你与别人的关系将会变得更加和睦。"在日常交际中，要想建立良好的人际关系，恰当地赞美他人是必不可少的。事实上，每个人都希望自己能受到别人的赞美，得到他人的肯定，但是，由于人与人之间交谈的时间并不多，而且，人们普遍不善于去发现他人值得赞美的地方，于是很多时候，就会出现一些问题：要么赞美不当，要么缺少赞美。其实，只要我们用心观察就会发现，每个人身上都有我们值得赞美的地方。有的人很聪明，有的人很友好，有的人善良，有的人漂亮，我们要明白，即使一个人浑身上下充满了缺点，但在他身上依然有闪光点，而我们需要做的，就是去发现这些闪光点，再逐一去赞美对方这些闪光点，这样才能更好地打动对方。

这天，营业厅小李临柜，一位中年男士储户递上了一张 5 万元的国债存单，说道："我的国债到期了，看能不能再买点国债，利息高，又保险，国家信誉嘛！"小李夸赞道："先生，您的理财意识很强啊，很有经济头脑。现在国债代理业务已经过期了，我们近期代理的是人寿太平保险，这个险种卖得可快啦。"中年男士问道："我家五口人，爱人、女儿、儿子、母亲，我特别惦记我 60 岁的老母亲，想给她买份保险，你给参谋参谋。"小李马上说道："您这份孝心真难得，我给你推荐太平盈利保险，投保年龄是 65 周岁以下，正适合您的母亲，年利率 2.25%，如果意外身故，可以获得两倍的保险金。"

说着，小李进一步介绍："你的儿子、女儿将来要外出上学，你和爱人又年富力强，建议买分红型的，每月分红，如果发生意外身故三倍返还保险金，另外赠你一份学生平安卡。"中年男士有些顾虑："我先回去想想，时间不早了，还要赶回学校做饭哩！"小李心想，如果客户临时变卦了，把钱转存其他银行了咋办。于是，小李赶紧问道："您在哪所学校做饭？"中年男士回答说："前面一点的市二中。"小李马上接话说："我营业所主任的孩子就在你们学校,一直夸食堂饭菜好,原来是您的手艺呀!"中年男士来了情绪,睁大眼睛非常兴奋:"真的吗?人人都夸老师好,我没想到还有人夸我这个做饭的,谢谢了,对了,你先给我说清楚吧,我现在也不着急走。"小李又详细解释了一番,中年男士笑了:"现在我明白了,买保险就好比买雨伞,平常不用,下雨有用。"小李夸奖道:"您的比喻可真恰当!"这时,那位中年男士才决定填单,将5万元全部投保。

在整个交谈过程中,小李的赞美可是一直没停歇:"您的理财意识很强啊,很有经济头脑"、"您这份孝心真难得"、"一直夸食堂饭菜好,原来是您的手艺呀"、"您的比喻可真恰当",而且,她的每一句赞美都是有根据的,并不是泛泛而说,这样的赞美之词顾客听了喜欢。而且,在这其中,小李可谓是一个善于发现别人优点的人,有的人同样是听顾客说这几句话,却没能想到这些恰恰是值得赞美的地方。小李正是凭着自己敏锐的观察力,发现了顾客身上那些值得赞美的地方,才如愿打动了原本犹豫不决的顾客。因此,在生活中,我们要善于去发现他人身上值得赞美的地方,发现了就要大声赞美,这样我们才能打动他人的心。

1. 从细节处赞美

那些有经验的人常常会抓住某人在某方面的行为细节,巧言赞美,这样就很容易赢得对方的好感。因为对一个人细节的赞美,不仅给他带来心理上的满足,而且,还会增进彼此的心灵默契程度。如果你能观察到对方那些尚未被人发现的细节优点,那就表明那些赞美是发自你内心的,如此自然而又真诚的赞美足以打动人心。

2. 挖掘他人身上的闪光点

每个人都有自己的长处,在赞美他人的时候,关键在于你是否能够"慧眼识珠"，能否发现对方身上的闪光点。有的人常常埋怨别人身上没有优点，不知道该赞美什么，其实，这恰恰说明了他缺乏发掘闪光点的能力。

3.赞美的角度要新颖

每个人都有许多优点和长处，如果你对他人的赞美可以做到独具慧眼，发现了对方身上与众不同的"闪光点"和"兴趣点"，从新颖的角度赞美，便能够起到事半功倍的效果。

第四节　夸张的赞美方式不是所有时候都适用

在日常生活中，或许我们每个人都曾得到过别人的赞美，赞美就如同润滑剂，可以和谐彼此之间的关系，让对方感受到你话语里的温情。我们常说"赞美要真诚"，是否就意味着我们应该抛弃所有夸张的赞美方式呢？事实上，生活中，偶尔来一些夸张的赞美，反而能增加不少的情趣。比如，男人在赞美自己的女朋友的时候，通常会说"你真是上天赐给我的天使"、"你真是美若天仙"，虽然，被赞美者明白自己并没有那种夸张的美丽，但是心里却像是吃了蜂蜜一样甜。不过要切忌，夸张的赞美方式不是所有时候都适用的，换句话说，夸张的赞美方式应该慎用、少用。如果你对谁都是那么一句夸张的赞美，对方一定会觉得你是一个虚伪的人，有了这样的判断，你的赞美非但不能打动对方，反而会令其心生厌恶。

成功大师戴尔·卡耐基曾做过二流推销员，那确实是一段难忘的经历。当时，卡耐基对发动机、车油和部件设计之类的机械知识毫无兴趣，这样一来,他完全无法掌控自己推销产品的实质。

有一次,店里来了一位顾客,卡耐基立即走上去向他推销货车,不过,他说的话却往往连货车的边儿都沾不上,顾客觉得卡耐基是一个疯子。这时,老板气愤地走过来,大声吼道:"戴尔,你是在卖货车还是在演说?告诉你,明天再卖不出去东西,我会让你滚蛋。"这下,卡耐基着急了,如果丢失了这份工作,将意味着自己无法生存了。

于是卡耐基立即说:"老板,你是最仁慈的老板了,有了你,我才吃上了面包。你放心,为了你让我可以吃上面包,我会好好干的,而且,瞧你今天穿得多精神啊,相信你今天的生意会一帆风顺的。"被赞美了几句,老板的气也消了,也再没说过解雇的事情了。

在这里,卡耐基的赞美有点儿夸张,好像在说如果没有了老板,自己就将无法活下去似的。虽然,这样的赞美是夸张了点,但恰恰体现出了老板对他自己的重要性,而这正是老板所希望听到了。于是,在这样一句赞美的话之后,老板气也消了,再也不提解雇的事情了。从这里不难看出,在适当的时候,来一两句夸张的赞美也是很有必要的。

老婆买了一件衣服,小于就说:"这件真漂亮,你穿上就像明星一样。"老婆的工作项目在公司拿了奖,他就说:"你真棒,你真是美貌加智慧的未来女强人。"刚开始,老婆听得心花怒放,可是几个月过去了,她听得耳朵都起了老茧。周末,小于去丈母娘家吃饭,一进门就说:"真谢谢你们生了这么一个好女儿,我娶了她,是我几辈子修来的福气。"老婆在一旁,眼睛瞪得老大,心想:"这也太过了吧。"从家里出来后,老婆就对小于说:"我爸爸觉得你突然之间变得虚伪了。"小于愣住了:"这可都是赞美你的话,怎么嫌我虚伪了?"

本来,这些夸张的赞美语言偶尔来那么一两句,老婆肯定会心花怒放。

但是,每次都是那些煽情、夸张的甜言蜜语,对方也会听腻了,而且,会觉得他根本就不是真心赞美的。果然,在丈母娘家,小于那句"真谢谢你们生了这么一个好女儿,我娶了她,是我几辈子修来的福气",这样夸张的赞美怎么听给人的感觉都是虚伪的。所以,夸张的赞美方式应慎用,否则只会适得其反。

那么,在日常生活中,我们该如何选择夸张的赞美方式呢?

1. 慎用、少用

一般情况下,我们不提倡用夸张的赞美方式,因为夸张的语言缺少了真诚,被赞美者很难被打动。不过,在适当的时候,比如在恭维上司的时候,在遵循事实的前提下,我们可以稍微说得夸张一点,这样上司也是可以接受的,而且,在心理得到满足的同时,他们会更容易被我们的赞美之词所打动。

当然,在大多数的情况下,面对夸张的赞美方式,我们是少用或者根本不主张使用。毕竟,只有真诚的赞美才能打动人心,而真诚就需要自然而真实的语言,稍作修饰的夸张语言都会影响到赞美本身的效果。如果你有把握能使用好夸张的赞美方式,那是可以的;反之,如果你根本就没有驾驭的能力,那就少用为妙。

2. 多用于亲近的人之间

夸张的赞美之词听上去很虚假,因此大多用在关系比较亲近的人身上,这样一来,若是太过夸张,权当玩笑之语。比如恋人之间、家人之间,偶尔来那么一两句夸张的赞美,还会给生活带来趣味。反之,彼此之间关系比较陌生或严肃,那就不需要用太过夸张的赞美了,比如下级对上级,这样会给人溜须拍马之嫌。

第五节　赞美他人要讲究方法

卡耐基曾说过："当我们想要改变别人时,为什么不用赞美来代替责备呢? 纵然部属只有一点点进步,我们也应该赞美他,因为那才能激励别人不断地改进自己。"赞美他人,绝对算得上是一件好事,但绝不是一件容易的事。我们在赞美别人的时候,需要审时度势,还需要掌握一些方法,否则,即使你是真诚的,也会将好事变成坏事。

不同的人在赞美别人的时候,会用到不同的方法:有的人喜欢采纳直接的赞美方式,如"你真是太漂亮了";有的人喜欢使用比较意外的方式,如"今天的菜格外美味,你的厨艺越来越好了";有的人喜欢背着别人的面赞美他人,等到这话传到了当事人的耳朵里,那效果将会是出奇的好。如何才能使赞美发挥出应有的效果,如何才能通过赞美来打动他人呢? 这就需要我们在赞美他人时讲究一定的方法,方法对了,赞美的效果就会出来,那时,你还会担心打动不了人心吗?

小王在与同事聊天的时候,随意说了几句上司的好话:"张经理这个人真不错,处事比较公正,我来公司一年多了,他在各方面对我的帮助都挺大的,能够有这样的上司,真是我的幸运。"没过多久,这几句话就传到张经理的耳朵里,令经理心中既欣慰又感动,就连那位同事在向经理传达这几句话的时候,都忍不住夸赞一番:"小王这人真不错,心胸开阔,难得啊。"

年底分发奖金的时候,小王觉得自己这一年表现很不错,想争取一下。

对此，他敲开了张经理的门，经理满脸热情："小王，有什么事吗？"小王有些不好意思地说："张经理，又来麻烦你，真是不好意思，那个年底的奖金，我想争取一下，你看我合格不？"张经理笑了起来："这事啊，好说，我老早就觉得你这小伙子不错，放心，这件事我一定放在心里。"

从上面这个故事可以看出，背后赞美他人比当面恭维的效果好得多，如果当面赞美，有可能会被认为这是拍马屁，同时，对方脸上也会挂不住，会觉得赞美不够真诚。那么，趁着对方不在场的时候，赞美几句，总有一天，这话会传到对方耳朵里，那对方的心里自然是美滋滋的，这样一来，打动人心的目的也就达到了。

有记者曾问史考伯："你的老板为什么愿意一年付你超过100万美元的薪金，你到底有什么本事？"史考伯回答说："我对钢铁懂得并不多，我最大的本事是我能使员工鼓舞起来，而鼓舞员工的最好方法，就是表现真诚地赞赏和鼓励。"原来，史考伯就是凭着赞美他人，而获得了年薪100万美元的高薪。不难想象，史考伯先生一定是精通了赞美的方法，否则怎么能使赞美发挥出那样大的作用呢？下面，我们就列举几种简单的方法，以供你参考借鉴。

1. 出人意料的赞美

赞美来得比较突然，也会令人惊喜。比如，作为丈夫的下班回家后，见妻子已经摆好了饭菜，不妨称赞妻子几句，妻子本来看似应该的行为，却受到了丈夫的赞美，作为妻子来说，心情必定是愉悦的。而且在生活中，如果你赞美的内容出乎意料，也会打动对方的。

2. 直接的赞美方法

在生活中，我们常见的赞美方法就是直接赞美，比如下属与上司、老师对学生、长辈对晚辈,等等。这样直接的赞美方法比较及时、直接,能够很好地鼓舞他人。如果你发现了对方身上有什么特点,不妨直接告诉他"你最近工作业绩不错,快破了上个月的销售记录了,继续努力"。

3.夸张的赞美方法

夸张的赞美方法又称为激情的赞美方法,拿破仑曾这样赞美他的妻子:"从来没有哪个女人像你这样受到如此忠贞、如此火热、如此情意缠绵的爱。"在这里,赞美可以使我们获得爱情,同时还可以缓和矛盾。那些无法掩饰的赞美之情,使得我们的另一半十分的受用和满足。

4.间接的赞美方法

有直接的赞美方法,就有间接的赞美方法。在日常生活中,如果我们想赞美一个人,不便当面说出或没有适当的机会向他说出的时候,你可以在他的朋友或家人面前,适当地赞美一番,而且,这样赞美收到的效果将会更好。

第六节　请教式的赞美能获得他人的好感

在生活中,我们经常听到这样的赞美"你的手工做得太好了,怎么做出来的,能教教我吗?"如此别具一格的赞美方法就是请教式的赞美,什么是请教式的赞美呢?顾名思义,就是赞美对方的某些方面,而话语中带着请教的意味,似乎对方的优秀程度已经将其摆在了"老师"的位置上。而大多数人听到请教式的赞美,虽然表面上不做声,但其内心却早已经是兴奋异常了。

另外，请教式的赞美更容易让对方接受，让对方体验到自己的价值，从而在心中产生某种成就感。这样的赞美方式大多适用于下属对上级、学生对老师、晚辈对长辈，由于对方身上有自己不具备的一技之长，遂以请教的赞美方式表达自己的仰慕之情。在这个过程中，对方往往能在请教式的赞美中答应自己的请求，或者，他们有可能会主动帮助你渡过难关。

美国的一家化妆品公司曾有一名优秀的"推销冠军"。有一天，他还是和往常一样，把公司里刚推出的化妆品上门推销给客户。然而，他所介绍的化妆品的功能、效用这家的女主人并没有表示出多大的兴趣。于是，他立刻闭上嘴巴，开动脑筋，并细心观察。突然，他看到阳台上摆着一盆美丽的盆栽，便说："好漂亮的盆栽啊！平常似乎很难见到。"

女主人来了兴致："你说得没错，这是很罕见的品种。同时，它也属于吊兰的一种。它真的很美，美在那种优雅的风情。"

"确实如此。但是，它应该不便宜吧？"

"这个宝贝很昂贵的，一盆就要花700美元。"

"什么？我的天哪，700美元？那每天都要给它浇水吗？我一直很喜欢盆栽，但却对此一窍不通，我能向你请教，你是如何培育出这样美丽的盆栽的？"

"是的，每天都要很细心地养育它……"女主人开始向推销员倾囊相授所有与吊兰有关的学问，而他也聚精会神地听着。最后，这位女主人一边打开钱包，一边说道："就算是我的先生，也不会听我嘀嘀咕咕讲这么多的，而你却愿意听我说了这么久，甚至还能够理解我的这番话，真的太谢谢你了。如果改天有空，我会乐意向你传授种植兰花的经验的，希望改天你再来听我谈兰花，好吗？"女主人爽快地买下了化妆品。

通过向女主人请教关于盆栽的问题，打开了女主人的谈话兴致，而且在交谈过程中，销售员一直以请教式的赞美来夸奖女主人，使得女主人的心理得到了极大的满足。说到最后，没等销售员开口，女主人就主动掏钱购买了化妆品，而且还发出了"希望改天你再来听我谈兰花"的邀请。由此足以见得，请教式赞美所产生的良好效果。

其实，请教式赞美不仅仅重在请教，还能表现出一种鼓励的意味。当然，这样的一种赞美方式不止局限于下属对上级，很多时候，上级为了鼓励下属，也可以向下属发出"请教式赞美"。在日常生活中，还有许多家长更是将请教式赞美当做了一种很好的教育方式，以此来鼓励小朋友。有时候，我们在求人办事的时候，不妨放低自己的身价，虚心请教，再说几句赞美的话，说不定就能取得良好的效果。

这段时间，小雨跟她的一个朋友学会了十字绣，她利用业余时间，绣了一对在丛林中飞舞的蜻蜓。同事看了她绣的十字绣很惊讶，那形象的花草、舞动着翅膀的蜻蜓非常逼真，同事由衷地赞美："哎呀，小雨，你太了不起了！你这是怎么绣出来的啊？"小雨笑了笑，看得出，她对自己花费了不少时间绣出来的作品很自豪，同事真诚地说："看你绣得这么漂亮，我也想学习一下，你能教教我吗？"小雨点点头，开始手把手地教同事如何绣十字绣。

同事那几句请教式的赞美，恰到好处地温暖了小雨的心灵，融洽了彼此之间的关系。可以说，请教式的赞美，是一种非常有效的赞美方式。

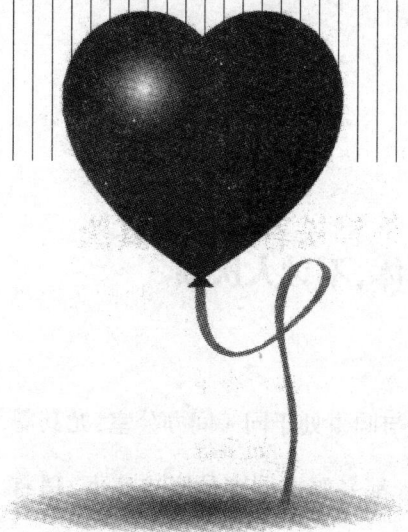

第十六章

30秒打动同事心

//

在日常工作中,如果能够轻松地打动同事的心,就能使自己在工作中如鱼得水,事倍功半。因此,在办公室里,我们需要注意自己的言行举止,以得体的姿态赢得同事的欣赏;时刻保持平和的心态,不抱怨,不嫉妒,不抢功;在同事面前,不妨暴露缺点,消除同事的戒备心理;多向资历深的老同事请教,以赢得对方的好感;学会赞美同事,认可同事的能力;对同事,不宜直呼其名,应该给对方一个能够拉近关系的称呼。

第一节　言行举止得体，不讨人厌烦

人们常说"办公室是是非之地"，因此与同事处于同一间办公室，尤其需要注意自己言行举止。因为你的一言一行都暴露在同事的眼皮底下，稍有不慎，你就会成为办公室里的"讨厌虫"。作为办公室的一员，为了工作，我们不得不与同事打交道，不得不出入领导同事的办公室，可以说，办公室是我们除了家之外待的时间最长的地方。

那么，我们如何才能打动办公室里的同事呢？首先，我们就应该注意自己的言行举止，要得体大方，规矩而不失圆滑，如此，才能与同事建立融洽的人际关系。在办公室里，打动同事的心很有必要，因为只有打动了同事，才能帮助我们更好地完成自己的任务。如果你的言行举止处处露毛病，惹得同事心烦，那么，你要想打动对方，那就难上加难了。许多驰骋于职场多年的职场人都会认为，在办公室里需要有得体的言行举止，必要时掌握一些办公室礼仪，选择得体的言行举止，并在自己的职场生涯中恰当地加以运用，那就能打动同事的心，而且，会使自己在工作中左右逢源，在事业上更上一层楼。

王丽刚刚走出大学的校门，就投入到了新的工作中去。当她第一次见到位居世贸大厦12层的广告公司，就显得异常兴奋。这意味着她能够在全市最高的一栋写字楼里上班，成为大家都羡慕的白领。

上班第一天，王丽穿着时髦的超短裙，戴着夸张的耳环，踏着猫步走进了办公室。她友好地向同事们打招呼,可是,同事们看她那副打扮都惊呆了,除了冷冷地观看,然后就开始交头接耳地议论了起来。王丽有些泄气:"这办公室里都住了些什么人啊,一点眼光都没有。"没想到,这句低声抱怨的话被旁边经过的同事听见了,她转身大声问道:"小丫头,你说谁没有眼光啊,真是搞笑了,第一天上班的丫头居然敢跟我们办公室的同事叫板,我看你是不想在公司待了吧。"王丽站了起来,说道:"你吓唬谁呢? 我王丽可不是吓大的。""就吓唬你,怎么了? 小菜鸟。"同事反击道,就这样,两人在办公室里争吵了起来,王丽怎么也没想到,自己上班第一天就出师不利。

王丽时髦的打扮本身就不符合办公室礼仪,不够得体,而又无所顾忌地在办公室说东道西,如此,其他的同事自然会心生厌恶。其实,作为职场新人,应该积极融入到办公室这个大家庭中,而不是我行我素,不注意言行,这样的人迟早会变成同事眼中的"讨厌虫",就更别说打动同事的心了。

下面,我们就几个方面简单地介绍如何做到得体的言行举止,不惹同事厌烦,从而达到打动同事心的目的。

1. 得体的装扮

在办公室工作,自己的穿衣打扮也要与之协调,一般应以职业套装为正装,以体现自己的精明强干。男士一般是西装革履,铮亮皮鞋,一身正装。而对于办公室女性来说,需要特别注意自己的装扮,最好是选择西装套裙、连衣裙或者长裙,不宜把露、透、短的衣服穿到办公室里去,否则使自己内衣若隐若现会极不雅观。

总而言之,你的穿衣打扮需要中规中矩,不可太过。比如,有的女同事在身上佩戴了夸张的首饰,穿走路很响的高跟鞋,这些都会成为同事讨厌你的理由。所以,要想打动同事的心,就应该跟他们站在一起,保持得体的打扮,尽快融入他们的圈子,这样才不会被他们孤立。

2.得体的语言

在办公室对同事需要讲礼貌,像"您好"、"早安"、"再会"这样的问候应该每天都要使用,而不是因为天天见面连打招呼都省了。一般情况下,同事之间不宜随便称呼其小名或者叫对方的绰号,而应该称呼对方姓名,对待老同事可以以职称称呼。如此彬彬有礼,自然也会给同事留下好的印象,达到打动同事的目的。另外,在办公室里,还需要避开办公室里的敏感话题,不要询问同事的薪水、升降以及他人隐私,如果你有类似的语言,同事会把你归为"长舌妇"的队伍,对你自然也就敬而远之了。

当然,要想打动同事,自然是多说好话,即赞美之语,不要错过任何一个可以赞美同事的机会。比如,同事换了新发型,穿了新裙子,接了大单子,这些都需要我们适时送上赞美之语,这样才能有效地打动对方。

3.优雅的行为

在办公室里,还要表现出自己的优雅气质,这样,同事才会对你产生好感,从而打动对方。所以,我们对自己的行为要多加检点:不要与异性同事拉拉扯扯、打打闹闹;尽量不要在办公室里吸烟;女性也不要当着同事的面"表演"自己的化妆术,如果需要补妆,可以去卫生间或者化妆间;在办公桌前要保持自己优雅的坐姿,不要将腿整个跷上去,这样很不雅观;不要在办公室里吃零食、看书报、打瞌睡,这样只会让同事对你的印象越来越差;也不要经常打或接私人电话,这样会影响同事的工作。

第二节　保持心态平和，不抱怨不抢功

在日常工作中，有的人看见昔日与自己站在同一起跑线的同事不断地晋升职务，就免不了想到自己的处境：只有普通的岗位，拮据的生活。于是，心里就会失去平衡。他们总是认为同事是"瞎猫撞到死耗子"，觉得上司对自己不够公正，甚至怀疑所有的事背后都有着不可告人的"潜规则"。总之，他们对同事的成功，总是感觉那是不正当手段取得的，心里有了敌意，有时还会抢占同事的功劳，以此来达到心理上的平衡。

其实，作为同一间办公室的同事，或许我们本来是站在同一起跑线上的，在职场生涯中，会不可避免地会有所比较。有时候，同事的进步会或多或少地让我们的心里有些触动，这是很正常的。但是，许多人并没有调整自己的心态，而是愈演愈烈，最后几乎把同事当成了敌人，他们四处抱怨，想法设法地抢占同事的功劳。其实，我们身处职场这个风云变幻的环境，应该保持平和的心态，不抱怨，不抢功，这样我们才能与同事建立融洽和睦的关系，也才能打动同事的心。

新年过后，公司又开始新的一轮人事变动，准备提拔一批年轻的十部。小娜、小乐、小慧是很好的朋友，在大学的时候是同班同学，一起进的公司。三个人的工作能力都特别突出，又同在一个部门，这次的人事变动很受她们的关注。小娜认为自己绝对能够胜出，因为自己不但工作能力优秀，而且还长得很漂亮，这对经常在外面与客户洽谈业务是相当有益的；小乐则专注于

自己的工作,偶尔会向同事打听一下,并没有多大的关注;小慧则不闻不问,一点也不关心人事变动这件事。

最后结果出来了,业务部所提拔出来的年轻干部是小乐。于是,办公室都在议论纷纷:论工作能力,小娜比她能干多了;论业绩,小慧丝毫不比他逊色。每天听着这样的议论,小娜心里觉得很愤慨,她非常嫉妒小乐,索性请病假歇班了。而小慧却真诚地向小乐祝贺,并更加积极地投入到工作中去。

不久,小娜因为心里有情绪,在工作上提不起劲儿,还是在原地踏步。而工作出色的小慧却在两个月之后被提升为办公室主任,同时,她与小乐的关系也越来越好,可谓是事业、友情双丰收。

本来一场竞争就这样成了双赢的局面,而小娜最终因为嫉妒的心理影响了自己正常的工作,小慧保持平和的心态,大方为同事的成功而喝彩,也获得了最后的成功。其实,小慧就是一种自信的表现,因为她知道自己是一颗珍珠,别人的光辉非但没有遮蔽自己,反而会把自己照得更亮。所以,面对同事的成功,她不抱怨、不抢功,而是送出喝彩,积极投入到工作中,最后终于通过自己的实力得到了上司的认可。同时,她谦逊、平和的姿态也赢得了同事小乐的好感,两人成了工作中的好搭档。

西班牙学者巴尔塔沙·葛拉西安有句名言:"学会欣赏每一个人会让你受益无穷,智者尊重每一个人,因为他知道人各有其长,也明白成事不易。"在办公室里,不乏这样的人,当自己取得了成绩、荣誉,就奔走相告,兴奋不已,而一旦同事或者身边的人有了进步,却往往充耳不闻,甚至竭尽所能地挖苦、冷嘲热讽对方,以宣泄自己的嫉妒心理。其实,这是一种心理失衡的表现,应该积极地调整情绪,保持平和的心态。

在办公室里,大凡那些缺乏自信的人才会抱怨,才会嫉妒。看着同事的成功,想到自己没有出头之日,他们内心就会失衡,以至于抱怨上司不公平、抱怨同事走了关系,等等。作为办公室里的一员,我们要对自己有信心,要相信,今天晋升职位的是同事,有可能明天就是自己了。对自己有了信心,在一定程度上,能缓和心理的不平衡,从而保持心态的平和。

1. 为同事的成绩喝彩

当身边的同事获得了成功,我们应该大方地为他喝彩,这也是一种智慧。为同事的成绩喝彩是一种难得的智慧,当你在欣赏同事的时候,也在不断地提升和完善自己;当你真诚地为同事获得的成绩而鼓掌的时候,你化解了敌意,获得了友谊;当你在赞赏同事的时候,其实也矫正了自己的狭隘自私和妒忌的心理。另外,为同事的成绩喝彩,会拉近与同事的心理距离,增强自己的人际吸引力,建立起融洽的人际关系,营造良好的工作环境。

2. 不抢占同事的功劳

当同事为公司立下了大功,许多人在心理失衡的情况下会作出抢功的行为,明明是同事的功劳,硬是在上司面前说自己也有功劳,以此来平衡心理。其实,这样的一些行为是很不对的,一旦真相出来了,不仅得罪了同事,而且在上司面前也留下了恶劣的印象。所以,面对同事做出的成绩,不要嫉妒,不要抢占同事的功劳,而应该想着自己怎样才能取得同事那样的成绩。

第三节　适当暴露缺点消除同事的心理戒备

在办公室里,每个人都想扮演得聪明一点,似乎只有这样才能凸显自己的价值。事实上,许多人都想错了,自己表现得太过聪明了,太过优秀了,处处给人一种了不起的印象,最后却会成为同事争相排挤的对象,而那些看起来傻头傻脑,说话做事都笨笨的,却可以成为同事们喜欢的对象,这是为什么呢?办公室本就是是非之地,要想在这里获得一片自由的天地,我们就必须融入这个圈子,懂得藏锋,藏起自己的优势,适当暴露自己的一些缺点,以此来消除同事的心理戒备,这样才能赢得同事的认可。在工作中,同事会不自觉地把你当成一个竞争对手,如果你处处表现得很优秀,锋芒毕露,他们自然会感觉到你带来的威胁,无形之中,你就成了他们讨厌的人了。所以,与同事相处,不宜表现得太过优秀,即使你有天大的本领,也要懂得收敛,相反,为了打消同事心中的顾虑,不妨适当暴露自己的一些缺点,让同事放松对你的警惕,向你打开心扉。

学校组织开新学期教研会议时,头发花白的李老师就发牢骚了:"为什么老是安排我们老教师上普通班,年轻的老师上尖子班?你们是看不起我们吗?既然看不起就直接叫我们下岗算了,还留我们干什么!"坐在旁边的年轻老师沉默了,小王老师作为主任组织了这次会议,他也低下头,默默地听着。李老师继续说:"你们这些年轻人、小毛头,别看不起我们这些老家伙!别以为你们文凭高,什么重点大学研究生的!我们在讲台上吐的口水都比你们多！二十年前，我们都站在讲台上教书了！说说看，二十年前你干什么的！""二十年前我只读小学。"小王老师只能这么回答。

等李老师的牢骚发完后，小王老师才说："这是上头领导这么安排的，我也只能这么做，不过以后在工作中有什么疑问，我们肯定会请教和遵循老前辈们的意见的。"会就这样散了，后来，小王老师在那些老教师面前，就像个什么都不懂的小学生一样，故意暴露了自己的一些缺点，处处向老教师请教。而且无论做什么都维护老教师的意见。对于他们犀利的牢骚，小王老师从不反唇相讥。久了之后，老教师们也没什么意见了。

再后来，小王老师被调到更好的学校了。教研组的老教师们居然舍不得他走，李老师还很歉意地说以前的牢骚很对不起他。

在上面这个故事中，不难看出小王老师为人处世的智慧。也许，在众多资历深的老同事面前，小王老师不过是个小人物。他明白，自己的工作要想做好，就必须打动这些老同事的心。于是，他扮演了一个不起眼的小人物，在老同事面前适当暴露了"愚笨"的缺点，以此打消了老同事心中的顾虑，以诚恳的态度赢得了老同事的尊重，从而与之建立起了和谐的人际关系。

1. 收敛锋芒

当今社会，竞争日益激烈，每个人的智力也得到了空前的解放和开发。在工作中，在办公室，人们争先恐后地表现自己，梦想着出人头地、做出一番大事业。其实，如果你显山露水，争着炫耀自己，使出全身解数来成为同事妒羡的对象，当你的虚荣心不断膨胀的时候，你离失败也越来越近了，而这就是锋芒毕露的下场。因此，不管你是职场新人，还是已经在职场混迹了多年的老同事，都不要太过于展现自己的锋芒，而要懂得藏起锋芒，表现得愚笨一点，或者适时地表现出自己的缺点。这样，你才能真正地融入办公室这个大家庭,也才能打动同事的心。

2.大智若愚

在日常工作中,即使你真的是才智出众,也不要炫耀自己,因为厚积薄发才得以宁静而致远。不要向同事夸耀自己,抬高自己,而应该谦虚、不抱怨、专心做好自己,在不显山不露水中获得成功。

第四节　多向老同事请教,赢得对方的好感

开始工作后,职场新人常常会大放苦水:"在办公室里,那些已经工作了很多年的老同事真让我们心烦,平时不管我去做什么事情,他们总喜欢过来指指点点,真是令人苦恼,而且,这样的同事很难以亲近。"其实,对于每一个职场新人来说,初到办公室的第一步就是与老同事搞好关系了。可是,如何才能打动老同事的心呢?

事实上,面对老同事最有效的沟通方法就是多向他们请教,毕竟他们工作的时间比自己长,他们说的那些教导的话还是挺有道理的。不过,在请教的时候,需要忌讳的是,不得在老同事面前表现得"无礼、目无尊长",这样一来,就难以亲近他们了。那么,为了亲近老同事,我们应该时刻注意自己的言行举止,保持谦虚谨慎。

有一些老同事会凭着自己资历深厚而对新人的言行举止百般挑剔、抵触或者根本不认同,处处干涉、事事指导,让一些职场新人无法施展自己的能力,工作总是被牵制。另外,一些老同事还有一定的戒备心理,他们在工

作上很保守,不愿意指点、帮助新同事,害怕"教会了徒弟,饿死了师父",在这样的情况下,该怎么办呢? 其实,他们大多比我们年长,也都比较喜欢谦虚的孩子。如果我们多向他们请教,处处透露出尊重、谦虚、诚恳,那么他就一定会被打动,并愿意成为我们的"职场导师"。

1. 凡事多请教

在工作中,遇到不明白的地方或者是碰到了难题,需要多向老同事请教。这时,不管对方的脸色如何的倨傲,我们都要虚心对待,这样才能赢得老同事的认可。另外,即使我们有自己的想法,但还是向老同事询问他们的意见,毕竟他们资历比较深,看问题比我们看得远,参考他们的意见对我们是很有益的,同时,也能增加我们与老同事的亲密感。

2. 说话要尊重

即使在办公室遇到了倚老卖老的老同事,面对他们,我们也应该处处流露出尊重的态度,善于发现其优点,不要反驳老同事的看法,不要与之发生正面冲突,给予老同事最充分的尊重才是上上之策。

3. 即使是拒绝,也要诚恳

有的老同事喜欢指使新人去做一些琐碎的事情,作为职场新人也不要生气,如果自己真的很忙,或许实在不想被指使的时候,也应该学会委婉地拒绝。当然,话语一定要诚恳,比如"不好意思,我真的很忙,手上正好有一个计划需要赶着写出来,而且,今天就要完成"。尊敬的态度,诚恳的语气,相信老同事一定会谅解你的。

4. 将功劳让给老同事

在工作中,我们经常有与老同事一起工作的机会,对于共同完成的工作任务,为了表示自己尊重的意思,我们可以将功劳让给老同事,从而表示自己的谦恭。当然,如果老同事推辞,那就另当别论了。在这里,比较忌讳的是抢占老同事的功劳。

第五节　认可同事的能力,赞美同事的优点

　　赞美是认可他人劳动成果,肯定别人价值的表现。在日常工作中,与同事相处久了,我们常常就会忽略同事身上的优点,反倒比较在意对方身上的缺点,这不仅会使我们的工作陷入困境,而且,更重要的是会使我们与同事之间的关系变得疏远起来。因此,不妨认可同事的能力,赞美同事的优点,以此来增进彼此的关系,达到打动同事的目的。

　　美国心理学家威廉·詹姆士说:"渴望被人赏识是人最基本的天性。"另外,从社会心理学的角度来说,赞美是一种有效的交往技巧,能有效地缩短人与人之间的心理距离。既然渴望被赞美是人的一种天性,那我们在与同事的相处中就应该掌握好这一智慧。在工作中,大部分的同事都渴望被赞美,自己的能力被认可,如果有同事能认可自己,那么,他会自觉地将对方当做可以信赖的朋友。基于同事这样的心理,为了打动同事,赢得同事的好感,我们应该大方地认可同事的能力,赞美同事的优点。

　　这天,阿美兴致勃勃地拿着拟好的方案走进办公室,谁料,这个被自己看好的方案却被上司否定了。她灰心丧气地回到办公室,将文件夹狠狠地摔在桌子上,旁边一位同事酸溜溜地说:"哎哟,你也有今天啊,以前可都是我们的方案被否,没想到,每次都通过的你今天也被上司否了。"阿美没好气

地回答道:"我就知道你在幸灾乐祸,我没什么啊,大不了,重新来过就是了。"说完,就起身去了洗手间。

阿美在洗手间碰到了同事美娜,刚才在办公室的一幕,美娜早就看见了,只是当着大家的面不好说什么。这时,她安慰阿美说:"你的能力在办公室都是有目共睹的,我相信这不过是一次意外而已,很快你就能作出新的方案了。老实说,我真佩服你的工作能力,效率高,质量更高,我什么时候才能达到你这样的水平啊。"听到自己的能力被认可了,阿美气也消了些,笑着说:"你才来公司没几天啊,以后我带你吧,慢慢跟我学,很快你就跟我一样了。""真的吗? 那可真是太好了。"美娜似乎不敢相信,样子看起来非常高兴。

在被怀着嫉妒心理的同事奚落之后,阿美的心情很差,在这样的情况下,美娜却极力肯定阿美的工作能力,嘴里更是赞不绝口。这样的认可与赞美都是阿美所需要的,于是,两人的关系拉近了,美娜这个来公司不久的女孩也成功地打动了同事阿美的心,获得了对方给予的帮助。

曾经,有一位著名企业家说:"促使人们自身能力发展到极限的最好办法,就是赞赏和鼓励……我喜欢的就是真诚,慷慨地赞美别人。"要想打动身边的同事,我们就不应该光想着自己的优点,同事的缺点,而是善于发现同事身上的优点,并对此送出真诚的赞美。其实,肯定同事的工作能力、赞美同事,很少与真正的工作有关,但却可以成为我们与同事增进关系的机会。我们要用敏锐的眼光去发现同事身上的优点,尤其是那些已经被其他人忽略的长处,在办公室里,当着许多同事的面赞美他,认可他,会使他受宠若惊,从而对你感激不尽。

当然,我们在认可和赞美同事的时候,还需要注意下面三个问题。

1.不同性格的同事,不同的赞美语言

在赞美同事的时候,我们的用词要适当,即面对不同性格的同事,选择不同的赞美语言。有的同事性格内向,城府比较深,一般而言,他们不喜欢被人大肆地赞美。对于这样的同事,我们的赞美之词要点到为止,太多了就会引起对方的反感;有的同事性格外向,比较活泼,面对这样的同事,我们就不要吝啬赞美的词汇,多些赞美,他会更开心。

2.观察同事的情绪状态

在赞美同事的时候,我们需要观察其情绪状态,如果同事正处于情绪低落,或者刚发生了不顺心的事情,那么过分的赞美往往会让同事觉得不够真实。所以,赞美时一定要注重同事的感受。

3.真诚地赞美

有的人觉得赞美同事,其实就是表面工夫,说两句好听的话就行了。其实,并不是这样,我们对同事的赞美也需要真诚,包括同事的情感感受和自己的真实情感,都需要发自内心,来不得半点虚情假意。由于情感真实,我们赞美同事才会显得自然真诚,不会给人牵强附会的感觉,也才能真正地打动同事。

第六节　给同事一个能够拉近关系的称呼

称呼,是人与人之间在交往中一方对另一方的称谓。在平日的工作中,我们并没有过多地重视称呼的变化,但实际上,给同事一个能够拉近关系的称呼,也能为你赢得好感。因此,在与同事相处的过程中,怎么称呼对方,成了一件比较讲究的事情。如果你能够称呼恰当,会让对方感到亲切,也能够帮助你在工作中如鱼得水,事半功倍,给同事留下一个良好的印象;相反的,如果你称呼得不够恰当,往往会惹得同事心烦,甚至让他产生懊恼情绪,使彼此的关系越来越疏远。如何称呼朝夕相处的同事,看似简单,但却是一门学问,有的人习惯说:"请问是某某吗"或者客气地说"某某,你好",这样直呼其名,一下子就拉开了彼此的距离,而且,直呼对方的名字也显得不够尊重。这时,我们就要给同事一个能够拉近彼此关系的称呼,这样的称呼首先必须是恰当的,还必须有亲切感。

"伟明,我们班明天上午第一节课需要教导处安排一下,谢谢你了!"

"海大哥,明天我试教,麻烦你来听一下,多提宝贵意见噢。"

"阿坤,我们班的阳光指数好像有些出入,我想和你讨论一下。"

"萍大小姐,今天下午 1 点,少儿频道来采访你们班的'道德银行',你准备一下。"

这些天来,不断地在办公室听到这样的称呼。被称为萍大小姐的方萍老师笑言:"刚开始时还觉得不习惯,可后来才发现这样的称呼挺有意思的,比以前的直呼其名亲切多了,我与许多同事都成了好朋友,而且,我们在这样一种轻松的氛围中愉快地工作,连工作效率也提高了不少。

在小学教育集团的校园里,出现了这样的现象,不论是打招呼,或者是公务往来,许多老师之间不再直呼其名,取而代之的是更显亲切的别样称呼。这种变化是从新校长来了之后开始的,当新校长亲切地称呼老师的时候,让老师们感觉好像一家人一样。老师们做起事情来也更显主动,同事之间的关系也和谐了起来,这不仅增强了集体荣誉感,还和谐了领导和下属、同事与同事之间的关系。

当你置身于这样一个工作环境,听到同事与同事之间彼此的称谓,就可以知道这所学校的文化及员工之间的关系大概如何了。从直呼其名到别样称呼,看似不经意的改变,却让置身于其中的人感到无比的亲切,不仅提高了工作效率,增强了集体荣誉感,也和谐了同事与同事之间的关系。

有的人觉得只要不是自己的父母长辈,只需要以直呼其名来称呼他人就可以了,这样也给自己省去了不少麻烦。殊不知,即便是不怎么熟悉的同事,如果你以直呼其名的方式来招呼他人,只会让对方感觉到不受尊重的感觉,而且,会使得彼此之间的距离更远了。因此,我们应该以别样称呼来称呼同事,它不仅可以体现尊重的意味,而且有别于"先生"、"小姐"带来的生疏感,以一种别样的亲昵缩短了双方之间的距离。

以中国人的传统礼仪,许多人觉得"长幼有序",而彼此熟悉的同辈之间,诸如同事就可以"直呼其名",虽然这样的称呼也是无可厚非的,但是却少了一份亲昵。所以,要想致力于在人际交往中建立融洽的人际关系,就要选择亲切的称呼,比如"小王"、"老李"、"张姐",等等,这样在无形之中拉近了彼此之间的距离,增加了亲切感,也更容易打动同事的心了。

第十七章

30秒打动顾客心

在日常工作中,越来越多的人开始意识到,只有打动了顾客的心,才能赢得顾客盈门。那么,如何才能打动顾客的心呢?作为销售人员,应该提升自我素养,对顾客要以礼相待;注重自我形象问题,以合适得体的穿衣打扮赢得顾客的好感;在销售完成后,要为顾客提供使之感动的售后服务;以诚待客,要记住,诚信永远是打动顾客的最佳手段;做好细节服务,让顾客在一点一滴中被打动;以情动人,以真诚的帮助打动顾客。

第一节　提高自我素养,处处以礼待人

礼貌是尊重的前提,它体现在一个人的言行里,也体现在最真实的内心,当语言里透露出敬意的时候,顾客一定会感受到被尊重的愉悦。在现代社会,互相尊重成了人与人之间相处的一种普遍形式,处处以礼待人,提升自我素养,才能打动顾客的心,赢得顾客的信赖。在与顾客沟通的过程中,我们所经常使用的就是语言,语言本是思想的衣裳,它可以直接表现出一个人的高雅或粗俗。语言交流就是一种心灵沟通,要想与顾客沟通畅通无阻,我们就应该得体地运用敬语与谦词,这样会让顾客感到"良言一句三冬暖",而彼此之间的感情也就能很快地融洽起来。因此,在与顾客交流的时候,我们很有必要加入"您好、谢谢、请、对不起、别客气、再见、请多关照"等这样一些敬语和谦词。当然,在与顾客的沟通过程中,不仅需要得体的语言,也需要友好的笑容,适当的肢体语言,这样才能真正地做到"以礼待人",也才能打动顾客的心。

在飞机快要起飞的时候,一位乘客请求小王给他倒一杯水吃药,小王很有礼貌地说:"先生,为了您的安全,请稍等片刻,等飞机进入平稳飞行后,我会立即给您把水送过来,好吗?"一刻钟过去了,飞机早就进入了平稳状态飞行,突然,乘客服务铃响了起来,小王一摸脑门:糟糕,由于太忙,自己忘记给那位乘客倒水了。小王急忙来到了客舱,果然,按服务铃的就是刚才那位先生,小王小心翼翼地将水送到那位乘客面前,面带微笑着说:"先生,实在对

不起,由于我的疏忽,延误了您吃药的时间,我感到非常抱歉。"那位先生抬起了左手,指着手表说:"怎么回事,有你这样服务的吗?"虽然她尽力道歉,但是,无论她怎么说,那位先生就是不肯原谅她的疏忽。

在飞行途中,为了补偿自己的过失,小王每次去客舱服务的时候,总会特意地走到那位先生面前,面带微笑地询问他是否有需要的东西,或需要别的什么服务。不过,那位先生依然面带怒色,根本不理会她。快到目的地的时候,那位先生要求小王将留言本给他送去,显然,他想投诉小王,小王感到很委屈,但是,却面带微笑地说:"先生,请允许我再次向您表示真诚的歉意,无论你提出什么样的意见,我都欣然接受您的批评。"那位先生脸色一变,却没有说什么,而是接过留言本写了起来。小王认为自己肯定完了,可是,当她回到机舱后打开留言本,却发现那位先生所写的根本不是什么投诉,而是表扬。

面对乘客的无端挑剔,小王虽心中有委屈,但仍然不失职业道德,在与乘客沟通的整个过程中,显得很有礼貌,这使得那位挑剔的乘客将投诉信改成了表扬信。在这个案例中,小王以自己的职业礼仪打动了乘客的心,并赢得了乘客的赞扬。

那么,在与顾客的沟通中,我们该如何体现自己的礼仪呢?

1. 学会对每一位顾客微笑

俗话说:"顾客就是上帝。"与顾客打交道是我们的工作之一,因此,不要带着任何情绪去面对顾客,哪怕你正在生气,哪怕你感到委屈,哪怕在私底下他是你的仇人,我们都要对每一位顾客崭露笑颜,这是最基本的礼仪。通常情况下,如果顾客兴高采烈地走进你的店里,却遭遇了你的一张冷脸,顿时,他什么购物的心情都没有了。这样,在留给顾客不好印象的同时,自己也失去了一个顾客。

2.柜台语言学

顾客上门,你应该主动打招呼,多问不烦、多拿不厌。如果有的顾客有急事想先买,你可以对先到的顾客说:"这位先生有急事,可以先卖给他吗?"如果有的顾客拍打着柜台吵吵嚷嚷,你也要和颜悦色地说:"请稍等一下,我接待完这位顾客就来。"对等待了很长时间的顾客说:"让您久等了,对不起!"买卖成交,目送顾客,说:"欢迎您再来!"、"请您慢点走"、"再见!"等等,如此文明的语言,热情的服务,定会打动每一个顾客的心。

第二节 穿衣打扮合适得体赢得他人好感

有人说:"形象是踏上成功之路的基础。"的确,一个稳重、自信、整洁、优雅的形象,会为你在与顾客沟通的过程中,赢得更多的信赖和机会,从而抢占先机,赢得成功。法国时装设计师香奈儿说:"当你穿得邋邋遢遢时,人们注意的是你的衣服;当你的穿着无懈可击时,人们注意的是你。"其实,对于那些经常与顾客打交道的职场人士,应该选择得体的穿衣打扮,这样,才能由眼及心地抓住顾客的心,赢得顾客的好感。毕竟,得体的装扮有着较强的吸引力,就能给顾客留下好的印象;如果你的穿衣打扮不符合场合、不够得体,就会给顾客留下一个糟糕的印象,或许,你还没有来得及说出你的目的,就被顾客拒之于门外了。在生活中,有的人并不在意自己的穿着,整天穿着劣质的西装到处拜访顾客。但是,他始终不明白自己为什么会被人们拒之门外,在别人眼中,自己怎么就被列为失败者的名单中呢？事实上,这一切都是穿戴的策略,尤其是当你面对顾客的时候,你要明白,你的穿着打扮需要给顾客以信任感,这样,他才能给予你足够的信任,而你也才能达到自己的目的。

小艾刚刚大学毕业,她是一位时尚达人,无论是穿衣还是打扮,都走在了潮流的最前沿。毕业后,她应聘到一家房地产公司做置业顾问。上班第一天,为了显示出自己独特的魅力,她在自己的装扮上花了一番工夫。她穿着极具时尚元素的露背装,下身是时下最流行的超短裙,另外还在手上特意戴上了在大学里买的叮当作响的手镯,所选择的耳环也是十分夸张的银环。

当这样装扮的她出现在公司的时候,几位身着正装的同事面面相觑,有位距离她最近的男同事突然用手挥散空气,原来他已经闻到了刺鼻浓烈的香水味。旁边一位穿着得体的女子告诉小艾:"你来公司上班,是不可以穿成这样的,因为我们要见客户,你这身打扮只会让顾客觉得你是一位时尚达人,却不会认为你是一位值得托付买房交易的工作人员。"小艾不以为然:"谁说吸引客户就非得穿正装啊!"

就这样,她穿着那身新潮的衣服去见了第一位顾客,没想到,顾客还没等她开口说话,就说道:"我们这里不需要推销员,请你走吧。"说完,就"啪"的一声关了门,小艾苦笑,原来自己被当做推销员了。小艾又敲门,在一番好说歹说之后,顾客终于让她进了门,但一说到买房子的问题,顾客毫不客气地下了逐客令:"小姐,我希望你们公司能派一个更成熟、稳重的人来跟我交谈。"小艾想到了刚才同事说的话,心凉了半截。

小艾大胆而性感的装扮在她自己看来是最美丽的,也是最时尚的。但是,这样的装扮却不会被顾客所认可,主要原因就在于她的穿着不够得体,不符合自己身为置业顾问的身份。看着她这样打扮自己,顾客是无法相信其工作能力的,因而就更加无法认同她这个人。

那么,如何才能以合适得体的装扮赢得顾客的好感呢?

1. TPO 原则

TPO 原则是目前国际上公认的衣着标准,只有遵循了这个原则,我们的穿衣才是合乎社交礼仪的。T 即是 Time 的缩写,泛指早晚、季节、时代等;P 即是 Place 的缩写,代表着地方、场所、位置、职位;O 即是 Object 的缩写,代表目的、目标、对象。

2. 彰显自己的个性

我们的穿衣需要具备一定的个性,我们要依据自己的性格、年龄、身材、职业等因素来选择适合自己的服饰,这样才能体现自己的个性特征,而选择什么样的服饰往往是因人而异的。其中,最关键是需要能够体现出自己的美丽,达到"遮掩己短"的目的,如此,才能显现独特的个性魅力。

3. 保持绝对的整洁

在任何情况下,我们都应该保持自己服饰的整洁度。穿衣服不在于我们穿得有多昂贵,有多时尚,而是在于我们所穿的服饰是否整洁。一般情况下,在服饰上不能沾有污渍,不能有掉线的地方,更不能有破洞。

4. 和谐的整体美

我们所选择的服饰应该符合自己的身材、肤色、年龄,这样才能够起到修饰形体、容貌的作用,也才会形成一种和谐的整体美。当然,除了我们自身的一些因素以外,还需要考虑到服饰的款式、色彩、质地、工艺等因素。

另外,在穿衣上的学问首先就是选择适合自己的,所遵循的原则就是大方得体。我们所选择的服饰必须是能够凸显自己气质、风格的,要善于根据自己的职业、环境、年龄、肤色来选择恰当的服饰,客观地对待流行,而不能盲目地追逐潮流。

第三节　为顾客提供使之感动的售后服务

在日常工作中,我们经常会提到"售后服务"这一词汇,何谓售后服务呢? 售后服务,就是在商品出售以后对顾客所提供的各种服务活动。当然,对于我们的工作来说,售后服务本身,其实就是一种促销手段。现代社会,市场竞争异常激烈,随着消费者维权意识的提高和消费观念的变化,顾客在选购产品的时候,不仅会注意到商品本身的价值,而且在同类商品的质量和性能相似的情况下,他们更加注重商品的售后服务。因此,我们在向顾客销售价廉物美的商品的同时,有必要向顾客提供完善的售后服务,令其感动,打动顾客的心,以此增加与顾客的亲密度,达到提高自己销售业绩的目的。

通常情况下,售后服务主要包括这样一些内容:代为顾客安装、调试产品;根据顾客的要求,进行有关使用等方面的技术指导;保证维修零配件的供应;负责维修服务;对商品实行"三包",即包修、包换、包退;处理顾客来信来访,解答顾客的咨询。虽然这些服务内容显得比较零碎、杂乱,但这却是打动顾客的有效途径。现在,越来越多的顾客主要看重售后服务的这些方面,如果你能为顾客提供使之感动的售后服务,那么,你就一定能真正地走进顾客的心里。

275

有一天，一位顾客来到家电商场打听电视挂架装卸需要多少钱。原来，这位顾客在一年前买了一台32寸的TCL电视，现在旧房子卖了，需要把电视挂架卸下来，再安装到新家，而最近就等着把挂架卸下来之后，就可以将钥匙交给旧房了的买主了。为此，这位顾客十分着急。

他正在跟身边的人闲聊的时候，这事被前来办事的售后人员小军听到了，小军主动说："不用花钱，我去给一位顾客安装电视，回来之后，我就去给你卸下来。"于是，小军要了顾客的电话号码，等忙完了工作后，利用自己的休息时间，第一时间上门给顾客卸下了挂架，又帮忙给他安装到新家。如此的贴心服务令这位顾客十分感动，他对小军说："小伙子，你说多少钱你说了算，我们一起吃了饭再走吧，你可是帮了我的大忙啊。"小军只是笑着说："这只是我力所能及的事情，以后，电视出了什么问题，尽管打电话给我，我随叫随到。"说着，婉言谢绝了顾客的钱和宴请。

后来，小军经常在商场碰到这位顾客，原来，他是介绍其他亲朋好友来购买电视来了。

优质的售后服务会令顾客感动，同时，他也会认可我们所销售的产品，认可我们。每当我们帮了顾客的忙，顾客就会感觉到自己应该替我们做点什么，这样的一个过程，便增进了我们与顾客之间的关系。这样，就有了做下一次生意的可能。而且，由于对我们产品的认可，顾客会介绍一些人来购买产品。事实证明，顾客介绍的潜在顾客比全新的顾客更有利，因为它的成功率是全新顾客的15倍。对于一个优秀的销售人员来说，我们应该给顾客最优质的售后服务，从而打动对方的心，赢得他的好感，如此，我们不仅能培养老顾客，还能不断地开发新的客户。

那么，我们在进行售后服务的时候，应该注意哪些问题呢？

1. 向顾客致谢

我们可以告诉顾客,什么地方旅游不错;什么地方有好电影看,如果自己有票,会在什么时候给他快递过去,等等。通过许多小事让顾客觉得,你时时刻刻都在关心着他,他也一定会被打动。与此同时,你也会收到许多回馈。所以,当我们外出旅游的时候,别忘了带一些小礼品给自己的顾客,这样可以增加我们与顾客之间的信赖度。

2. 耐心倾听

顾客在购买我们商品的时候,都会有不满意的时候,因此,他们常常会打电话给我们抱怨。其实,无论是顾客打电话还是当面跟我们说,我们都需要记住,不要争辩,而应该耐心地倾听,多听顾客的话,再适时表达自己的观点。

3. 适时认错

在与顾客沟通的时候,请记住:不要和顾客发脾气。我们要学会控制情绪,如果顾客生气了,我们一定要耐心,不要做过多的辩解,因为尊重顾客是一个称职的工作人员所必备的素质。哪怕明知道是顾客误会了自己,也要懂得适时认错,等到顾客的怒气消了,再进行适当解释。

第四节　诚信永远是打动顾客的最佳手段

胡雪岩在商训中写道:"地为后天修为。古人云:'天生我才,必有一用。'有用者,必守信也。言必行,行必果。行乃人立身行事之本也。信者永存。为人之道,守信为最,信念不移,大事可成;无信念或信念不坚持者,事终不成,经商亦然。古来无信念而成巨贾者,鲜矣。"一代商贾胡雪岩明白,诚信永远是打动顾客的最佳手段,因为诚信就是最好的招牌。直到今天,诚信仍然是商家不可忽视的一个问题,尤其是我们在对待顾客的时候,更需要以"诚信"为本。如果一个人没有了诚信,那么,这个人就不会得到顾客的信任,他也无法在社会上立足。卡耐基说:"当我们为大众谋利益的时候,我们的财源就滚滚而来。"诚信,不以形显,而以质昭,它是一种根植于顾客内心的信任感。在顾客面前建立诚信,需要我们从点滴做起,毕竟,一滴水也可以折射太阳的光芒。对待顾客,需诚信交易,诚信做人,不坑蒙拐骗,不要诈,如此,才能真正地打动顾客。

有一天,一位顾客走进了一家汽车维修店,他自称是某运输公司的汽车司机。打量了店面之后,他对店主说:"在我的账单上多写点零件,我回公司报销后,有你一份好处。"不料,店主却拒绝了这样的要求,那位顾客见状,继续纠缠说:"我的生意不算小,以后会常来的,你肯定能赚很多钱!"店主告诉他:"你这是欺骗,我无论如何都不会做的。"顾客气急败坏地嚷道:"谁都会这么干,我看你是太傻了,放着这么好的生意不做。"店主生气了,对顾客说道:"你还是离开吧,不要在我这里浪费时间了,你还是到别处去谈这种生意吧。"

出人意料的是,那位顾客并不生气,反而笑着握住了店主的手,说:"我就是那家运输公司的老板,我一直在寻找一个固定的、讲诚信的维修店,你还让我到哪里去谈这笔生意呢?"

店主面对诱惑,不心动,不为其所迷惑,在他身上所体现出来的就是诚信,而恰恰是如此珍贵的品质打动了那位顾客,最终,成功地做成了一笔生意。作为一名优秀的工作人员，他所遵循的是"负起责任，培养自信"，而这一切的基础就来源于诚信。诚信问题已经受到了全社会的关注，要想打动顾客，赢得顾客的信赖，我们就必须在诚信上下工夫。

子曰："人而无信，不知其可也。"意思是说，一个人若是不讲诚信，就无法在社会上立足，就什么事情都做不成。在现代社会，商人在签订合约的时候，都希望对方能够信守承诺。而在商业活动中，诚信更成了最佳的竞争手段，可以说，它是经济的灵魂。对顾客讲诚信，并不是说说而已，而是需要落实到实际行动中的。有的人满口诚信，但却总是以利益为主，以自私和贪婪玩弄诚信。殊不知，一旦顾客识破了那些所谓的"诚信"，那他之前对你的好感就会土崩瓦解了。

1. 不欺骗顾客

蔡元培说："诚字之意，就是不欺人，亦不可为人所欺。"在现代社会，许多人为了能够销售出更多的商品，不惜编织谎言，吹嘘产品如何如何的好，而顾客也在不察觉间上当了，等到真正将产品买回家，才发现受骗了。如此对待顾客，或许只会糊弄那些粗心大意的顾客，而且，也只是暂时的，从长远来说，他们失去的是顾客对他们的信任，其实也就是失去了整个市场。

2. 信守承诺

许多销售人员在向顾客推销产品的时候，常常为了迷惑顾客购买产品，轻易许下诺言："你若是买了这款电脑，我们将送你一份大礼。"谁料，等到顾客真的买下电脑之后，才发现根本没有什么大礼。即使顾客不能对你怎么样，但他会对外宣言该商家的不诚信，从而让其失去更多的顾客。所以，对顾客要说话算数，千万不要许下一些不可能实现的诺言，否则，诚信出了问题，就难以弥补了。

3. 以诚待客

徽州商人吴南坡说:"人宁贸诈,吾宁贸信,终不以五尺童子而饰价为欺。"由于他所出售的南破布货真价实,深受顾客的信任。如何诚信经商?我们需要做到以诚待客、货真价实、公平买卖、信守合同、不做假账,等等。俗话说得好:"诚信是最好的公共关系政策。"只要我们能以诚待客,就一定能达到顾客盈门的目的。

第五节　完善细节,让顾客在一点一滴中被打动

服务顾客是永恒的话题,而用优质服务满足顾客的需求则是我们最主要的目标之一。随着社会竞争的日益激烈,一种被人们忽视的东西被逐渐凸显出来,这是一种新型的服务形式——细节服务。许多商家就通过完善的细节服务,赢得了顾客的青睐。大量事实证明,如果我们能做到关注服务细节,做好细节服务,我们就一定能提高服务质量,提高顾客满意度。服务行业里的细节到底指的是什么呢? 其实,细节就是那些琐碎、繁杂、细小的事情,不过,千万不要忽视那些小事,所谓"千里之堤,毁于蚁穴",往往是因为一个细节而毁掉了整个生意。比如,有工厂仅仅因为一口痰而"吐"掉了整个联营药厂,也有因为一顿饭吓跑了顾客的故事。在现代社会,那些优秀的工作者之所以能获得成功,就在于其注重细节问题。因此,要学会完善服务细节,让顾客在一点一滴中被打动。

在美国商界,流传着这样一个经典案例:

有一位妇女每星期都会固定到一家杂货店购买日常用品,可是,在持续购买了三年之后,有一次,店内的一位服务员态度不是很好,于是,这位妇女一气之下跑到了其他杂货店购物。一转眼,十二年过去了,这位妇女再次来到那家杂货店,并且决定告诉老板为什么自己不再到他的店里购物。当时,店老板很专心地听着,并且向她表示真诚的歉意。等到这位妇女走了之后,老板便拿起了计算器来计算杂货店的损失:假设这位妇女每星期都到店内花上二十五美元,那么,这十二年将花费一万多美元。

老板不禁感叹:只因为十二年前的一个细节的疏忽,导致了自己的杂货店少做了一万多美元的生意。

细节服务看起来并不起眼,但它所带来的效果却是惊人的。作为一个工作人员,应该注重隐藏在服务过程中的每一个细节,顾客可能没有记住我们所做的一切,但他们不会忘记我们没能做到的一切,哪怕只是一个小小的细节问题。

早上,王先生临时决定去参加同学会,由于去得比较匆忙,他只带了几张名片,一进会场,一下就派发完了。当同学给自己名片的时候,他感到十分不好意思。于是,他抱着试一试的心态走了出来,这时,一名服务员迎上来,问道:"先生,请问有什么可以为您做的?"王先生告诉她自己想印点名片,于是,这个服务员通过步话机叫来了主管,并向主管说了王先生的要求。主管当即询问王先生需要一些什么样的条件,当王先生告诉他之后,那位主管拿过名片说:"我会尽快给你做好的。"两个小时过去了,当王先生坐在桌子上的时候,那位主管走了过来,拿着两百张名片递给了王先生。

晚上,王先生参加完同学会之后,打开了酒店的房间。当他坐在办公桌前,突然发现了有一盘包着保鲜膜切好的橙子放在电脑桌前,旁边还有一张留言字条,王先生很好奇,打开一看,只见里面写着:"尊敬的王先生,您好!看到你未吃房间里的水果,便特地为您切了一盘,希望您会喜欢,预祝您旅居愉快!"想到白天的事情,王先生忍不住感叹:"这酒店,服务真是细致周到啊!"

有人说:"做酒店就是比服务。"看一家酒店怎么样就看这家酒店的服务怎么样,只要把细节服务做到完美了,才能保证酒店的总体服务质量。而且,在服务顾客的过程中,细节的东西是很容易引起顾客注意的,细节会深深地留在顾客的心里,不会那么容易忘记。

细节服务并没有具体的要求,简单地说,就是没有最细只有更细,包括微笑、眼神、关切等等,这些都是我们不可忽视的细节问题。在服务过程中,我们不仅要关注顾客,还要真诚地关心顾客,只有这样,才能完善服务,也才能赢得顾客。

第六节　真诚地帮助顾客

许多人觉得,销售人员与顾客之间只存在着利益关系,销售人员卖东西,顾客购买东西,双方就是买卖关系,没有半点真情实意。其实,并不是这样,虽然从表面上看,他们之间的关系是与经济利益挂钩的。但是,顾客跟销售人员一样,都是有血有肉的人,彼此心中都有情感,如果你能真诚地帮助顾客,那么反过来,顾客也会回馈于你无尽的感激之情。有很多销售人员坚守着"唯利是图"的原则,如果顾客有兴趣购买自己的产品,他们就会乐意帮忙;一旦顾客没有兴趣购买自己的商品,他们就会冷漠对待,丝毫不顾顾客的处境。这样的销售人员没有办法培养老顾客,更别说开发新顾客了。我们都知道,买卖是建立在彼此信任的基础之上的,而信任之源就是真诚,你若能真诚地对待顾客,真诚地帮助顾客,那么,顾客定会给予你莫大的信任,这样一来,生意做成了,还增进了你与顾客之间的关系。

这天,正值商场员工吃饭的时间,五楼男装商场的售货员小赵也去食堂就餐。当他来到洗手间的时候,看到一名男顾客低着头不停地向自己脸上捧水冲洗面部。小赵有些疑惑,不过,细心的他很快发现,原来顾客的鼻子正在流血,尽管顾客不停地用凉水冲洗,但那鼻血还是一直往下流。小赵顾不上洗手,立即叫顾客稍等一下,马上跑到了餐厅为顾客拿来了餐巾纸,然后,顾客立即用餐巾纸将鼻血止住了。

小赵真诚的帮忙让顾客很感动,他连声向小赵道谢,同时,极力表示一定要找领导告知此事。可小赵却谦虚地说:"先生,这不过是举手之劳,没有什么的,我们商场的每一位员工都会像对待家人一样对待每一位顾客,您光顾咱们商场,那就是对我们最大的支持。"说完,小赵转身朝餐厅走了过去,而那位顾客满怀谢意地朝着他离开的方向点点头。

在洗手间里看到顾客正在流鼻血,想来,许多同事都看到了,不过,他们都选择了置之不理,毕竟,洗手间不是商场,就算帮助了顾客,他也不会买你的商品。可是,善良的小赵却没有在意那些利益关系,而是真诚地帮助了陷入困境的顾客,正是这一举动,赢得了顾客的信任与赞赏,无形之中,小赵将自己良好的形象推销了出去。或许,在后来的时间里,那位顾客会多多光顾小赵的卖场,以购买商品来回报他对自己的帮助。

早上,女装商场的营业员小谢接待了一位带着小孩的女顾客,这位女顾客看中了一款皮衣。但是,那个小孩一直哭闹个不停,顾客也没办法试穿,小谢看见了,连忙从随身的大包里取出了糖果来哄孩子。孩子停止了哭闹,和小谢玩了起来,这时,顾客才得以试穿那件皮衣,并购买了那件价值不菲的皮衣。没料,女顾客买完衣服后,想到二楼购买一些日用品,可那孩子一直就赖着小谢不走,顾客显得很无奈,小谢说道:"这样吧,我先帮你看着小孩,你去买好了东西,再到这里来接他,我的工号是48,我叫谢云娜,你到时候来找我就行了。"女顾客十分感激:"那就先谢谢你了,我买好了东西就来接他。"说完,就去二楼了。

过了一个小时,女顾客回来了,她对小谢说:"我买的东西太多了,这会抱不了他,这样,我先在外面打好车,麻烦你给我把孩子抱出来,可以吗?"小谢笑着说:"没关系,走吧。"说完,跟着顾客走了出来,将孩子送上了车才回商场。那顾客临走的时候,对小谢说:"今天可真得谢谢你,以后,我会再来你们商场买东西的。"

营业员小谢真诚的帮助打动了顾客的心,同时,更为深层地体现了服务的内涵,她的这一行为,不仅提升了商场的美誉度,也为商场培养了一位忠实的老顾客。作为一名销售人员,若是发现顾客有了困难,千万不要认为与自己无关,就不加理会。要明白,即使在买卖之后,你与顾客之间也一直都存在着被信赖与信赖的关系。你的一言一行,都将决定着你在顾客心中的印象,所以,真诚地帮助那些陷入困境的顾客,或许,你的举手之劳会给你带来滚滚而来的财富。

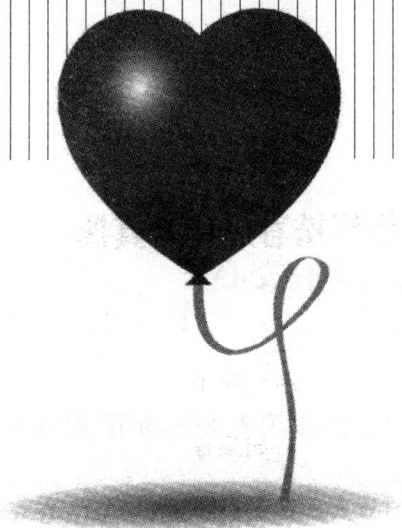

第十八章

30秒打动朋友心

俗话说:"千金难买是朋友,朋友多了路好走。"从古至今,人们对于朋友都看得很重。一个人在人生前行的道路上若是缺少了朋友的陪伴,总是会有几分孤单。可是,结识朋友,如何才能打动朋友心呢? 在本章,将从几个方面入手,教你轻松在短时期内打动朋友心,赢得朋友的信任与认可,从而让自己的人生之旅变得丰富多彩。

第一节　与朋友相交贵在交心

在我们的一生中,可能会有不计其数的朋友,如潮来潮往,所谓"财富不是朋友,朋友才是财富"。其实,对于我们来说,要想能交到好的朋友,应该遵循交友的原则,即朋友之交,贵在交心。朋友之交,贵在棋逢对手、将遇良才的欣赏,而不是诚惶诚恐的崇拜,不是财富驱使下的利益关系。对此,有人这样说:"酒肉朋友不交,势利小人不交,阳奉阴违不交,为富不仁不交,倚权仗势不交,欺小恶老不交,口是心非不交,无信无德不交,恃强凌弱不交。"交朋友,重在交心,彼此之间不应该掺入其他任何杂质的成分。而且,要想能成功交到优秀的朋友,赢得朋友的欣赏与信任,我们必须以心交心,如果只是一味地做表面文章,那么,我们最终会失去这位朋友。交友要交心,因为只有心灵之交才会肝胆相照,才会成为知音。

俞伯牙乘船游览,面对清风明月,他思绪万千,于是弹起琴来,琴声悠扬,渐入佳境,忽听岸上有人叫绝。伯牙闻声走出船来,只见一个樵夫站在岸边,他知道此人是知音,当即便请樵夫上船,兴致勃勃地为他演奏。伯牙弹起赞美高山的曲调,樵夫说道:"真好! 雄伟而庄重,好像高耸入云的泰山一样!"当他弹奏的曲调表现奔腾澎湃的波涛时,樵夫又说:"真好! 宽广浩荡,好像看见滚滚的流水、无边的大海一般!"伯牙兴奋极了,激动地说:"知音! 你真是我的知音。"这个樵夫就是钟子期。从此,二人成了非常要好的朋友。

两人分别约定,明年此时此刻还在这里相会。第二年,伯牙如期赴会,但却久等子期不到。于是,伯牙就顺着上次钟子期回家的路去寻找。半路上,他遇到一位老人,便打听子期的家。这一打听才知道,原来,这位老人正是子期的父亲。老人告诉伯牙,子期又要砍柴又要读书,再加上家境贫寒,积劳成疾,已经在半月前去世了。子期去世时,担心伯牙会这在里久等,叮嘱老人一定要在这一天来通知伯牙。听到这个消息后,伯牙悲痛欲绝,他随老人来到子期的坟前,抚琴一曲哀悼知己。曲毕,就在子期的坟前将琴摔碎,并且发誓终生不再抚琴。

所谓"知音弹于知音听,不是知音莫与弹",仅仅一曲《高山流水》,钟子期和俞伯牙成了知音,他们之间,除了心灵的交汇,还有什么呢? 所以,在钟子期死后,俞伯牙认为自己失去了知音,就发誓永不弹琴。想想,也只有真心相交,彼此的友谊才会如此之深。

古人常说:"天下熙熙,皆为利来;天下攘攘,皆为利往。"君子以心交友,小人以利交友,自然,君子与君子相交,小人与小人扎堆儿。君子以诚心为交友原则,他们不言利,即使沾上了利益关系,他们也是慷慨解囊,仗义疏财;小人交友则是实用主义,以利益为驱动力,只为满足自己的私利,最后,那些以利相交的小人,财尽而散,得意时门庭若市,失意时门可罗雀。因此,与人交友,贵在交心,如此才能交到真正的朋友。

1. 以诚相待

在这个世界上,任何事情都是双面的,对于交友,更是如此。朋友应该以诚相待,你在用心待人的同时,朋友也会用心待你。如此将心比心,才能交到真正的朋友。在日常交际中,我们要相信这样一个道理:真正的朋友,彼此间没有距离,只有心灵的默契。

2. 不带功利性

真正的朋友之间是没有利益的约束的,彼此之间都是平等的,没有丝毫的虚假掩饰。朋友相识就是一种缘分,凡事不应该以自己为中心,只顾及到个人的得失。如果朋友之间存在着巴结、奉承,那么,所谓的"朋友"就如同一件虚伪的外衣。有的人因功利性目的结交朋友,只要目的达到了,就形同路人,如此只能算是利友。

3.对朋友应倾力相助

俗话说:"岁寒,才知松柏常青;事难,方识君子小人。"若是朋友有难了,我们应该倾力相助。在生活中,许多唯利是图的人,一旦朋友有了不测风云,心中就沾沾自喜,或者"事不关己,高高挂起",这样的人是不会交到真心朋友的。朋友之间,不在于小恩小惠,而在于心与心的交融。

第二节 包容对方所犯的小过错

面对朋友,要怀有一颗包容的心,这样,我们才能赢得真正的友谊。俗话说:"人非圣贤,孰能无过。"在我们身边的那些朋友,他们偶尔也会犯一些小错误,尤其是当错误的事情涉及自己的时候,我们该怎么办呢?如果我们心里充满了憎恨,老是愤愤不平,希望朋友遭到不幸或惩罚,或者与之断绝关系,那么无形之间,我们就已经失去了一个朋友。其实,朋友的相识相交并不是一蹴而就的,往往需要一个很长的过程,就如同你洒下了一粒种子,需要付出时间与精力,去浇水、施肥、照料,种子才能发芽成长。如此看来,交朋友并不是一件简单的事情,朋友对于我们而言是难得的,如果仅仅因为朋友无意之间犯下的一些小错误就失去了一个朋友,那就是我们的损失了。

因此,学会包容朋友的错误,即使只是一句再简单不过的话,也能够为我们的友谊迎来一片蔚蓝的天空。而且,包容并不是姑息朋友的错误,而是一种理解,当朋友犯了小错误的时候,包容对方往往是最好的处理方法,这样,我们才能重拾那段珍贵的友谊。

在第二次世界大战期间,一支部队在森林中与敌军相遇,经过了一场激烈的战争之后,有两名战士与部队失去了联系,只剩下两名战士相依为命。他们两人来自同一个小镇,是一对好朋友。两个人在森林中艰难地跋涉,互相安慰,可是,十多天过去了,他们仍然没有与部队联系上。有一天,他们打死了一只鹿,凭着鹿肉艰难地度过了几天,也许是战争使动物都逃走了或被杀光了,他们再也没看到任何动物,于是两名战士只剩下一点鹿肉继续前行了。

这一天,两名战士在森林中与敌人相遇,经过一次激战后,两人巧妙地避开了敌人。就在他们脱离了危险的时候,却听到一声枪响,走在前面那个年轻战士中了一枪,幸运的是伤在了肩膀上。后面的那位士兵惶恐不安地跑过来,他害怕得语无伦次,抱着年轻战士的身体泪流不止,赶快撕破自己的衬衣,将战友的伤口包扎好。那天晚上,没有受伤的战士一直念叨着母亲的名字,他们都认为自己熬不过这一关了,但是,尽管他们十分饥饿,但谁也没有动身边的鹿肉。不过,幸运的是,第二天部队救出了他们。

30年过去了,那位受伤的战士说:"我知道是谁开的那一枪,他就是我的朋友,当时在他抱住我时,我感觉到他的枪管是热的,我怎么也不明白,他为什么对我开枪。但是,当天晚上我就原谅了他,我知道他想独吞那点鹿肉,我知道他想为了母亲而活下来。在以后的30年里,我假装根本不知道这件事,也从来不提起这件事。战争太残酷了,他的母亲还是没有等到他回来,我和朋友一起祭奠了他的母亲。在那一天,朋友跪下来,请求我原谅他,我没有让他继续说下去,我们继续做了几十年的朋友,我包容了他的错误。"

一对经历过生死的朋友,他们之间的友谊是无法言说的。而正因为这弥足珍贵的友谊,使得战士原谅了那位向自己开枪的朋友,他明白,他可以选择憎恨与报复,但是,却要以失去一个朋友为代价,孰轻孰重?最终,他选择了包容朋友的错误,后来,他们又继续做了几十年的朋友,直到老死的那一天。其实,在战士原谅朋友的那一刻,他自己的心灵也得到了救赎,不再纠结于朋友的错误,他重新获得了一份轻松愉快的心境。

包容,让我们少了一分忧伤,多了一分快乐;包容,使我们少了一分仇恨,多了一分善良;包容,让我们少了一分嫉妒,多了一分真诚;包容,使我们少了一分纷争,多了一分有爱。包容朋友的错误,你将得到一个朋友;无法谅解朋友的错误,你将失去一个朋友。俗话说:"朋友多了,路好走。"有时候,我们甚至要将敌人变成朋友,那么,又为何抓住朋友的错误不放呢?学会谅解,学会包容朋友犯下的小错误,打动朋友心,这样,我们的朋友才会越来越多,越来越真。

第三节　认真倾听朋友的倾诉

在与朋友相处的过程中,我们往往是用语言交流思想,用心沟通感情的,其实,朋友之间的沟通与交流不仅仅是语言,在很多时候,我们都很容易忽视了耳朵的作用,那就是认真地倾听。在生活中,我们经常会接到朋友带着哭腔的电话,他们一遍遍地描述自己在感情中受到的伤害,一遍遍倾诉自己的苦恼。这时候,我们所需要做的就是认真地倾听。对朋友来说,倾听是一种交流,更是一种亲近的态度,同时,它更容易打动朋友的心,因为只有倾听才能真正地走进对方的心里。

当朋友不断地抱怨自己的痛苦的时候,甚至像祥林嫂一样,总是喋喋不休地谈论自己的伤心往事时,那么我们就应该闭上嘴巴,做一个最忠实、最认真的听众。倾听,不仅仅是最有效的沟通方式,更重要的是可以拉近与朋友之间的距离。当朋友正在伤心地讲述自己的往事时,他所需要的仅仅是倾听,哪怕你一句话不说,他也会觉得此刻你就是他最好的朋友。实际上,倾诉是一种心理宣泄,由于心中积压了多日的苦闷,他们急切地想要找个人诉说,面对朋友的这种情况,我们应该少说多听,达到心灵之间的交流,真正走进朋友心里,打动朋友的心,让彼此之间的友谊得到升华。

小娜和小丽是大学同学,平日里只是互道问候,勉强算得上是一个普通朋友。不过,这样的关系在经过了一次聊天之后有了一些微妙的变化,两人逐渐成了知心朋友。

那天,小娜一个人漫步在大学生广场,神情哀伤,正巧,小丽也正在那里,她先打招呼:"小娜,早啊,今天天气不错。"小娜只是点点头,就不想多说了,因为她昨晚跟男朋友吵架了,心情很差。可是,这样的事情找谁说呢?寝室里人多嘴杂,若是跟她们说了,自己肯定会成为班里的新闻人物。

小丽看见小娜的神情,关切地问道:"你怎么了?出什么事情了吗?"这一问,小娜再也忍不住了,轻声哭了起来,小丽扶着她的肩膀,说道:"有什么事情就说出来吧,虽然,我不能帮你什么,但是,我可以做一个最认真的听众。"小娜坐了下来,看了看身边的小丽,虽然,平日里没怎么接触,但这时她觉得小丽是最值得依靠的朋友了。她用哽咽的声音说道:"昨晚我跟男朋友吵架了,本来只是一件小事,我也不想发脾气,可是……"断断续续中,小娜讲述了与男朋友相处过程中的一些烦恼,小丽也不时安慰一两句,认真地听着小娜的倾诉。两人在那里坐了大半天,小娜心中的苦闷似乎也宣泄完了,她擦了擦脸上的眼泪,对小丽充满了感激:"谢谢你今天陪我坐了这么久,把那些事情说出来,感觉好多了,以前没怎么跟你接触,你可真是一个难得的好朋友啊。"小丽笑着说:"其实,我也没帮你什么,只是做了一个忠实的听众而已。"小娜拉着小丽的手,说道:"但对我来说,能听我说话,那就是最好的朋友了。"就这样,两人慢慢成了无话不说的朋友。

因为一次倾听,小娜把小丽当成了最好的朋友,这就是倾听的魅力。很多时候,面对有了烦恼的朋友,我们所做的最好的安慰就是让他把想说的话说出来,而他所需要的就是一个倾诉的对象。一般而言,因为信任,朋友才向你倾诉,因此,不管他说的事情有多么的无聊,我们都需要认真倾听,这样,我们才对得起朋友的信任,也才能维系一段珍贵的友谊。

1. 少说多听

在日常生活中,有的人在面对朋友的倾诉时,似乎总是心不在焉。说到某些事情,他总是岔开话题,聊着聊着就聊到了自己的事情上,搞得朋友很不乐意,或者就是多说少听,自己说自己的,全然不顾朋友的倾诉。其实,这些都不是最好的安慰,对于一个急切想倾诉的朋友来说,他最需要的安慰就是一个倾诉的对象,哪怕你一言不发,但只要你是在认真地倾听,那么他就会觉得你就是最好的朋友。而你在不知不觉间,也因为认真地倾听而打动了朋友的心。

2. 专注、认真地倾听

面对朋友的倾诉,我们除了倾听之外,需要适时地重复朋友话语中的关键字眼。毕竟,倾听比说话更需要毅力和耐心,假如你只是埋头玩自己的手机,或者把头瞥向一边，这样无疑会打击朋友的积极性，这样的安慰也终将宣告失败。因为只有听懂了朋友表达的意思的人，才能沟通得更好。倾听是说话的前提，先听懂朋友的心里话，再表达出自己的想法和观点，才能更好地安慰朋友。

第四节　努力记住所有关于朋友的小事

既是朋友，彼此之间肯定会有一些小秘密，诸如某年某月某日，一起去了某个地方度过了愉快的一天，另外，还包括朋友的生日、朋友喜欢的东西、朋友吃的食物，等等。这些都是朋友之间的秘密，同时，也是维系朋友之间关系的纽带。如果你连朋友最爱吃的食物都不知道是什么，那么想必你这个朋友并不太"上道"，如果被朋友无意间知道了你的大意，那么，朋友肯定会对此感到非常失望。

每个人都希望自己能在他人心中占据一定的分量，即便是对于朋友也是如此，千万不要认为只是朋友，就没有必要记住关于他的一些事情。事实恰恰相反，如果你想延续一段较为长久的友谊，则应该努力记住所有关于朋友的小事。尤其是小事，事情越小，你记得越清楚，那就足以证明朋友在你心中的位置越重要。相反，如果你连最简单的事情都没能记住，那么，朋友心里肯定会很受伤，觉得你并不在乎这段友谊，而彼此之间的关系也会逐渐疏远。所以，要想打动朋友的心，那就要让朋友觉得他在你眼里很重要，而比较恰当的方法就是：努力记住所有关于朋友的小事。

小王的朋友很多，更令人感到奇怪的是，他好像与每个朋友的关系都极为密切。对此,有人好奇地问道:"你是如何打动朋友的心的?"小王笑呵呵地说:"其实,秘诀很简单,我总是努力地去记住关于他们的一些小事,比如很久前的一天我们一起去餐馆吃了一顿大餐,去年夏天我们一起旅行了,前年冬天他送了我一件特别的礼物。可能,我并不知道朋友家里的具体住址,但是,我能记住这些事情,那就表明他在对方心里的位置很重要,自然而然地,就打动了朋友,彼此的关系也就更深了。"虽然,小王的话有些匪夷所思,但是,他却是用自己的亲身经历证明了朋友之间相处的真正秘诀。

这天,小王遇到了三年不见的老朋友,一见面,彼此就开始寒暄,小王脱口而出:"好久不见了,老朋友,记得三年前,我们可就是在这座城市分别的,你走的那一天,我准备来送你的,没想等我赶到了机场,你早就走了。这一别,却在三年后的今天才相见了,真是岁月匆匆啊。"那位朋友本来还觉得彼此有些生疏,但一听这话,心里感觉暖暖的,话语里也亲近了不少:"你还是这样,记性真好,很多小事情都记得清清楚楚的。"小王有些得意起来:"那当然了,我记得你最喜欢看世界杯了。读书那会,你跷课整整三天,就为了看世界杯,去年冬天,你还打电话通知我看世界杯呢……"几句话一说,两人顿时找到了当年那种亲密的感觉。

小王通过记住关于朋友的一些小事,以此来拉近朋友之间的距离,同时,让朋友感觉到自己在对方心中其实占据着很重的位置。努力记住所有关于朋友的小事,虽然这听上去很简单,但是,真正做起来却是一件不容易的事情。毕竟,我们不仅要去记住那些小事,而且是要用心记,如果你只是马虎了事,那难免会张冠李戴,朋友听了心中自然会觉得失望,彼此的关系也会疏远不少。另外,事情越小,才越有价值,当你在朋友惊诧的目光中回忆起那件小事时,他一定会忍不住惊叹:"这么小的事情,你还记得,这么多年过去了,我早已经忘记了。"他会这样说,其实也就是心中洋溢着兴奋之情,没有多少人能用心来记住别人的事情,你记住了,那就是向对方表明你心中一直挂念着这位朋友,如此,也就能顺利打动朋友的心。

当然,努力记住所有关于朋友的小事,并不是指你凡事都需要记下来。比如朋友丢脸的事情,那些就是不宜记住的,如果你记住了,而且,在某些场合还将它当做谈资说出来,那朋友可能就会对你产生怨恨了。因此,关于朋友的事情,要多记住好事,比如让朋友脸上有光的事情,还有就是能证明彼此感情的小事,这样,才能真正地走进朋友心里,达到打动朋友的目的。

第五节　朋友遇到难处主动提出帮助

朋友有了难处,该怎么办呢?在现实生活中,我们经常会碰到这样的情况,有的人唯恐避之而不及,担心殃及自己,早就躲得远远的;有的人则表现得十分仗义,主动提出帮忙,倾力相助。于是,前者的朋友越来越少,而后者的朋友却越来越多。其实,朋友之间是相互的,今天你帮了他,明天反过来,他也会帮助你。在生活中,我们都不能保证自己将顺顺利利地过一生,在生命的旅途中,我们或多或少都会遇到一些困难。这时,你当初怎么对朋友的,朋友也将一并还在你身上,甚至会加倍地偿还给你。朋友有难,应该鼎力相助,如此才能使彼此之间的友谊越来越深厚,也才能打动朋友的心。如果朋友之间仅仅是建立在"同享福,不能共患难"的基础上的,那么这样的朋友也不会长久。与朋友之间的感情,需要我们努力经营,面对朋友的困难,我们应该主动伸出援助之手,帮助朋友渡过难关,如此,才能赢得朋友的信任。

小军与张亮是一对好朋友,小军从事导演工作已经十几年了,但是最近这些年总是走下坡路。前不久,小军踌躇满志地策划了一部新戏,投入了大部分资金作为启动资金,那个作品就像是像自己的孩子一样,积聚了他无数的心血。可是,谁也没有想到,从创作、一手筹备、策划,眼看着就快要开拍了,可是投资方却突然撤资了。剧组的所有工作都陷入了困境,小军整日沉浸在痛苦中,原来,因为自己执意从事导演工作,前几年已经欠下了上千万的账款,这次好不容易找到了肯投资的公司,准备打个漂亮的翻身仗,却没有想到不知投资方在哪里了解到自己的经济状况,而选择了撤资,这对他简直是毁灭性的打击。

朋友张亮不知道从哪个朋友嘴里听到了这个信息,马上放下手头的工作,开车来到小军家,一进门就说:"我来给你的新戏投资。""什么?"小军满脸惊讶,张亮不懂得演艺事业,以前还经常开玩笑说:"那玩意挣不了什么大钱。"现在,竟然愿意投资,张亮笑了,说道,"我是不懂表演,甚至,直到这一刻,我也不是喜欢它的,但是,你是我的朋友,好哥们。你现在遇到了困难,我不能袖手旁观,相信你的眼光,我马上就将资金转过来。"听了这话,小军心里暖暖的,由于资金的及时到位,小军的作品被如愿搬上了大屏幕,并取得了巨大的成功。在庆功宴上,小军举起酒杯向张亮敬酒:"你是我这辈子的恩人,我是不会忘记你的。"张亮颔首微笑,并没有说话。

人生不如意十之八九,在这个世界上,凡事不可能顺顺当当、安安乐乐,总是会出现一些挫折与困难。这对于每个人来说也是一样的,在你每天的生活中会发生一些不愉快的事情,这是极其正常的,没有什么值得去抱怨。有时候,我们身边的朋友会遭遇了困难,那也是情理所在的事情。朋友落难了,千万不要落井下石,这是不仁不义的小人行为,也是极端恶劣的行为。

不管朋友是否向我们求助,我们都应该主动伸出友好的手,拉他一把,帮助朋友脱离困境。

1. 与其被求助,不如主动帮忙

朋友有了困难,有的人虽有心帮忙,但总觉得朋友还没开口,不如就等着他来向自己求助,有的人甚至觉得只有朋友开口求助了,自己才会帮忙,似乎其中考虑到了自己的面子问题。其实,对待朋友,与其被求助,不如主动帮忙,前者是"勉强",后者才是真正的出于内心的。真正的朋友,不会只等到朋友开口向自己求助,而是主动说:"若是有什么需要帮助的,你尽管开口好了,能帮的我一定帮忙。"如此,让朋友感到自己的一片真心,他定会充满感激。

2. 倾力相助

朋友有难,应该倾力相助,而不是有所保留。虽然,凡事想到自己是人之常情,但是,若我们总是为自己的私利着想,即使在面对朋友困难的时候,也想到有所保留,那就显得对不住朋友了。毕竟,朋友的情境已经迫在眉睫,而自己所能帮的就只有那些了。有时候,哪怕是我们倾力相助,也不一定能帮上忙,但我们所付出的是那份弥足珍贵的心意。因此,朋友有难了,我们应该倾力相助,一旦被朋友知道你并没有付出全力,日后他对你多少都会有些抱怨。

第六节　要锦上添花更要雪中送炭

在生活中,对朋友,大多数人能做到锦上添花,也就是在对方成功之际道上祝贺之词,在对方得意之时说声恭喜。但是,却很少有人能做到雪中送炭，一旦朋友有难了，躲避都来不及，又怎么会伸出援助之手呢。其实，真正的朋友，既需要锦上添花，更要能雪中送炭，简单地说，朋友就是能够"共患难，同富贵"的人。

那么，"锦上添花"与"雪中送炭"到底有什么区别呢？从字面上看，它们并没有太大的区别，都是形容给予朋友帮助的一句话。锦上添花，听上去就是一个美丽的词汇，当朋友穿着漂亮的衣服，你再送去一朵更美丽的花来增添色彩；雪中送炭，当朋友在寒冷、孤独无援的情况下，你送去了一盆炭火，让朋友取暖，让朋友熬过严寒。其实，不管是锦上添花，还是雪中送炭，对朋友都是有益的。但是，相比较之下，后者所施予的恩情更重，锦上添花只需要做做表面工夫，而雪中送炭则需要真正的付出。所以，在日常交际中，要想真正地打动朋友，不仅需要锦上添花，更需要雪中送炭。

前不久，老王高升了，成了局里的一把手。顿时，老王家可谓是门庭若市，送礼的、祝贺的、恭喜的人络绎不绝。其中，办公室的小李跑得最勤，其他的人都会逢年过节去拜访，可小李却是一有空就去，而每次去都免不了买点东西，虽然，很多时候只不过是水果糕点之类的，但也花费不少。可是，老王却并不喜欢小李，他常对家里的老伴说："这小李还真有点滑头，眼看着我升职了就想来巴结，以此获得好处，我偏偏不上当，下次他来了，你委婉地告诉他，喊他别买东西来了。"老伴笑着说："我倒觉得小李这小伙子不错，在工作上，你得多照顾照顾他。"老王挥挥手，说道："工作都是我的事情，你瞎操什么心。"说着，面露不悦之色，老伴就闭上了嘴巴。

没想到，三个月过去了，局里有人造谣说老王涉嫌受贿，虽然，局里展开了调查，发现老王并没有受贿，但还是止不住谣言四起。无奈之下，老王只好暂且放下手中的工作，在家修养一段时日。谁想，出了这样的事情之后，那些经常来家里拜访的人再也没了人影,只有办公室小李还经常来。

有一次,老王叫住小李,说道:"以前你就常来,我以为是因为我高升了,可现在我沦落到了这样的境地,你还来,小伙子,你到底图的是什么?"小李笑了:"王局,我早就仰慕你的才学,想跟你交个朋友,可是,每次你都避而不见,这才频繁而来,而且,作为朋友,我只知道一句话:不仅要锦上添花,而且更要雪中送炭。虽然,我所做的算不上雪中送炭,但希望以此能够宽慰你的心。"老王笑了,禁不住对小李刮目相看起来。就这样,一老一少成了忘年交。

在日常生活中,我们常常会看到这样的场景:某人升了高官,送礼办事的人络绎不绝;一旦此人陷入了困难期,送礼的人则少之又少。足以见得,大部分人所做的不过是"锦上添花",而只有少数人才会成为"雪中送炭"者。事实上,尤其是在他人落难之际,如果你还能伸出援助之手,对方定会将这份感激之情埋藏在心里。而且,这份强烈的感激之情,远比在对方飞黄腾达之际所表达的祝福而产生的感激更强烈。当朋友成功的时候,大家都在祝福,你的祝福有可能被忽视了;而朋友有了困难的时候,大家都已经躲得远远的,你却伸出援助之手,那么,他就一定能记住你。所以,对待朋友,我们需要锦上添花,更不要错过雪中送炭的机遇,这样才能打动对方。

对朋友,需要锦上添花,当朋友获得成功的时候,不要嫉妒,不要抱怨,要大方送上我们的祝福;对朋友,更要做到雪中送炭,当朋友有了困难的时候,不应袖手旁观,而是主动伸出援助之手,这才是真正的朋友。人生在世,没有一帆风顺,总会经历许多的艰难与困苦,当你遇到断崖险阻的时候,你所需要的是为你架桥搭梯、雪中送炭的朋友;当你排除万难,穿过险峰,越过险阻的时候,你需要的是给你送来花环,递上美酒的朋友。真正的朋友,既要锦上添花,更要雪中送炭!

参考文献

吴若权. 人脉经营术[M]. 北京：中国长安出版社，2010.